W0059036

WAS IST SCHON NORMAL?

WIR LEBEN IN EINER GEMÄSSIGTEN KLIMAZONE, IN WIRTSCHAFTLICH STABILEN VERHÄLTNISSEN MIT MEIST GENÜGEND WOHNRAUM, JEDERZEIT VERFÜGBARER NAHRUNG, FRISCHEM WASSER AUS DER LEITUNG UND EINEM POLITISCHEN SYSTEM, DAS IM GROSSEN UND GANZEN FUNKTIONIERT. ALL DAS SCHEINT UNS NORMAL UND SELBSTVERSTÄNDLICH. ABER WIE SIEHT DIE WELT AUSSERHALB DIESER NORMALITÄT AUS? WANN ERSCHEINT UNS DAS LEBEN ALS EXTREM? EMPFINDEN DIE MENSCHEN, VON DENEN HIER ERZÄHLT WIRD, IHRE SITUATION SELBST ALS EXTREM ODER IST SIE FÜR SIE ZUR NORMALITÄT GEWORDEN? NOCH NIE WAR DIE WELT SO KLEIN WIE HEUTE. NOCH NIE WAREN DIE MENSCHEN SO VERBUNDEN WIE HEUTE. NOCH NIE WUSSTE MAN SO VIEL UND NOCH NIE GAB ES SO VIELE EXTREME WIE HEUTE. EXTREME LEBEN IST EIN KALEIDOSKOP DER MÖGLICHKEITEN UND REALITÄTEN UNSERES PLANETEN. DIE AUSWAHL IST GLEICHWOHL SUBJEKTIV UND NUR EIN WINZIGER AUSSCHNITT DESSEN, WAS IN UNSERER WELT ALLES GESCHIEHT. AUFGRUND DER EXTREM UNTERSCHIEDLICHEN LEBENSWIRKLICHKEITEN HAT MAN FAST DEN EINDRUCK VON VERSCHIEDENEN WELTEN. ABER ALL DAS, WORÜBER HIER BERICHTET WIRD, FINDET GLEICHZEITIG IN UNSERER EINEN WELT STATT. EXTREME LEBEN LÄDT DAZU EIN, EINE WELT ZU ENTDECKEN, VON DER MAN SICH HIER BEI UNS MANCHMAL KEINE VORSTELLUNG MACHT. MÖGLICHERWEISE ERSCHEINT UNS IN DER FOLGE UNSERE EIGENE LEBENSWELT ALS NICHT MEHR GANZ SO »NORMAL«. VIELLEICHT IST UNSER BEHÜTETES LEBEN IN DEN GEMÄSSIGTEN BREITEN SOGAR DAS EIGENTLICH EXTREME, IST ES DOCH FÜR DIE MEISTEN MENSCHEN UNERREICHBAR. VIELLEICHT IST EBENDIESE »NORMALITÄT« IM GRUNDE DIE GROSSE AUSNAHME, DENN: IST EINE SOLCHE NORMALITÄT NICHT EXTREM?

FLORIAN HEINE, HERAUSGEBER

EXTREM

DRUNTER & DRÜBER
WIE MENSCHEN UNTER UNGEWÖHNLICHEN BEDINGUNGEN WOHNEN UND LEBEN

24 QUADRATMETER FÜR 15 PERSONEN IN 30 METER HÖHE RECHTS **RATTANBRÜCKE DURCH DAS DSCHUNGELDICKICHT**

IM JENSEITS

ALS JOHANNES FELTHOUSEN 1978 – am Geburtstag der niederländischen Königin Juliane – mit dem weißen Hubschrauber der »Missionary Aviation Fellowship« den Becking-Fluss in Papua hinaufflog, wusste man von den Korowai nur, daß sie böse und gefährlich waren und Schwänze besaßen wie die Krokodile: »Wenn sie sich hinsetzen, müssen sie erst eine Kuhle graben«, sagten die flussabwärts lebenden Mandobo. Missionar Felthousen glaubte ihnen nicht, sondern ließ als diplomatische Geste Macheten und Haken über den Sandbänken abwerfen. Er sollte erst später erfahren, dass alle Geschenke von den Korowai wieder ins Wasser geworfen wurden, mit langen Stangen, als wäre es Sondermüll. Felthousen gründete die Siedlung Yafufla und hatte nach zwölf Jahren einen einzigen Einheimischen zum Christentum bekehrt.

JEDENFALLS beteuerte er das, wenn Missionare in der Nähe waren. Als wir im Juli 1996 mit Felthousen und seinem Mitbruder Gerrit van Enk nach Yafufla zurückkehrten, war vom Glauben wenig übrig: »Sie haben uns als Komplettpaket gesehen. Christ sein und einen Teil vom Wohlstand abbekommen«, sagte van Enk. Auf dem T-Shirt des Missionars krabbelte eine Kakerlake. Draußen grunzten graue, borstige Ferkel herum. Der Halbmond lag auf dem Rücken und war heller als eine Straßenlaterne. »Es ist ihre ganzheitliche Auffassung von der Welt. Wir sehen das nicht, aber für sie ist es so.« Ich erinnere mich, wie am Fußende meines Moskitonetzes ein von Ödemen bedeckter Junge saß, das Radio war auf volle Lautstärke gedreht und alle Dorfbewohner quetschten sich in unser Biwak. Gerrit sagte, diese Menschen schliefen nie. »Das heißt, sie bleiben die ganze Nacht?« – »Natürlich. Sie betrachten uns gern.«

GOLON-DA-BELÉN NOKHU LALÉODA YANOPTU › KEINE ANGST, WIR SIND KEINE GEISTER. NUR MENSCHEN.

DRAUSSEN das tiefe Raspeln und Sägen der Baumfrösche. Verbrannte Käfer fielen von der Kerosinlampe herunter. Gerrit verteilte mit Kohlepapier vervielfältigte Zettel, auf denen golon-da-belén nokhu laléoda yanoptu geschrieben stand. Das sei zum Auswendiglernen, für den Fall der Fälle. Die Wörter bedeuteten: »Keine Angst, wir sind keine

KOROWAI
IN IHREM
BAUMHAUS ›
PLATZ FÜR
15 PERSONEN
IN 30 METER
HÖHE

Geister. Nur Menschen.« Wenn es zu brenzlig für lange Sätze würde, reiche auch: belén! »Nicht!« – »Famous last words«, sagte Fotograf George Steinmetz.

ALLE SASSEN auf dem Boden und betrachteten mich mit offenem Mund. So wie ich sie betrachten sollte. Sie starrten auf Johannes, der eine Grubenlampe um den Kopf gebunden hatte, mit einer Batterie am Hinterkopf. Es fing an zu regnen. Das Kind riss einem Sagokäfer die Beine aus und hielt sich das schwirrende Tier vor die Mundhöhle. Dann machte es Töne damit. Es war ein sehr verlassener Ort, aber wir waren noch nicht am Ende unserer Reise.

DIE KOROWAI galten bis Ende des Jahrhunderts als eine der wenigen Nomadenstämme in Papua, dem westlichen Teil Neuguineas, die jeden Kontakt mit der Welt außerhalb ihres Waldes vermieden hatten. Inzwischen haben sich Holzkonzerne und Palmölpflanzer in dem Gebiet breit gemacht. Ihr Eingriff in die Welt der Korowai ist jedenfalls erfolgreicher gewesen als die Missionsexperimente von Johannes und Gerrit. Es dürfte heute kaum mehr möglich sein, eine Woche lang durch Blutegelsümpfe zu stapfen und dann auf einer Lichtung zu stehen, wo das Rad noch nicht erfunden ist, wo es keine Begriffe für Bild, Meer, Lampe, Schrift, Geld gibt, weil es diese Dinge schlicht nicht gibt hier, im Jenseits der bekannten Welt. Hellhäutige waren für diese Menschen »Geister«. Und was sie auf der Haut trugen, hieß bei den Korowai »Geisterhaut«. Manche Korowai allerdings hatten Kontakt mit den Geistern gesucht, die Furcht überwunden und ihre Sprache gegen Angelhaken und Werkzeuge eingetauscht. Gerrit war der einzige Geist, der die Sprache der Korowai gelernt hatte. Und weil die Sprache im gesamten Wald verstanden wurde, war es nun möglich, mit Klans zu sprechen, die noch nie ein Wesen von außerhalb des Waldes gesehen hatten.

DER KOROWAI-WALD liegt zwischen den Kieselbänken des Becking und dem Eilanden-River, zwei im Morgenlicht dampfenden Flüssen, die den Wisnumurti-Bergen entspringen und in weitgeschlagenen Bögen zur Kasuar-Küste fließen. Das Gehen im Korowai-Wald ist wie Tauchen, wie ein Wurm in einem Brokkoli bewegt man sich, kriechend, bückend, steigend, watend –, nie einfach im aufrechten Gang. Immer die Füße im Schlamm, wo Egel, Viren, Dornen lauern. Nie sind die Korowai an der Oberfläche, immer eingetaucht in das Grün. Der Horizont endet nach zehn Schritten. Es gibt nur einen akustischen Horizont, die Schreie der Vögel, das Donnern, das Schlagen der Bögen an die Baumhäuser, wenn getötet werden muss. Oben in den Baumkronen spielt die Musik, nur die Vögel haben den Überblick, ihre Schreie sind Warnungen, Territorialbezeichnungen, Markierungen. Der Boden ist der Feind. Deswegen schlagen die Korowai Lichtungen in das Grün zwischen Himmel und Schlamm, in dies ständig auf und abschwellende Sirren der Insekten, Grillen und Heuschrecken und das Kauen und Krabbeln von einigen Trillionen von Termiten. Unhörbar, aber vorhanden. Wir treffen eine Familie. Sie läuft durch einen Sago-

sumpf, eine Frau schlägt mit einer Klinge den Weg frei, ihre Schwester trägt das Ferkel und ihren Säugling, der Vater trägt Bogen und Pfeile, die Schwiegermutter ein Netz mit grünen Bananen. Es sind sechs nackte Menschen, die noch nie ein Buch gesehen haben, die nicht wissen, was ein kaltes Getränk ist, die nie andere Musik hörten, als ihre eigenen Rufe, die weder von Hitler noch von irgendwelchen Kriegen noch von Mickymaus gehört haben oder je in einem Gebäude waren. Sie wissen nicht, wie es ist, am Meer zu stehen, sie haben nie ein Foto gesehen, niemals etwas geschrieben oder gezeichnet, noch nie durch ein Glas geschaut. Aber es ist eine Familie. Wo der Vater der Tochter die Hand reicht, um sie über einen Stamm zu führen. Wenn es dunkel ist, werden sie sich unter ein Baumhaus setzen, ein Feuer entzünden und sich herumsetzen, die Rücken dem Dunkel zugewandt. Sie werden Sago ins Feuer legen und Wasser aus dem Bambusrohr trinken. Und es wird sein wie überall. Eine kleine Welt. Nach einer Woche stehen wir am Rand einer Lichtung. Wir werden erwartet. Die Träger haben – wie auch immer – vorgefühlt, ob dieser Klan bereit sei für den Kontakt.

DIE GRÖSSTE GEFAHR sei, sagt Gerrit, dass unsere Gastgeber unter Druck geraten. Dass sie zur Verantwortung gezogen werden, die Geister in den Wald hineingelassen zu haben: »Wenn der Druck zu groß wird, müssen sie uns aufgeben. Im Zweifelsfall werden sie auf uns schießen, nicht auf die Leute, mit denen sie noch jahrelang in Nachbarschaft leben müssen.« Auf der Lichtung steht eine Hütte. Durch das Blätterdach dringt Rauch und legt sich als blaue Wolke in den Nieselregen. Kein Mensch ist zu sehen, alle sitzen in dem Biwak und warten auf die andere Welt. Den first contact, jenen Moment, wo ein weiterer Teil des ganz Anderen verschwindet, jenes Überschreiten einer Grenze, die seit mehr als 500 Jahren die Reiseschilderungen würzt und seit Montaigne und Rousseau der Aufklärung ihr schlechtes Gewissen verursacht.

UNSER WALD IST KEINE WILDNIS. ER IST EIN WISPERNDES MENSCHENDORF. JEDER WEISS ALLES.

Und dann ist es, als setze man sich an den Stammtisch eines abgelegenen Dorfes – höflich geduldet für einen Moment. Verwunderung, gewiss. Gespannt sind sie, ein wenig unsicher, die Augen in schneller Bewegung. Aber da ist kein Schock, da wird kein Mund aufgerissen in Schrecken und Furcht, da ist kein kaltes Entsetzen über das Andere. Zehn Männer kauern in der Asche, ziehen an ihren Bambuspfeifen, gespannt wie ein Premierenpublikum, aber auch nicht mehr. An der Wand lehnen die Bögen, Ballen vom Mehl des Sagobaums hängen in Rindenschiffchen. Alle tragen Brandnarben als Schmuck. »Mbolombolop!«, sagt Gerri. Das heißt »Ahne«. Dabei ist er der älteste in der Hütte. Der Missionar schüttelt die Hand des Klanchefs, sehr lange, verteilt Tabak, dann setzt er sich ans Feuer und sagt: »Wir sind keine Geister.«

»Wir haben von euch gehört.«
Der Wald ist keine Wildnis. Er ist ein flüsterndes, wisperndes Menschendorf. Jeder weiß alles. Die Sammler, Sagoklopfer, Kasuarjäger tragen die Nachricht von Lichtung zu Lichtung: Es sind Geister im Wald.

Gerrit hat Fotos mitgebracht. Sie sehen sie an, wie kleine Kinder es tun: Als bunte Flächen, für deren Verständnis es keine Bedeutung hat, dass sie verkehrt herum gehalten werden. Sie betrachten die Bilder wie wir ihren Dschungel, ohne Begriff. Wie ein Vexierbild halten sie das Polaroid und warten, dass sich ein Bild ergibt. Ihnen erschließt sich nicht, dass das Wichtige immer in der Mitte ist. Das Polaroid vom Baum ist spannend, aber Bilder von Dingen, die sie nicht kennen, machen sie schläfrig, sie verlieren das Interesse, werden unaufmerksam und gähnen.
Diese Menschen sind vielleicht diejenigen, die am weitesten entfernt vom Rest der Welt leben. Kein Korowai wird uns fragen: Warum? Oder: Wie? Sie wissen nichts, sind so weltabgewandt, dass sie keine Fragen stellen. Vielleicht würden wir es nicht anders machen, stünden eines Tages Außerirdische im Garten.
Sie haben alle Zeit dieser Welt, weil sie keinen Begriff von Zeit haben. Wenn etwas in den Sinn kommt, wird es sofort erledigt. Sie leben von einem Moment zum nächsten. Stehen plötzlich auf und gehen für drei Tage in den Wald, ohne zu packen. Sie brauchen weder Gepäck noch Schlafgelegenheit. Wenn sie müde sind, legen sie sich auf den Boden und schlafen ein, nackt auf einem Blätterbett.

LEBEN HEISST herumsitzen und rauchen und – warten? Warten worauf? Eine Familie gründen, ein Baumhaus bauen. Eine Öffnung in das Grün schlagen. Damit beginnt alles. Sich Raum schaffen, eine Lichtung schlagen. Einmal, unerwartet, lichtet sich das grüne Geschlinge und über der Öffnung, über einem Stachelboden aus gekappten Bäumen schwebt ein Baumhaus im Dunst wie eine Arche in der Luft, 15 Meter über den Palisaden. Ein fliegendes Haus im Regenschleier. Ein Horst, eine Burg aus Blättern und Ästen, mit gestürzten Bäumen als Gehsteige.

SIE HABEN ALLE ZEIT DIESER WELT, WEIL SIE KEINEN BEGRIFF VON ZEIT HABEN.

Ein Haus für 15 Personen in 30 Meter Höhe auf zwei Bäume gestellt und gestützt in aberwitziger Statik von Stangen, ein schwebendes 24-Quadratmeter-Haus, das ohne einen Nagel, ohne andere Hilfsmittel als pflanzliche zusammengebaut worden ist. Auf Baumstelzen, an denen Lianen hochschlängeln, eine irrwitzige Konstruktion. Die Bindungen aus Rattan lockern sich, die Stützen faulen und werden von Termiten durchpflügt, sodass die Konstruktion immer wacklig ist, immer leicht schwankt unter den Bewegungen seiner Bewohner.
Auf der Zwischenebene hockt ein dürrer weißer Hund. Auf zwei gekappten Rotholzbäumen balanciert diese Burg, Kinder schreien, Gelächter, Ferkel quieken und Stimmen hallen über die Lichtung. In der Arche sitzen Mann und Frau getrennt. Sie hocken auf dem Boden aus Rinde. Es gibt sechs Räume und in jedem eine Feuerstelle, aus der die Asche nach unten fällt. Ein Mann liegt zusammengekrümmt neben der Asche, ein Malariaanfall, und an

der Wand steht eine aus Holz geschnitzte Gitarre. Die Frauen brechen von einem Brocken aus rosafarbener Sagopaste ein Stück ab.

Das Leben in den Lüften bietet Schutz vor Schlangen und Stechfliegen. Die Korowai wissen, dass sogleich von Pilzen und Bakterien verschlungen wird, was auf dem Boden kreucht und steht. In kürzester Zeit würde ein Biwak von Mikro- und Makroorganismen verdaut werden. Also bauen sie in der Höhe. Desto höher, je gefährlicher es auf dem Boden ist. Gibt es keine Stammesfehden mehr, sinken die Häuser allmählich wieder etwas tiefer.

Die Korowai haben nur so viele Zahlen, wie sie auf ihrem Körper zeigen können. Sie haben nur ein einziges Wort für Liebe, Mitleid, Traurigkeit, aber sehr viele Ausdrücke für die Dinge des Waldes, die Krabbeltiere, die Arten der Vögel. »Auf dem Fest habe ich eine Frau gesehen, die tanzte so schön und hatte so schöne Brüste«, sagt einer und geht einige Tage später, um sie zu rauben. Solange eine Frau noch wächst, wird gesagt: »Sie ist noch zu jung, sie wächst noch«, als wäre es eine Frucht.

SIE HABEN NUR EIN EINZIGES WORT FÜR LIEBE, MITLEID UND TRAURIGKEIT, ABER VIELE FÜR DIE DINGE DES WALDES.

DER WALD IST EIN SUPERMARKT. Sie laufen wie Kinder durch die Süßwarenabteilung. Sammeln Termitennester, um sie als Mückenschutz zu verbrennen, Maden und Heuschrecken am Wegesrand. Sie pfeifen, machen Späßchen, rufen den Kakadus hinterher. Alles ist interessant, alles kann verwendet werden: Hier, die Ameisenstraße! Ein Termitennest, mit dem sich Fische in die Reuse locken lassen. Dort, der Sago-Strunk, ob die Maden schon reif sind? Vögel werden gejagt, Blätter gesammelt. Ein armdicker Leguan hat sich beim Wildern in der Reuse verfangen, Gottesanbeterinnen werden gefangen, beiläufig, gleichgültig ihrer Beine entledigt und in den Sack gesteckt, als Köder.

Die Korowai haben keine Fettwülste oder abgeschlaffte Muskeln und tragen keine Brillen. Schön und stark sehen sie aus, weil nur die Starken in das Alter kommen, schön

sein zu können. Ihre Kinder bekommen erst mit anderthalb Jahren einen Namen. Vorher lohnt es sich nicht. Es sterben zu viele: »Ganz kleine Kinder sind nicht stark genug, sich gegen die Geister zu wehren.«

Nackt schreiten sie wie Stelzvögel zwischen den Wurzeln umher, zwischen unseren Konserven, Behältern und schauen, wie wir schreiben. Nachts murmeln sie.

»Gerrit, was erzählen die sich bloß?«

»Ich werde sie fragen. –

»Was sagt der Weiße?«

»Er will wissen, was Ihr Euch so erzählt.«

»Ist er böse?«

»Nein, er wundert sich nur.« Da lachen sie.

Die Häuser sind ohne Schmuck und Ornament. Es gibt keine Fenster und die Korowai legen sich zum Schlafen auf den Rindenboden, Bauch an Rücken wie junge Mäuse und Verliebte. Und wie bei Gourmets die Bouteillen noch jahrelang aufgehoben werden, sind in die Blätterrispen Fischskelette, Leguanknochen, rauchgeschwärzte Panzer von Käfern gesteckt. Sie hocken rundherum, drehen die Sago-Ballen in der Asche und erzählen sich. »Die Männer«, sagt Gerrit, »reden über zwei Dinge. Frauen und Nahrung. Vor allem übers Essen. Weißt du noch, den großen Sagoklumpen, den ich ganz alleine essen konnte.... Seit einer Woche gibt es nur noch ein Thema.«

»Welches?«

»Uns.«

Diese Wesen, die mit knapp 300 Kilogramm Last auf der Lichtung der Nackten standen und Fragen stellten. Ob sie sich gegenseitig essen würden zum Beispiel. Die nach ein paar Nächten wieder verschwunden sein werden und neben den Taschen, Seilen, Dingen noch etwas mitgenommen haben werden. Etwas Nichtwiederbringliches.

Die Welt der Korowai.

ALEXANDER SMOLTCZYK

war Korrespondent in Paris, Rom und Abu Dhabi, für GEO reiste er zu den Korowai, seit 1997 ist er Reporter des SPIEGEL und hat bislang aus rund achtzig Ländern Reportagen geschrieben. Seine Arbeiten wurden mehrfach ausgezeichnet, darunter mit zwei Kisch-Preisen und einem Nannen-Preis. Zuletzt erschien das Kinderbuch »Päpste pupsen nicht«.

FÜR
KOROWAI
EINE ECHTE
DELIKATESSE ›
LARVEN
DER STEIN-
BOCKKÄFER

**DER EINGANG
IN DIE UNTERWELT
RECHTS
»SOUTERRAIN-
WOHNUNG«**

TUNNEL
MENSCHEN

RICKY LEE ist mir zum ersten Mal auf einer dieser Brücken aufgefallen, die sich von Kasinopalast zu Kasinopalast über den Strip spannen. Er stand dort, scheinbar teilnahmslos zwischen den fliegenden Händlern und Hütchenspielern, die den Touristen das Geld aus der Tasche ziehen, das diese noch nicht an den Roulette- und Würfeltischen, beim Black Jack oder in einarmigen Banditen verloren haben. Eine hagere Gestalt, mit eingefallenen Wangen – schon von weitem als Speedfreak zu erkennen, als jemand, der das Aufputschmittel Methylamphetamin, kurz: Meth, raucht.

Er stand also da und guckte runter auf den Strip, der sich wie einen Korridor durch diese Welt aus Glitzerlichtern und haushohen Videowänden zieht, auf denen alle dreißig Sekunden für eine neue atemberaubende Sensation geworben wird. Später sah ich ihn wieder auf der Brücke zwischen Planet Hollywood und einem Casinokomplex, der sich großspurig City Center nennt, als könnte eine Stadt wie Las Vegas so etwas wie eine Mitte haben.

**RUND
1.500 MENSCHEN
SOLLEN IN
DEN TUNNELN
VON
LAS VEGAS
LEBEN.**

Am nächsten Tag kam er mir entgegen. Flink wie ein Wiesel rannte er eine Rolltreppe herunter, zwei, drei Stufen auf einmal nehmend, um dann in der Menschenmenge zu verschwinden, die sich über den Strip schob. Am dritten Tag suchte ich nach ihm. Es war nur eine Frage der Zeit, bis ich ihn fand. Er stand auf der Brücke zwischen dem Bellagio, einem Nachbau des gleichnamigen Dorfes am Comer See, und dem Cesar's Palace, in dem Vegas das Römische Reich inszeniert. Ich sprach ihn an. »Nicht hier«, zischte er, »warte unten an der Treppe auf mich«.

ZU MEINEM ERSTAUNEN kam er eine gute halbe Stunde später. Wir gingen zu Fatburger, einem Imbiss, der sein Programm im Namen trägt – ob als besonders abgefahrenen Witz oder aus purem Zynismus, wer kann das schon sagen. Ricky Lee ist obdachlos, seit 20 Jahren mit ein paar »sehr kurzen Unterbrechungen«, wie er es ausdrückte. Auf der Brücke, das war sein Job: Ricky Lee steht Schmiere für die Hütchenspieler. »Die Typen machen Tausende pro Wochenende«, sagte Ricky Lee, »für mich springen 200 bis 400 dabei heraus.« Der Betrag mag stimmen oder nicht, so oder so sieht Ricky Lee nicht aus wie jemand, bei dem das Geld lange bleibt. Später

erzählte er mir von »seiner Wohnung« in den Flutkanälen unter der Stadt des flüchtigen Glücks. Von den über 20.000 Obdachlosen, die es im Großraum Las Vegas gibt, sollen rund 1.500 dort unten leben, allein in »seinem Tunnel«, wie Ricky Lee es ausdrückt, sind es fünf.

UND DESHALB SIND WIR HIER, Ricky Lee und ich. Am Welcome-Schild, das natürlich weltberühmt ist, wie alles in Vegas. Es blinkt in der Mittagssonne, in den Nationalfarben blau, rot und weiß. Ein auf der Seite liegendes Karo mit der Aufschrift »Welcome to fabulous Las Vegas«. Das »Welcome«-Schild steht auf dem Mittelstreifen des alten Highway 19, dort wo er zum Strip wird. Auf der

anderen Straßenseite der McCarren Airport. Er spuckt pro Jahr mehr als 20 Millionen Passagiere aus und ist einer der größten Flughäfen der USA.

Auf der anderen Seite des Strips ein Golfplatz mit einem betonierten Flussbett, das in zwei Röhren mündet. Sein Tunnel ist der linke, erläutert Ricky Lee. Trotzdem nimmt er den rechten Eingang. Der andere ist vermüllt. Von dieser Seite nutzen ihn Bewohner des rechten Tunnels als Toilette – den Gestank möchte er mir nicht zumuten. Drinnen ist es klaustrophobisch eng, vielleicht 1,80 Meter hoch. Ricky Lee zieht den Kopf ein und knipst seine Taschenlampe an.

Nach 200 Metern das erste Camp: Pappe auf dem Boden, ein paar Matten drüber und ein Schlafsack. Es gehört einem Zocker, weiß Ricky Lee. Tagsüber ist er weg, nachts schläft er hier. Johns Camp ein paar hundert Meter weiter ist schon wohnlicher, mit Matratze, Kommode und einem Klappstuhl. John ist 53, ein stämmiger Mann mit Halbglatze, die wenigen Haare silbergrau. Früher hat er ein paar Geschäfte in Florida gehabt, ein Restaurant, einen Kiosk, eine Bank. Und eine Familie, zwei Kinder, die längst aus dem Haus sind, und eine Frau, mit der er nur noch auf dem Papier verheiratet war.

VOR ZWEI JAHREN, hat er sich in einen Bus nach Las Vegas gesetzt und ist losgefahren, fast ohne Geld, nur mit der Kleidung, die er am Leib trug. So jedenfalls erzählt John seine Geschichte. »Als ich angekommen bin, habe ich mir einen Drink und eine Zigarette genehmigt. Und einen Dollar in einen Automaten gesteckt. Hat sich gut angefühlt.« In Vegas hat John sich zunächst um Arbeit bemüht. Aber für die meisten Jobs hier wird nur Mindestlohn gezahlt. Der liegt bei 7,25 Dollar pro Stunde – zu wenig, um in dieser Stadt zu überleben.

Wie John ist es Ricky Lee auch ergangen. Vor 20 Jahren, viel zu lange her, um sich noch daran zu erinnern. Als Obdachloser hat er alles erlebt. Ricky Lee ist niedergestochen und mehr als einmal von betrunkenen Halbstarken vermöbelt worden, die sich einen Spaß daraus gemacht haben, mal einen Obdachlosen aufzumischen. Bis er beschloss, sich zu wehren. Er zieht einen Schlagring aus der Tasche. Keine Frage, wenn jemand ihm dumm kommt, wird er ihn benutzen.

Es geht weiter hinein in den Tunnel, immer dunkler wird es und immer kühler. Auch deshalb leben viele Obdachlose hier unten, erläutert Ricky Lee. Im Sommer, wenn das Thermometer draußen auf bis zu 50 Grad klettert, ist es in den Tunneln angenehm frisch, in frostigen

Winternächten dagegen recht warm. Hinter einer Kurve ein Lichtschacht. Rostige Stiegen führen zehn, zwanzig Meter hinauf. Auf halber Höhe ist ein zerschlissener Gartenstuhl angekettet. Darin, erklärt Ricky Lee, lässt sich eine Flutwelle aussitzen. Oben ist eine Lichtreklame fürs Mandalay Bay mehr zu erahnen, denn zu erkennen. Eine Erinnerung, dass die Kasinos mit ihren Kunstwelten, den Luxusboutiquen und den teuren Restaurants nicht weit entfernt sind. Und an den Wänden Graffiti.

RICKY LEE richtet seine Taschenlampe auf die Tunnelwand. »Gott lebt hier nicht, nur ich«, liest er vor. Und: »Wenn du Ärger suchst, hast du ihn gefunden.« Die Sprüche hat er hier verewigt. Gegenüber steht: »Ich bin verrückt geworden mit langen, schrecklichen Phasen der Zurechnungsfähigkeit.« Das ist von Edgar Allen Poe. »Weißt du«, räsoniert Ricky Lee, »in Vegas ist die nächste Versuchung nie weit entfernt. Das Glücksspiel. Die Drogen, die an jeder Ecke erhältlich sind. Die Frauen. Irgendwann erliegt ihnen jeder.« Ich frage ihn, ob er dann nicht mal darüber nachgedacht hat zu gehen. »Klar«, antwortet er, »daran denke ich jeden Tag. Aber wo sollte ich hin?« In Bakersfield, drüben in Kalifornien, vier Autostunden entfernt, hat er Familie, Eltern, Bruder, zwei Schwestern. Aber sie wollen nichts mit ihm zu tun haben. Warum nicht? Ricky Lee zögert, dann schüttelt er den Kopf: »Das kann ich dir nicht sagen.« Aus einer kurzen Beziehung hat er einen Sohn, 25 Jahre alt, der wohnt in Los Angeles. »Das letzte Mal habe ich ihn gesehen, als er zwei war. Er will mich besuchen kommen, aber das ist leichter gesagt als getan.«

Das nächste Camp, abgetrennt durch eine schwarze Plastikfolie, die quer durch den Tunnel gespannt ist. Drinnen Klebelampen unter der Decke – sie geben ein zumindest diffuses Licht ab. Hier wohnen Jazz und Sharon: Doppelbett mit ordentlich gefalteter Decke, eine auf Ytong-Platten gebockte Anrichte, eine Küchentisch mit vier Stühlen, Radio und Fernseher – beides batteriebetrieben. Und vier Einkaufswagen, in denen ihre Habe verstaut ist – alles verpackt in Koffern. Penible Ordnung und doch nur ein

GOTT LEBT HIER NICHT, NUR ICH. WENN DU ÄRGER SUCHST, HAST DU IHN GEFUNDEN.

Provisorium. »Denn irgendwann«, sagt Jazz, »kommt das Wasser.« Dann ketten sie die Einkaufswagen aneinander und hoffen, dass alles gut geht.

Jazz und Sharon sind ein ungleiches Paar. Er ist Mitte 40, groß und schlank, mit seinen schwarzen, kurz geschnittenen Haaren wirkt er jugendlich. Sie ist gezeichnet vom Leben auf der Straße: die blonde Mähne von grauen Strähnen durchzogen, das Gesicht faltig, das Lächeln zahnlos. Die beiden sind Veteranen in den Tunneln: seit 15 Jahren obdachlos, seit mehr als zehn hier unten. Nicht durchgehend, zwischendurch hatten sie immer mal wieder eine Wohnung. Aber nie dauerhaft.

»Das ist wie eine Drehtür«, meint Jazz achselzuckend. Jazz trinkt und kifft, er raucht Meth und er zockt. Wann immer er etwas Geld übrig hat, versenkt er es in einem Glücksspielautomaten, in der Hoffnung auf einen Jackpot, einen Hauptgewinn, der es ihm ermöglicht, ein neues Leben anzufangen. Natürlich weiß er, dass die Kasinopaläste nicht so groß und imposant wären, wenn die Zocker eine dauerhafte Chance hätten.

JAZZ IST MIT 20 nach Vegas gekommen, angeworben von einer Baufirma, die jedes Jahr ein neues Kasino oder Hotel aus dem Boden gestampft hat. Dann ist sein Leben, wie er es formuliert, »irgendwie aus der Bahn gelaufen«. Sharon ist ihrem Ex-Mann mit den beiden Töchtern nach Las Vegas gefolgt. Als Croupier hat er dank üppiger Trinkgelder gut verdient, sogar ein Haus konnte sich die Familie leisten. Bis er die Familie verlassen hat, um mit seinem Liebhaber zu leben.

Einmal, vor sechs, sieben Jahren sind Jazz und Sharon auf gutem Weg gewesen, er mit einem Job als Kellner, sie als Küchenhilfe. Und mit einer Wohnung, viel zu klein für die beiden und Sharons Töchter, aber immerhin. Dann ist die Immobilienblase geplatzt, die Jobs gingen verloren. Und die Patchwork-Familie fand sich im Tunnel wieder. Heute leben die Kinder bei ihrem Vater. Und Jazz und Sharon schlagen sich durch. Sie drückt männlichen Touristen auf dem Strip Flyer in die Hand: »Girls direct to your room.« Jazz steht wie Ricky Lee Schmiere für die Hütchenspieler auf den Brücken über den Strip. Abends ziehen sie als

credit hustler von Kasino zu Kasino, auf der Suche nach Geld, das Zocker in Glückspielautomaten vergessen haben. Das ist illegal, rechtlich gehört das Geld den Kasinos. Mehr als 40-mal ist Jazz verhaftet worden, genau weiß er das nicht, viermal verurteilt. »Aber weißt du«, sagt er, »ich bin besser dran als die meisten Obdachlosen. Hier unten habe ich ein Zuhause.«

Auch von der anderen Seite ist der Eingang des Paralleltunnels vermüllt. Absichtlich, erläutert Ricky Lee, so hält er sich unliebsame Besucher vom Leib. Nach ein paar hundert Metern ein quer durch den Raum gespanntes Drahtseil, in unregelmäßigen Abständen weitere – alle auf Kehlkopfhöhe. Auch dies eine Sicherheitsmaßnahme, murmelt er. Dann sein Camp, mit Bad, Küche inklusive Spüle und Wohnzimmer, wie er es ausdrückt.

DANN IST DIE IMMOBILIENBLASE GEPLATZT, DIE JOBS GINGEN VERLOREN UND DIE FAMILIE FAND SICH IM TUNNEL WIEDER.

SEINE »SPÜLE« ist natürlich nicht angeschlossen, das »Bad«, ein mit schwarzer Plastikfolie abgetrennter Bereich, ebenso wenig. Ricky Lee hat ein Wasserbett, king size, 1,60 Meter breit – »irgendwo abgestaubt«, wie er sagt. Wie viel Mühe muss er darauf verwendet haben, so etwas wie Wohnlichkeit herzustellen. Und was für eine Sisyphosarbeit das letztlich ist, denn mit dem nächsten Regen schießen nicht nur Wassermassen durch sein Heim, sie führen auch die Fäkalien vom anderen Ende des Tunnels mit sich. Ricky Lee holt einen Nunchaku aus dem Nachttisch und deutet auf ein Schwert, das griffbereit neben seinem Bett liegt. Dies ist SEIN Tunnel, er betont das Possessivpronomen. Und er wird ihn mit Zähnen und Klauen verteidigen.

TOM NOGA

schreibt und produziert Hörspiele, Features und Reportagen. Mehrfach ausgezeichnet mit dem deutsch-amerikanischen Journalistenpreis und 2012 mit dem deutschen Radiopreis. Auf seinen Reisen zieht es den bekennenden Fan des VFL Bochum aus für ihn selbst unerfindlichen Gründen immer wieder nach Las Vegas.

DIE AWÁ SIND SEHR GESCHICKTE JÄGER. WILD LOCKEN SIE MIT TIERLAUTEN AN UND PFEIL UND BOGEN SIND LAUTLOSE WAFFEN

FIONA
WATSON
DIE AWÁ

EIN LEBEN ZWISCHEN PARADIES UND HÖLLE

DIE AWÁ LEBEN SEIT JAHRHUNDERTEN IN EINER FRIEDLICHEN SYMBIOSE MIT DEM REGENWALD.

ES IST MEHR ALS 20 JAHRE her, dass ich das erste Mal Angehörige der Awá-Indianer aus Brasiliens Amazonasgebiet traf. Es war eine Begegnung, die mich tief beeindruckte.

Nur zwei Tage vor diesem ersten Treffen hatten brasilianische Behörden Kontakt zu einer jungen Awá-Familie aufgenommen, die bis dahin abgeschieden im Regenwald gelebt hatte. Damals griffen die Behörden in seltenen Fällen zu solchen Kontaktversuchen, wenn eine abgeschieden lebende Indianer-Gemeinde in Lebensgefahr war, etwa aufgrund von Angriffen durch bewaffnete Holzfäller. Doch auch die Kontaktaufnahme war eine gefährliche Strategie. Denn selbst wenn es zu einem friedlichen Aufeinandertreffen mit den Behörden kam, konnten Krankheiten wie Grippe, gegen die unkontaktierte Awá keine Abwehrkräfte entwickeln konnten, sie binnen kurzer Zeit töten. In diesem Fall hatten die Behörden den Kontakt für lebenswichtig gehalten und nahmen mich mit zu einem »Treffen« mit der kleinen Familie. Ich durfte mich der jungen Frau, die ihr winziges Baby in einer Hängematte säugte, und ihrem Mann nicht nähern, um sie nicht durch Krankheiten zu gefährden. Doch selbst aus der Entfernung war kaum zu übersehen, wie verwirrt und ängstlich sie waren. Ich konnte nur versuchen zu erahnen, was diese Familie erlebt hatte und welchen Horror sie gesehen hatte.

NIEMAND WUSSTE etwas Genaues über ihre Vorgeschichte, doch das Team vor Ort erklärte mir, dass die drei sehr wahrscheinlich auf der Flucht gewesen waren, nachdem sie von den bewaffneten »Sicherheitsleuten« eines Farmers angegriffen worden waren. Dafür sprach auch, dass sie weit weg von ihrer angestammten Heimat gefunden wurden.
Die angestammte Heimat der Awá liegt im brasilianischen Bundesstaat Maranhão, zwischen den Wäldern Amazoniens im Westen und den Cerrado-Savannen im Osten. Die Awá selbst nennen die Gegend Harakwá, »der Ort, den wir kennen«. Harakwá sind die Pekaris, Tapire und Affen, die die Awá auf Streifzügen durch den Regenwald mit bis zu 2 Meter langen

Bögen jagen. Harakwá sind köstliche Walderzeugnisse wie Babaçu-Nüsse, Açaí-Beeren und Honig. Und Harakwá sind einige der ältesten Bäume der Welt, die über den Köpfen der Awá in den Himmel ragen.

Die Welt der Awá fußt seit Jahrhunderten auf einer friedlichen Symbiose mit dem Regenwald. Sie kennen den Regenwald wie kein anderer, teilen ihre Hängematten mit Nasenbären und ihre Mangos mit Papageien. Wenn sie jagen, bewegen sie sich sicher im Wald und locken Tiere mit den täuschend echten Nachahmungen ihrer Laute an. Viele Awá-Frauen stillen verwaiste Kapuziner- und Brüllaffen, die sie als Teil ihrer Familie annehmen. Awá-Gemeinden zählen oft mehr »Haustiere« als Menschen und selbst wenn die Tiere in den Wald zurückgehen, erkennen die Awá ihren Ruf und würden sie niemals jagen.

DIE AWÁ sind heute eines der letzten Jäger und Sammler-Völker Brasiliens. Manche von ihnen, insbesondere unkontaktierte Awá-Familien, leben nomadisch und sind ständig in Harakwá unterwegs. Ihr Lebensrhythmus ist bestimmt von der Reifezeit der Früchte und den Wanderungen des Jagdwilds. Sie bleiben nie lange an einem Ort und nur die Reste ihrer verlassenen Lager zeugen von ihrer Existenz. Alles was sie benötigen tragen sie bei sich oder fertigen es aus den Erzeugnissen des Waldes: Körbe aus Palmenblättern, Pfeil und Bogen, Hängematten, Baumharz, welches sie bei nächtlichen Wanderungen für Fackeln nutzen, und Schlaufen aus Kletterpflanzen, mit denen schon Kinder blitzschnell die höchsten Bäume hinaufklettern können. Harakwá ist auch eine magische Welt, über deren Geschick Geister und Himmelswesen wachen. Das Wesen Maira kontrolliert einen riesigen Wasserspeicher im Himmel und reguliert damit die beiden Jahreszeiten – Sonne und Regen – die Harakwá prägen. Bei Vollmond tanzen sich Awá-Männer in eine Trance, um bis zum Morgengrauen mit den Ahnen und Waldgeistern zu sprechen. Sie betreten dabei eine Welt jenseits der Sterne, in denen Affen, Tapire und die Ahnen ihrer Vorfahren leben. Das Ritual sichert ihnen auch eine erfolgreiche Jagd.

HARAKWÁ ist eine fantastische Welt, von deren Existenz andere Menschen lange Zeit nichts ahnten.

TAKWARENTXIA MIT SEINEM KAPUZINERAFFEN, DEN ER ALS TEIL SEINER FAMILIE ANSIEHT

Doch schon Jahre vor meinem ersten Treffen mit den Awá kündeten dunkle Rauchwolken am Horizont vom möglichen Ende dieser Welt: Nur wenige hundert Kilometer entfernt war das größte Eisenerzvorkommen unseres Planeten entdeckt worden. Eine Mine entstand, die heute so groß ist, dass man sie aus dem Weltall erkennen kann.

DER »ERZRAUSCH« brachte den Awá Zerstörung: Eisenbahnstrecken, Aluminiumhütten und Kohleöfen, ein Staudamm, Straßen, Viehweiden und zahlreiche Siedlungen entstanden, um die Maschinerie rund um die Eisenerzmine am Laufen zu halten. Dem plötzlichen Boom und der Zerstörung waren die Awá und ihr Wald schutzlos ausgeliefert. Innerhalb der letzten vier Jahrzehnte mussten sie erleben, wie ihre Heimat ausblutete. Heute leben noch rund 460 Awá, teilweise unkontaktiert, in Harakwá.

Große Teile ihres Gebietes sind inzwischen eine abgeholzte Ödnis und einige Karai (»Nicht-Indianer«) schrecken auch vor Mord an den Awá nicht zurück, um sich ihr Land zu eigen zu machen. Einige Awá starben an Ameisengift, das dem Mehl beigesetzt war, das die Siedler ihnen »geschenkt« hatten. Andere wurden einfach erschossen. In diesen Konflikt war auch die kleine Awá-Familie geraten, die ich 1992 traf.

Einige Jahre nach meiner ersten Begegnung mit ihnen, besuchte ich das Dorf Juriti, in dem viele Awá leben, die erst seit kurzem Kontakt mit Außenstehenden haben. Zu meiner Freude traf ich auch wieder auf das junge Paar. Inzwischen hatten sie zwei weitere Kinder bekommen – heute sind es insgesamt fünf – und sie wirkten deutlich glücklicher als bei unserer ersten Begegnung. Bei Gesprächen mit ihnen wurde mir klar, wie groß die Entschlossenheit und der Lebensmut dieser Familie und der Awá ist, auch wenn ihre Situation geradezu ausweglos erscheint.

IN JURITI traf ich auch auf den Awá-Mann Karapiru. Karapirus Familie war vor Jahren von bewaffneten Holzfällern angegriffen worden. Seine Frau, seine Geschwister, seine Mutter und seine Kinder wurden getötet. Einer seiner Söhne wurde gefangengenommen. Nur Karapiru konnte – schwer verletzt und traumatisiert – in den Wald fliehen. Die nächsten 12 Jahre lebte er auf der Flucht. Völlig auf sich allein gestellt legte er über 600 Kilometer zurück. Er jagte kleine Vögel und schlief in Baumkronen. Wenn er einsam war, summte er Melodien oder redete leise mit sich selbst.

KARAPIRU ERZÄHLTE mir, dass er am Ende seiner Flucht am Rande einer Siedlung auf einen Bauern traf, der ihn freundlich grüßte. Er war völlig erschöpft und folgte ihm zurück ins Dorf. Er blieb einige Zeit bei ihm, bis Berichte über sein plötzliches Auftauchen auch die Behörden alarmierten. Sie versuchten zu erfahren, was genau Karapiru zugestoßen war, doch niemand verstand seine Sprache. Mehrere Übersetzer wurden befragt, der letzte war ein junger Mann namens Xiramukú. Auch er war ein Awá. Als Xiramukú und Karapiru sich trafen, erkannten sie einander als Vater und Sohn. Der junge Mann, der vor Karapiru stand und mit ihm in seiner Sprache sprach, war sein einziges überlebendes Kind. Was Karapiru all die Jahre für unmöglich gehalten hatte, ging endlich in Erfüllung.

In Juriti hat Karapiri in der Nähe seines Sohnes wieder ein Zuhause gefunden und eine neue Familie gegründet. Doch er sagte mir auch, dass er um die Zukunft seiner Tochter sehr besorgt ist und dass er hoffe, das es nicht so werde, wie zu seiner Zeit.

Was mich an den Awá und ihren Geschichten wohl am meisten berührt hat, ist ihre Menschlichkeit und der Humor, mit dem sie ihr Leben gestalten. Es geht an den Kern dessen, was es bedeutet menschlich zu sein. Sie sorgen sich umeinander und ihre Umgebung, teilen die guten Erlebnisse und die schlechten, und ihr Wissen um ihre Umwelt ist so umfassend, dass sie zu den unabhängigsten und freisten Menschen unseres Planeten gehören. Wenn wir sie – und damit einen Teil unserer Menschheit – nicht verlieren wollen, müssen ihr Regenwald und Harakwá vor weiterer Zerstörung bewahrt werden.

FIONA WATSON

arbeitet seit 1990 für Survival International, die Bewegung für die Rechte indigener Völker, und leitet dort das Rechercheteam. Sie gilt als weltweite Expertin für unkontaktierte Völker. Mit Survival war sie maßgeblich an der erfolgreichen Kampagne zum Schutz des Landes der Awá beteiligt.

> BEI GESPRÄCHEN MIT DEN AWÁ WIRD KLAR, WIE GROSS IHR LEBENSMUT IST.

DIE AWÁ SIND JÄGER UND SAMMLER EINIGE IHRER BÖGEN SIND ÜBER 2 METER LANG UND WERDEN BEI DER JAGD AM BODEN EINGESETZT

URAK LAWOI

SEA GIPSIES
MEHR
MEER GEHT
NICHT

URAK LAWOI
BEDEUTET
»MENSCHEN
DES MEERES.«

DIE URAK LAWOI, wörtlich übersetzt »Menschen des Meeres« sind eine ethnische Gruppe von Halbnomaden mit ca. 5.000 Angehörigen, die viele Küstenstreifen der vorgelagerten Inseln der Andamanensee Thailands bewohnen. Ursprünglich aus dem Indomalayischen Raum, siedelten sie auf Inseln in der Bucht von Phang-nga, Phuket und der Provinz Krabi mit der wohl wichtigsten Ortschaft auf Koh Lanta »Baan Sanka-U«, und auf den Inseln des Tarutao Archipels. Die Urak Lavoy benutzen eine eigene Sprache malayischen Ursprungs, die nur mündlich existiert, und bewahren eigene Traditionen, wobei die wichtigsten Feste jeweils zum Vollmond im März und im Oktober stattfinden. Im Oktober wird »Hari Badjak« gefeiert, dabei wird eine in der jeweiligen Ortschaft aus Holz gefertigte Bootreplika begleitet von animistischen Ritualen zu Wasser gelassen. Damit möchte man die Hüter des Meeres gnädig stimmen, deren Wohlwollen sicherstellen und sich für die Gaben bedanken. Die Bewohner hoffen, dass das Boot in Richtung des Berges Gunung Jerai (Malaysia) treibt und nicht zurückkehrt – denn eine Rückkehr würde nicht nur großes Unglück bedeuten, sondern hätte früher auch den Umzug aller Einwohner erforderlich gemacht. Die Urak Lawoi bestatten Ihre Toten in Gräbern. Im März feiern sie einen Totengedenktag auf dem Friedhof, der immer unmittelbar an einem Strand gelegen ist. Da wird dann rund um die sandhügeligen Gräber mit pergolaartigen Dächern, geschmückt mit Rüschenvorhängen in zuckersüßen Farben und grellbunter Dekoration, der Toten mit Rong Gneng Musik und Tanz gedacht. Gesungen wird viel, die Lieder, ob althergebrachte oder spontan erdachte Weisen, finden viel Beifall. Die klassischen Instrumente der Kapelle bestehen aus mehreren Trommeln, die alten noch mit Waranhaut bespannt, und – einzigartig in diesem Kulturkreis – einer Violine.

Es agieren teils mehrere Vorsänger und Anwesende fallen in den Refrain ein. Derweil wird im Kreis herum getanzt, es gibt Snacks und viel Reisschnaps. Die Teenager tanzen ausgelassen zu indonesischer Popmusik, es werden in der Gemeinschaft alte Bande gefestigt und neue geknüpft. Lebensnotwendig ist diese Gemeinschaft, in der der Fang der Meeresfrüchte früher zwischen den Familien aufgeteilt wurde, es keine Vorratshaltung gab und man deshalb auf die gegenseitige Hilfe auf See angewiesen war. Die Urak Lawoi waren ursprünglich Animisten, sie sind heutzutage vielerorts christianisiert, islamisiert oder zum Buddhismus übergetreten, trotzdem werden immer noch die alten Rituale durchgeführt, und da der Glaube weiter besteht, dass jede Bucht, jeder Strand, das Meer und der Wald von Geistern beseelt sind, ist auch immer noch ein Schamane tätig. Dieser hält nicht nur die allgegenwärtigen Geister bei Laune, betreut den Dorfschrein und segnet die Boote, sondern heilt mit vielerlei

Kräutern und Meerestieren, indem z.B. Geweihkorallen bei Steinleiden, Fächerkorallen bei Hämorriden und Gamat – eine Seegurkenart – bei inneren Verletzungen Verwendung finden. Weder wird vor Reptilien halt gemacht – da dient das Fett des Warans als Massageöl –, noch vor Meeressäugern wie der Seekuh, deren Tränen als Liebeszauber herhalten müssen.

DER TAG BEGINNT FRÜH, bei Anbruch der Dämmerung beladen die Männer die Longtailboote mit Reusen klein und groß, Netzen, Speeren, Angeln und Kompressoren – letztere, um nach verschiedensten Schalentieren und Muscheln zu tauchen. Dann geht

DIE TROPISCHE
INSELWELT DER
ANDAMANENSEE ›
HEIMAT DER
HALBNOMADEN

es hinaus auf das Meer. In den Monsunmonaten wird meist in der näheren Umgebung gefischt, während in der Gut-Wetter-Periode die ganze Familie gleich mit auf Bagad fährt! Bagad ist eine meist länger andauernde Fahrt, die sich über Wochen und Monate hinziehen kann.

Es werden einfachste Unterkünfte auf Inselchen errichtet oder man schläft direkt auf Matten am Strand oder auf dem Boot, denn die Boote sind bestens ausgerüstet und mit Dach versehen. Während die Männer auf dem Meer sind, sammeln die Frauen Früchte, Gewürze, Kräuter und Gemüse, pflücken Kokos- und Chashewnüsse, graben nach schmackhaften Wurzeln, Kartoffeln und Schildkröteneiern, fangen verschiedenste Schalentiere und verarbeiten den Fang. To Nann – eine Seegurkenart – wird ertaucht und in einem langen Prozess, über Rollen, Vergraben, Kochen, Trocknen in eine Delikatesse verwandelt, für die viel Geld ausgegeben wird. Speichelnester einer an den Kalk-Sandsteinfelsen nistenden Seeschwalbenart, der Weißnestsalangane, werden in abenteuerlichen Klettertouren über zusammengebundene Bambusstangen in Schwindel erregender Höhe abgeerntet – ein Luxusprodukt, das Schönheit und ein langes Leben verspricht und auf dem chinesischen Markt reißenden Absatz findet. Man bleibt, solange der Fang sich lohnt, verkauft diesen an Zwischenhändler und reist weiter. Hunderte Inselchen sind so in der Erinnerung präsent, man fährt hin und her und vorübergehend auch mal nach Hause.

DIE HÄUSER DER URAK LAVOY sind auf Stelzen am Strand erbaut und werden zum Meer hinaus bei Bedarf erweitert. Verwendet werden Mangrovenhölzer und Rattan, gespaltener Bambus als Fußboden, verwobene Bambusmatten als Wände und die Blätter der Nipapalme als Dachbelag, wobei neuerdings auch Wellblechdächer Einsatz finden und leider billige Matratzen, wo früher auf den zu feinen Matten ver-

wobenen Blättern einer wohlriechenden Padanus-Art und auf mit Naturfasern – den Kapok – gefüllten Kopfkissen geschlafen wurde. Unter den Häusern laufen Hühner und Enten frei herum, Abzäunungen sind unbekannt, man trifft sich zu einem Schwätzchen, während Netze geflickt, Krebse gepuhlt oder Perlmuscheln sortiert werden. Die Kinder, mit dem bitteren Saft der Khetmun Liane abgestillt, immer und bei allem mit dabei, erfahren spielerisch schon in den ersten Lebensjahren den Umgang mit allem, was kreucht und fleucht. Schwimmen und tauchen lernen sie im Nu und wissen bereits als Fünfjährige, wo man die Blätter der rosa Strandprunkwinde findet, die bei einer Quallenverletzung so unerlässlich sind, und wo Lato – essbares Seegras – wächst. Meister im Fische und Garnelen Aufspießen sind sie in stundenlangen Wettkämpfen rund ums Riff geworden und ihre Fähigkeit, unter Wasser mindestens doppelt so gut sehen zu können wie unsereins, ist legendär. Als hervorragende Taucher und für die Fähigkeit bekannt, über weite Strecken ohne Kartenmaterial zu navigieren, des Weiteren meisterhafte Kenner des Wetters und der Strömungen, haben sie das Meer verinnerlicht.

DENN SIE SEHEN UNTER WASSER MINDESTENS DOPPELT SO GUT WIE WIR.

RASTLOSIGKEIT und Aufbruchstimmung setzt nach ein paar Tagen an Land ein und die Freiheit über den Wellen ruft. In den Dorfgemeinschaften herrscht daher während der Trockenzeit ein beständiges Kommen und Gehen.

Die meisten Familien, die erst vor rund 50 Jahren einen Nachnamen und die thailändische Staatsbürgerschaft von der Mutter des amtierenden Königs erhalten haben (Namen so ehrbar wie Thalee Luek – Tiefsee, Suea Thalee – Tiger des Meeres, Chang Naam – Wasserelefant, usw.), verfügen über keinerlei Grundstücksurkunden, die den Besitz ihres nun inzwischen wertvollen, direkt am Strand gelegenen Landes belegen.

Gerade die touristische Erschließung von Inseln wie Koh Phuket, Koh Phi Phi, Koh Lanta und vor allem des Tarutao Archipels brachte wesentliche Ver-

URAK LAWOI SIEDLUNG, DIE BEI BEDARF ZUM MEER HINAUS ER-WEITERT WIRD

änderungen des althergebrachten Lebensstils mit sich. Vielerorts von Investoren verdrängt, während der Hochsaison als ungelernte Arbeiter in Hotelresorts oder als Fahrer für Touristenausflugsboote beschäftigt, erleben die Urak Lavoi dieses Zeitalter als Prüfung. Kommerzielle Fischerei stellt die größte Bedrohung dar, denn wo mit Schleppnetzen kilometerweite Schneisen leergefischt werden, bleibt auch für die Geübtesten, die Menschen des Meeres, nicht mehr viel übrig. In ihrer Reisefreiheit stark eingeschränkt, von ihren alten Bagad Stammplätzen vertrieben, von Nationalparkverordnungen und Fischereivorschriften gegängelt und vom thailän-

dischen Kultusministerium mit Schulpflicht belegt, zucken die Alten nur mit den Schultern auf meine Frage, wie es denn nun weiter gehen soll. Früher fürchteten sie noch nicht einmal den Teufelsrochen. Heute plagen sie viele Sorgen.

LIZ LUXEN

gebürtige Düsseldorferin lebt seit Anfang der 90er Jahre in Thailand. Sie arbeitet als Übersetzerin und Beraterin und veröffentlichte 2012 das Buch «Erfolgreich Auswandern -Thailand». Auf Koh Phi Phi lernte Sie Ihren Ehemann kennen, dessen Mutter eine ethnische Urak Lawoi ist. Ihr gemeinsamer Sohn heißt Lavoy, und getreu seines Namens geht es in den Schulferien mit Papa auf Bagad!

MENSCHEN
IN MASSEN
ZWISCHEN
DOGENPALAST
UND S. MARIA
DELLA SALUTE
IN VENEDIG

ANDREAS
PICHLER
VENEDIG

LEBEN
ZWISCHEN
TOURISTEN

21 MILLIONEN – die Zahlen der Touristen, die jährlich Venedig besuchen, sprechen Bände. Betrachtet man dazu noch die surreale Größe der Kreuzfahrschiffe, die regelmäßig vorbei am Markusplatz durch den Canale della Giudecca fahren, dann fragt man sich wirklich:

WIE KANN IN DIESER FRAGILEN STADT ÜBERHAUPT NOCH NORMALES LEBEN STATTFINDEN?

Aber es gibt sie noch, die wirklichen Venezianer, wenn auch immer weniger. Kaum 50.000 Einwohner hat die Stadt zurzeit – Tendenz sinkend. Viele sind schon weggezogen auf das nahe liegende Festland oder auch weiter weg ausgewandert. Weil das Leben in der Stadt schwierig geworden ist und weil der Massentourismus Gefahr läuft, die Stadt endgültig in eine Art Disneyland zu verwandeln. Denn aus Gemüseläden werden Souvenirgeschäfte und aus Bäckereien Kleiderläden der globalen Ketten, wie sie überall in den Shopping-Straßen der Welt zu finden sind, doch zu essen gibt es hier nichts mehr.

DIE VENEZIANER, die geblieben sind, sind äußerst resistent; und das müssen sie auch sein. Denn das tägliche Leben in dieser mittelalterlichen Wasserstadt ist schon an sich nicht einfach. Man geht nicht kurz mal einen neuen Schrank bei Ikea kaufen oder macht Großeinkauf beim Discounter. Hier muss jedes Stück mit der Hand die Gassen entlang getragen oder mit dem Boot zu den Häusern transportiert werden. Feucht ist das Klima auch und im Sommer äußerst schwül. Also kein paradiesisches Honigschlecken, auch wenn die älteren Menschen immer erzählen, dass sie früher die Fische zum Mittagessen direkt aus den Kanälen angelten.
Die meisten richtigen Venezianer sind, ganz anders als so manche touristische Phantasie über die romantische, adelige Seite dieser Stadt, hart gesottene Burschen und Mädels, Seemänner und Frauen eben. So ist es heute noch völlig normal, dass man sich im Venezianischen Dialekt mit »Alter« und »Alte« anspricht, was aber nicht herablassend gemeint ist, im Gegenteil, oder gar mit »Amore« ruft, im Übrigen auch die Männer untereinander. Das so enge verwobene Leben in Venedig hat ein unheimlich komplexes Netzwerk an Codes und Umgangsformen hervorgebracht,

das für die meisten Fremden so gut wie unverständlich ist. Und darin besteht, meiner Meinung nach, eine der wichtigsten Überlebensstrategien der Bewohner dieser Stadt. Venedig ist die Stadt Norditaliens, in der noch am stärksten Dialekt gesprochen wird; er ist selbst für die meisten Italiener kaum verständlich. Hardcore Regionalisten behaupten gar, das Venezianische sei eine eigene Sprache, eher dem Katalanischen verwandt, als dem Italienischen. Ich bin kein Sprachwissenschaftler, finde das aber übertrieben. Dennoch, die sehr spezielle Umgangssprache dient in der Tat als klares Distinguierungsmittel in der Masse von Besuchern. So können sich selbst in einer Bar voller Touristen drei Venezianer laut miteinander unterhalten, wohl wissend, dass keiner sie verstehen wird. Was mich dabei fasziniert, ist, wie sich das venezianische Leben manchmal parallel zum Touristischen abspielt – fast an denselben Orten, aber wie von einer unsichtbaren Trennwand abgesondert. Der Blick der Touristen auf die Stadt ist ja ein völlig anderer als der der Bewohner. Und so banal das klingt, schafft ebendieser, von vorgefertigten Klischeebildern gelenkte Blick in Venedig Räume, die von den Touristen nicht wahrgenommen werden und daher Platz für die Einheimischen bieten.

Ein Beispiel: die Bar delle Guglie. Sie liegt direkt gegenüber der wunderbaren Brücke delle Guglie auf einem der Hauptwege vom Bahnhof nach San Marco. Von der Bar aus blickt man nicht nur auf den Kanal und den Fischstand dort, sondern vor allem fast frontal auf die Brücke und daher auch auf die Massen von Menschen, die tagein, tagaus über die Brücke strömen. Eigentlich müssten die Touristen regelrecht in die Bar einfallen, wie an vielen anderen Orten. Tun sie aber nicht, da die Besitzer kein Interesse an Touristen haben. Trotz Top-Lage sieht die Bar unattraktiv bis gar schmuddelig aus. Die Luft staut sich und am Tresen stehen fast immer ältere Männer mit einem Glas Wein und kommentieren die Lage. Dieser Ort scheint wie aus der Zeit gehoben und dem Treiben draußen entgegengesetzt. Wenn dann ein Tourist reinkommt, fühlt er sich fast verloren, wird dann jedoch ganz unaufgeregt bedient. Solche Orte gibt es viele in Venedig, wenn auch immer weniger. Natürlich gibt es sie auch, die Orte der massiven Konfrontation, und dort erlebt man dann auch kabarettartige Szenen, in denen Vene-

DER MASSEN-TOURISMUS KOMMT IN MASSEN-TRANSPORTEN

zianer in Dialekt laut vor sich her fluchen; auf die Touristen und auf die Stadtverwaltung und überhaupt auf alle, die Schuld sind an der Lage.

DER ORT PAR-EXCELLENCE solcher Konfrontation, sind die Vaporetti, die Busboote, da es dort kein Entweichen gibt. Auch wenn die Stadtverwaltung vor einigen Jahren versucht hat, eigene Linien für die Einheimischen zu schaffen, gibt es hier immer wieder Streit. Daher versuchen vor allem junge Venezianer, die klassischen Touristen-Linien entlang des Canal Grande zu vermeiden. Vermeidung oder Schleichwege sind überhaupt das Schlüsselwort, um sich in der Stadt möglichst ohne Touristenbehinderung zu bewegen. Denn neben den Vaporetti sind die kleinen Brücken an manchen Durchgängen die Orte der stärksten Reibung. Während der Tourist auf der Brücke meist stehen bleibt, um ein Foto zu schießen, gilt es als eine der Fußgängerregeln der Venezianer, dass man auf einer Brücke nie stehen bleibt. Da diese oft enger sind als die Wege und da die Menschen oft etwas die Brücke hoch und wieder runter schleppen müssen und daher nicht blockiert werden sollten. Was tun? Ein Handbuch für Benutzer der Stadt wurde öfters angedacht, aber nie wirklich realisiert, so wie der Massentourismus von der Verwaltung überhaupt kaum direkt als Problem angegangen wird. Ein Bekannter von mir hat sich den Sport angewöhnt, möglichst alle Bilder zu stören, die auf Brücken geschossen werden, also konsequent jedem durchs Bild zu laufen, der gerade auf einer Brücke posiert. Als Reaktion verständlich, pädagogisch aber wohl kaum wertvoll.

MANCHE ORTE SIND FÜR VENEZIANER MITTLERWEILE TABU.

MANCHE ORTE sind für Venezianer mittlerweile tabu. Während der Markusplatz bis in die 1980er-Jahre hinein der Platz der Venezianer schlechthin war, gerade auch der jungen, geht dort schon lange keiner mehr hin. Tudy Sammartini, eine alte Autorin und Stadtführerin meint in meinem Film, sie geht nur mehr nach Mitternacht auf die Piazza, wenn die Barbaren alle wieder weg sind. Aus dem Weg gehen, ist noch so ein Schlüsselwort zum Überleben in Venedig. So lebt Tudy z.B. in einer stillen Gegend in Canareggio, weit ab vom Schuss der Touristenströme. Und so lassen sich noch viele Orte in Venedig finden, da die Massen ja vor allem an den üblichen Hot Spots verkehren.

Interessant ist es auch zu sehen, was die Venezianer am Wochenende treiben, wenn ihre Stadt besonders voll von Touristen ist. Vor allem die Familien schnappen sich dann ein Boot und fahren in die Lagune. Denn Venedig ist ja bekanntlich eine Wasserstadt und das eigentliche Reich vor ihren Toren ist die Lagune, ein Reich von Inseln, Vögeln, Fischen, verschlafenen Orten, Stränden oder auch Sümpfen. Eine eigene Welt, die in den letzten Jahrzehnten völlig in Vergessenheit geraten ist, aber gerade jetzt von den jüngeren Venezianern wieder neuentdeckt wird.

Es gibt viele alte und auch neue Wahl-Venezianer, die diese Stadt lieben und auch bewohnen möchten. Doch neben dem Massen-Tourismus sind es vor allem die extrem hohen Immobilienpreise, die das schwierig machen. Für die Wohlhabenden und Reichen aus aller Welt gehört es zum guten Ton, eine Wohnung in Venedig zu besitzen. Nicht nur die Paläste der Superreichen, nein auch einfach wohlhabende Weltbürger, die dann ein, zweimal im Jahr zum Karneval oder zur Eröffnung der Kunst Biennale in der Stadt verweilen und ihre Freunde des internationalen Jet-Set mitbringen. Ansonsten stehen diese Wohnungen das ganze Jahr über leer oder werden wiederum an Touristen vermietet.

Es gibt kaum Maßnahmen von Seiten der öffentlichen Hand, um diesen Trend aufzuhalten, und wenig bis nichts wird getan, um einheimische, junge Familien, die dringend Wohnungen benötigen, zu unterstützen. Die Immobilienpolitik ist – wie so vielerorts – dem freien Markt überlassen worden. Dass das auf Dauer nicht gehen kann, weiß man inzwischen. Daher ist die Frage nach dem Überleben von Venedig als Ort des realen Lebens vor allem eine Frage der politischen Entscheidung.

ANDREAS PICHLER

hat in Bologna und in Berlin an der Universität Philosophie und Theaterwissenschaften studiert. Nach ersten Erfahrungen im Bereich Tanz- und Kurzfilm arbeitet er seit Anfang der 2000er Jahren als Regisseur und Autor von Dokumentarfilmen. In seinen Arbeiten beschäftigt er sich so gut wie immer mit gesellschaftlichen Veränderungen im Spiegel der Menschen. 2004 erhielt er den Grimme Preis für CALL ME BABYLON, ein Film über junge Call-Center Agenten in Amsterdam. Vor kurzem war sein Film DAS VENEDIG PRINZIP in den deutschen Kinos zu sehen.

STADTIDYLLE
IM SCHATTEN
EINES KREUZ-
FAHRTSCHIFFES

ES GIBT MEHR ALS
10.000 MENSCHEN
IN HONGKONG,
DIE IN GITTERBOXEN
WOHNEN

SVEN
HANSEN
HONGKONG

KÄFIG-
MENSCHEN

DER NEUNJÄHRIGE SIMON spielt lustlos auf dem unteren Bett mit einem Flugzeug aus einer chinesischen Lego-Kopie. Gelegentlich schaut er dabei auf einen Comicfilm im kleinen Fernseher. Das fensterlose Zimmer hat 3,5 Quadratmeter. Es ist nicht nur Simons Kinderzimmer, sondern die gesamte Wohnung. Er lebt mit seiner Mutter in einem Bretterverschlag im achten Stock eines Hauses aus den 1960er-Jahren im Hongkonger Stadtteil Sham Shui Po auf der Halbinsel Kowloon. Es ist nach acht Uhr abends, doch Simons Mutter ist noch nicht von ihrer Arbeit als Altenpflegerin zurück. So hat Simon immerhin das untere Bett, das beiden auch als Schreibtisch, Wohn-, Ess- und Spielzimmer dient, für sich. Das obere Bett ist voll Taschen mit Kleidung. Sie werden auf den Boden gestellt, wenn Simon zu Bett geht.

Die Tür zum Verschlag steht offen, damit Luft vom dunklen Gang hereinkommen kann. In geöffneten Nachbarverschlägen liegen ältere Männer halbnackt auf ihren Pritschen vor kleinen Fernsehern oder dösen vor sich hin. Andere Verschläge sind verschlossen. Am Ende des schmalen Ganges befindet sich die einzige Toilette. Die 20 Haushalte hier sind in jeweils zwei Verschlägen übereinander in einem 30 Quadratmeter großen Raum untergebracht. Die Miete für die oberen Verschläge, die nur über eine Leiter zu erreichen sind, ist etwas preiswerter. Da in Hongkong Fahrstühle früher erst für Häuser ab neun Stockwerken vorgeschrieben waren, wurden bis in die 1970er-Jahre viele Gebäude mit nur acht Stockwerken gebaut – ohne Aufzüge.

**AUF GANZEN
30 QUADRAT-
METERN,
20 HAUSHALTE,
EINE TOILETTE.**

HEUTE SIND diese Altbauten unattraktiv und Wohnungen in den oberen Stockwerken wegen der vielen Treppen preiswerter. Unterteilt werden sie an Arbeitslose, Tagelöhner, ungebildete Migranten und Neuankömmlinge aus China sowie an Kranke und Rentner vermietet. Die Vermieter bekommen so von den Ärmsten der Armen zusammen mehr Geld, als würden sie die Wohnung am Stück vermieten. Simons Mutter Loa Tak-sheung kommt aus der Volksrepublik China und war mit einem Mann aus der heutigen autonomen Sonderzone und Ex-Kronkolonie Hongkong verheiratet. Vor einem Jahr erfuhr Loa, dass er noch eine andere Frau hat und trennte sich

SIMON IN
SEINER
**3,5 QUADRAT-
METER
GROSSEN
»WOHNUNG«**

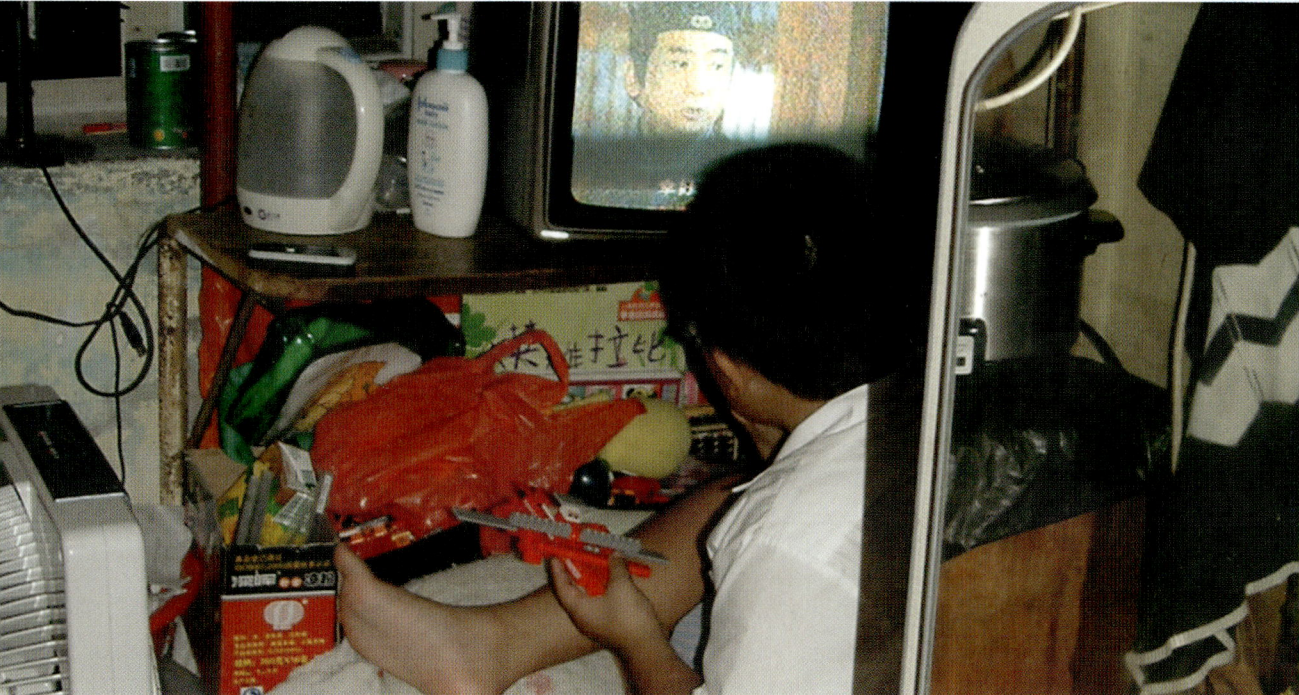

von ihm. Seitdem wohnt sie mit Simon hier, wie sie wenig später erzählt, als sie von ihrem langen Arbeitstag nach Hause kommt. Simon begrüßt sie freudig, auch wenn dann in dem Verschlag kein Platz mehr ist. Beide machen es sich in dem schmalen Bett vor dem Fernseher so gemütlich wie möglich. »Ich habe hier schon viele Flohstiche bekommen. Im Sommer ist es heiß und stickig«, sagt die 40-jährige Loa. »Ich möchte hier nicht leben. Aber ich habe keine andere Wahl.« Da sie keine Berufsausbildung hat, sei das Überleben als Alleinerziehende in Hongkong sehr schwer. »Ich stamme aus einer armen Bauernfamilie. Ich ging ins südchinesische Shenzhen, um in der Industrie zu arbeiten. Dort traf ich meinen Mann, der mich nach Hongkong mitnahm.« Sie arbeitet täglich zwölf Stunden, sechs Tage die Woche. Dafür bekommt sie 6.000 Hongkong-Dollar im Monat, etwa 540 Euro.

LOA ist in dem Raum mit den 20 Bretterverschlägen auch für Müll und Reinigung zuständig. Das spare ein Viertel der Grundmiete von 1.000 Hongkong-Dollar oder etwas mehr als die zusätzlichen 200 für elektrischen Strom. »Ich hoffe auf eine städtische Sozialwohnung«, sagt Loa. »Darauf müssen wir mindestens vier Jahre warten.« Simon möchte so schnell wie möglich raus aus dem Verschlag. »Es ist dreckig hier, und ich habe keinen Platz zum Spielen.« Er ist hier das einzige Kind.

Hongkong hat 7,2 Millionen Einwohner und ist eine der modernsten, reichsten und teuersten Metropolen der Welt. Die Stadt verdankt ihren Aufstieg dem Zustrom von Migranten aus China, zur Zeit 55.000 jährlich. Die Bevölkerung wächst um 0,7 Prozent pro Jahr. Laut Regierung leben 30 Prozent der Bevölkerung in städtischen Sozialwohnungen, oft zu viert auf weniger als 25 Quadratmetern. »Die Zahl der Bewerber steigt ständig«, sagt die Sozialarbeiterin Lai Shan Sze. Sie betreut für die christliche Hilfsorganisation Society for Community Organizing (Soco) Menschen wie Loa und Tai. Denn pro Jahr würden nur 20.000 Sozialwohnungen gebaut. Simon weiß es nicht, aber in Hongkong gibt es Wohnungen, die noch kleiner sind als der Verschlag, den er mit seiner Mutter teilt. Sie werden Käfige genannt: Stapelbare Gitterboxen mit 1,5 Quadratmetern Grundfläche und einem Meter Höhe – genau der Platz, den eine kleine Person zum Liegen und Sitzen braucht.

DER 80-JÄHRIGE TAI LUN PO lebt seit 30 Jahren in so einem Gitterkäfig ein paar Straßen von Simon und seiner Mutter entfernt. Tais Käfig steht in einem Raum mit elf anderen, meist zwei übereinander. Ab zwölf Käfigen müssen Käfigheime bei den Behörden registriert werden und bestimmte Sicherheits- und Hygienevorschriften erfüllen.

Weil die Gitterkäfige durchsichtig sind, wirkt der Raum luftiger als die dunklen Verschläge bei Simon und seiner Mutter. Der alte Tai muss auch nur in den dritten Stock des Hauses steigen. Doch beim Betreten des Raumes, in dem nur alte Männer dünn bekleidet in ihren Käfigen liegen, entsteht der Eindruck, sie würden nur noch auf den Tod warten. Bei Käfigen, deren Bewohner nicht da sind, sind die Gitter verschlossen. An anderen trocknet Kleidung. Der alte Tai floh vor 40 Jahren aus China. Seine Angehörigen dort seien inzwischen verstorben, erzählt er. Bis vor zehn

Jahren arbeitete er in Hongkong als Lastenträger (Kuli). Inzwischen sei er zu alt und lebt von Sozialhilfe. Die Stadt zahlt ihm den Höchstsatz von 1.265 Hongkong-Dollar Wohngeld. Das reicht nicht ganz für die 1.295 teure Miete des Käfigs. Dazu bekommt er Sozialhilfe von 2.400 Hongkong-Dollar, umgerechnet 215 Euro. Sozialarbeiterin Lai sagt, sie suche für ihn einen Platz in einer städtische Gemeinschaftswohnung für Alte. Doch die Wartezeit betrage mehr als ein Jahr.

SOCO schätzt die Zahl der Käfigmenschen in Hongkong auf mehr als 10.000. Offizielle Zahlen gibt es nicht. Laut Soco steigt die Zahl illegaler Käfigheime. »In manchen haben die Käfige nur noch die Größe von Särgen. In einem stehen diese sogar zu dritt übereinander«, sagt Lai. Auch nehme die Obdachlosigkeit zu. Die Zahl registrierter Obdachloser gibt die Regierung mit 690 für Oktober 2013 an, im März 2007 waren es erst 342. Soco spricht von mindestens 1.200. Für Obdachlose sind selbst Sargkäfige unerreichbar.

DIE MIETEN FÜR KÄFIGE stiegen laut Soco in den letzten zehn Jahren um 50 Prozent. Ihre Quadratmeterpreise entsprechen heute denen von Appartments in teuren Wohnlagen. »Die seit 2012 amtierende Regierung von Leung Chun-Ying kümmert sich etwas mehr um die Wohnungsprobleme«, meint Lai. Doch die Probleme hätten sich akkumuliert. Der Peking-nahe Leung wurde als Immobiliengutachter Millionär.
Soco macht für Käfigmenschen und Obdachlose Lobbying und mobilisiert sie auch zu politischen Protesten. Deshalb wird die Organisation von den Wohltätigkeitsorganisationen, deren Spendengalas Hongkongs Superreiche zur Pflege des eigene Images gern besuchen, kaum unterstützt.
Beim Besuch einer dritten Unterkunft für Käfigmenschen in Sham Shui Po kommt es zum Eklat. Kurz nach Betreten des Raums, in dem 32 Verschläge untergebracht sind, taucht der Vermieter auf und

stürmt auf Sozialarbeiterin Lai los. »Verschwinden Sie hier! Sie verderben mein Geschäft«, brüllt er und wirft sie hinaus. Beim Abschied von Simon sagt seine Mutter, sie möchte keine staatliche Hilfe in Anspruch nehmen, die in Hongkong stigmatisiert ist, damit sich der Junge nicht daran gewöhne. Der hingegen meint kämpferisch: »Ich will Käfigwohnungen abschaffen und in einem Monat woanders wohnen.« Als Simon dies sagte, war es November 2009. Es sollte bis zum Jahr 2013 dauern, bis er und seine Mutter nach fünfjähriger Wartezeit schließlich in eine städtische Sozialwohnung ziehen konnten, wie die Sozialarbeiterin Lai im Mai 2014 per E-Mail berichtet. Auch vom alten Tai gibt es Neuigkeiten: »Sein Käfigheim gibt es weiterhin«, schreibt Lai. »Tai ist krank und konnte in ein privates Altersheim umziehen. Die Lebensbedingungen dort sind nicht gut, aber besser als im Wohnkäfig. Letztlich hat er nie die Chance auf eine Sozialwohnung bekommen, dabei haben wir ihn empfohlen.«

SVEN HANSEN

ist Asien-Redakteur der taz in Berlin. Er studierte Politikwissenschaften in Berlin und Communication for Development in Malmö. Als freier Journalist arbeitete er u.a. als Korrespondent in Hongkong. Er trainiert Journalisten aus Asien und ist in der entwicklungspolitischen Kooperation mit asiatischen Basisprojekten aktiv.

DER 80-JÄHRIGE
TAI LUN PO
LEBT SEIT
30 JAHREN IN
SEINEM »KÄFIG«

DAS
MATRIMANDIR
(TEMPEL DER
MUTTER) IM
ZENTRUM VON
AUROVILLE

HERBERT
EISENSCHENK
AUROVILLE

STADT FÜR DIE ZUKUNFT DER MENSCHHEIT

KNAPP 2500 MENSCHEN AUS 42 NATIONEN VERSUCHEN EIN EXPERIMENT ZU LEBEN.

EINE FILMDOKUMENTATION über »Auroville«, genannt die Stadt der Zukunft, soll entstehen. 7.000 Kilometer fern der Heimat im südindischen Bundesstaat Tamil Nadu gelegen. Zu weit entfernt um einen direkten Dreh mit Team und Equipment wagen zu können. Eine Vor-Ort-Recherche erscheint unverzichtbar. Schon um die wesentlichen Sätze der Gründungscharta Aurovilles überhaupt annähernd zu verstehen und dann möglichst klar filmisch zu übersetzen.

NACHTFLUG Frankfurt – New Delhi, Air India. Im Gegensatz zu mir können Inder überall schlafen. Ich lese meine Hefte mit den Aufzeichnungen der letzten Wochen. Was soll ich mir unter einer Stadt vorstellen, die »niemanden im besonderen, dafür aber der ganzen Menschheit gehört«? Und der zweite Satz der Auroville-Charta macht es noch schwerer: »Aber um in Auroville zu leben, muss man bereit sein, dem Göttlichen Bewusstsein zu dienen.« Die Pendelbewegungen meiner Gedanken sind weit ausholend. Doch bloß esoterische Allmachtsfantasien eines radikalen Weltverbessererklubs? Aber dem steht (entschieden) so einiges an maßgeblichen Fakten entgegen: Seit 40 Jahren hält die UNESCO behütend die Hände über das eigenwillige Lebensexperiment und Indira Gandhi ließ Auroville und damit seine Philosophie eines bewussten Lebens sogar durch ein Verfassungsgesetz schützen.
»Das Wesentliche ist das selbst Beobachtete«, wusste schon Joseph Roth. In gut 20 Stunden werde ich in Auroville eintreffen.

DIE VORRECHERCHE vom Schreibtisch ist abgeschlossen. Viel Geschriebenes über die Lebensutopie in den Subtropen habe ich gelesen. Ein gemeinsamer Nenner: Leben in Auroville ist sehr anders und erfordert viel Mut zur eigenen Selbstverwirklichung abseits lenkender und beaufsichtigender Überinstanzen. Im Gegensatz zu unserer verbreiteten Sehnsucht nach beständiger Absicherung und einer Daseinsberechtigung, die nach wie vor über das Wort »Haben« definiert wird, erscheint das Lebensexperiment Auroville wie eine Radikalmaßnahme, um ab sofort nur noch mit eiskaltem Wasser zu duschen.

Gegenwärtig sind es knapp 2.500 Menschen aus 42 Nationen, mehrheitlich Inder, gefolgt von Franzosen und Deutschen, die an diesem subtropischen Platz das Experiment der Entwicklung des Menschen zu einem besseren Menschen zu leben versuchen. Wie kann sich der (noch) ahnungslose Besucher das Funktionieren einer Gemeinschaft vorstellen, die OHNE Polizei, OHNE Gefängnisse, OHNE Bargeld und OHNE Steuerleistungen ein konfliktfreies Miteinander zu gestalten versucht? Eigentlich gar nicht, da zu weit entfernt von den eigenen Gewohnheiten und Lebensüberzeugungen. Und es wird nochmals komplizierter, wenn es zu begreifen gilt, dass sich die Gemeinschaft ohne politisches Parteiensystem verwaltet und es auch keine Glaubensausübung in der Tradition der Weltreligionen gibt. Das alles klingt nach idealistischer Weltverbesserung, so wie sie von diversen Gemeinschaften immer wieder realisiert werden sollte – um dann doch meist am nicht bewältigten, selbst verursachten Chaos zu scheitern.
Nun existiert Auroville aber bereits ein knappes halbes Jahrhundert, die dahinter stehende Absicht und Idee schon seit über 100 Jahren.
Damals erkannte der indische Philosoph Sri Aurobindo den Menschen als dahin dämmerndes Wesen, weit entfernt von seiner wahren göttlichen Bestimmung. Er selbst, einer hoch angesehenen bengalischen Familie entstammend, wurde in englischen Eliteschulen erzogen und durch englische Universitäten geprägt. Nach der Rückkehr in seine Heimat Indien musste Aurobindo feststellen, dass ihm die indische Kultur mit ihrem reichen spirituellen Gehalt fremd geworden war und er die Muttersprache verlernt hatte. Er war ein Zerrissener. Gemeinsam mit seinem Bruder trat er in den Widerstand gegen die englische Kolonialmacht. Während der Bruder (auch) Bomben warf, wählte Aurobindo das Wort als Waffe. Anlass genug, um von der englischen Verwaltungshoheit zu einem Jahr verschärften Kerker verurteilt zu werden. Danach war aus dem nationalistischen Extremisten der Denker und Philosoph geworden. Er erkannte dass die Menschheit in einer Mischung aus Verlockungen, Sehnsüchten, Gier und Neid gefangen war und vor

allem deshalb an einem konfliktfreien Miteinander immer scheitern würde. Den einzigen möglichen Weg aus dem Dilemma sah Aurobindo in der Ausübung des integralen Yoga, was nichts anderes bedeutet als die permanente Besinnung und Überprüfung des eigenen Handelns. Spirituelle Techniken seiner indischen Heimat in enger Verbindung mit den geistigen Entwicklungen der abendländischen Aufklärung sollten die dafür notwendige Basis bilden. Am Ende dieses Weges wollte Sri Aurobindo die Befreiung des Menschen hin zu einem göttlichen Bewusstsein erkennen. Ein Prozess von unbenennbarer Dauer, der sich aus einer Vielzahl kleinster Schritte und Aufgaben zusammensetzt.

DIE GEGENWÄRTIGE HAUPTAUFGABE zur Veränderung des unbefriedigenden Zustandes der Menschheit ist beständige Übung des materiellen Verzichts und die Schulung von Akzeptanz gegenüber jeglichem Anderssein. So würde jede Generation andere Probleme vorfinden und diese ausschließlich durch Überprüfung des eigenen Handelns zu lösen versuchen. Keine autoritären Instanzen, die Verantwortung abnehmen, stehen in diesem Prozess hilfreich zur Seite. Im Zentrum steht der Einzelne als Verantwortlicher für seine eigenen Entscheidungen.

Der alleine für sein Tun und Handeln verantwortliche Mensch: Ist er ernst gemeint, dann muss dieser einfache Satz eine Gesellschaft verunsichern, welche Eigenverantwortung und Selbständigkeit im Laufe der Zeit an der Garderobe der Veranstaltung zum komfortablen Leben abgegeben hat.
Diesen Weg zu gehen, ist auch für Aurovilles Gemeinschaft mühsam und bisweilen unlösbar. Jedem ist bewusst, dass es sich um ein Ziel handelt, das nicht wirklich erreicht werden kann. Aber die Überzeugung, jetzt und sofort einen ersten Schritt setzen zu müssen, um dem Dilemma menschlicher Destruktion entgegen zu treten, wird zur bestimmenden Kraft. Zwischenlandung in New Delhi. Unser Ziel ist Chen-

nai. Doch der Anschlussflug hat etliche Stunden Verspätung. Genügend Zeit um das modernste Flughafengebäude Indiens mehrmals zu durchschreiten. Ein Ort der Konzentration global gültiger Werteausrichtung. Kenntnis der Hindi-Sprache ist nicht notwendig, um die Werbebotschaften auf riesigen Videoscreens zu erfassen. Die Bilder geben klare Antworten auf die wesentlichen Fragen, wohin auch der indische Weg gehen soll: Wie werde ich schöner, reicher und erfolgreicher?

In mir erscheinen die Bilder von Aurovilles Homepage. Es sind Menschen unterschiedlicher Hautfarbe abgebildet: lachend, freundlich, unproblematisch in ihrem Miteinander, einen gemeinsamen Geist betonend. »Auch bloß Werbung« – ich reagiere konditioniert. Auch hier wird wohl idealisiert, verschönert und veredelt.

ABER DA GIBT ES diese gelebte Realität Auroville, der wir einige Stunden später erstmalig begegnen werden. Es beginnt zum Beispiel bei Aurovilles Technik der Trinkwasseraufbereitung. Sie ist wegweisend für ganz Indien, wo ungefährdet trinkbares Wasser noch immer ein Luxusgut ist.
In Auroville gewinnen sie seit Jahrzehnten Energie aus wiederherstellbaren Ressourcen, lange bevor in Europa Begriffe wie »Nachhaltigkeit« oder »Ökologie« zum verbreiteten Wortschatz wurden. Seit den ersten Tagen pflanzen sie Biogemüse und versuchen beständig, das Bewusstsein für eine schützenswerte Natur auf die Bewohner der umliegenden tamilischen Dörfer zu übertragen. Oft ein Kampf gegen Windmühlen, aber kleine Erfolge stellen sich ein. In Indien existiert nur ein geringes Verständnis für Umwelt- und Naturschutz. »Pestizide wirken einfach und effizient, Erträge werden optimiert, du wirst wohlhabender« – Die Werbebotschaften am Flughafen sind überall. Und Auroville ist nur so klein.

NIEMAND STREBT NACH MEHR, NUR WEIL EIN ANDERER NOCH MEHR BENÖTIGT.

Seit einer Woche in Auroville und nichts ist so richtig fassbar. Das einfachste Beispiel: Auroville nennt sich »Stadt der Zukunft« und heißt »Stadt der Morgenröte«, aber es gibt gar keine Stadt. Zumindest nicht in unserem gängigen Begriffsverständnis.
Es dominiert subtropischer Wald, durchzogen von roterdigen Pisten, diese unbefestigt und ohne Beton. Schmale, schwer zu erkennende Pfade führen zu verborgenen Siedlungen in den Wäldern. Da stößt man dann auf den Bewohner eines archaischen Baumhauses. Nur wenige hundert Meter entfernt dann das andere Extrem. Ein Haus nach allen Regeln der japanischen Architekturästhetik ausgeführt. Ein kleines Bächlein säuselt durch das Wohnzimmer. Der Ausblick vom Arbeitsraum der indischen Architektin geht auf einen Garten, im Zen-Stil angelegt. S. begrüßt mit erschreckend festem Händedruck. Aufgeschlossen, gewandt in mehreren Sprachen und mit einem beeindruckenden Selbstbewusstsein ist sie beispielhaft für alle anderen Aurovillianer, die wir während unseres Aufenthalts noch kennen lernen werden.

IHRE ANTWORTEN AUF UNSERE FRAGEN VERWIRREN: So erfahren wir, dass es in Auroville sehr reiche Menschen gibt und dann wiederum solche, die von einer Art Existenzminimum leben. »Aber wo liegt dann der Unterschied zu unserer Gesellschaft?«, frage ich. »Niemand strebt nach mehr, nur weil ein anderer noch (immer) mehr benötigt«, ist die Antwort. »Jeder wählt seine Lebensform freiwillig und versucht bestmöglich vergleichsfrei zu leben. Für einige sehr schwierig, aber es wird versucht. Jeden Tag aufs Neue. Jeder ist aufgerufen, auf seine Weise zu akzeptieren, wie das Leben anderer verläuft und sein eigenes Dasein auf das Wesentliche auszurichten. Aber dieses ›Wesentliche‹ ist für Menschen immer etwas Unterschiedliches. Einer braucht einen Pool, um glücklich zu sein, der andere singt im Chor und ist es auch«, sagt S.. Also ist die radikale Entsagung keine Verpflichtung, um hier leben zu dürfen? Frage ich sie. »Nein, keinesfalls, jeder kann sein Leben

so ausrichten, wie es seiner Entwicklung entspricht. Natürlich gibt es Auflagen, um hier zu sein: Mit der Natur im Einklang zu leben, ist ein wichtiger Punkt.« Doch ebenso wesentlich ist, dass jeder Bewohner von Auroville mit dem, was er tut, die Gemeinschaft in guter Weise unterstützt bzw. fördert. Aber niemand schreibt vor, was der Einzelne zu arbeiten hat und wie er sich verwirklichen soll. Keiner fragt nach Qualifikationen, Zeugnissen und Empfehlungsschreiben.

So gibt es den ehemaligen Chirurgen, der jetzt eine Biofarm betreibt, und auch der vormals geldschwere Investmentbanker hat hier seinen Platz gefunden und widmet sich der Aufforstung des überlebensnot-

wendigen Regenwaldes. Die frühere Rechtsanwältin kocht in Aurovilles Großkantine »Solar Kitchen« und der in die Jahre gekommene 68er-Hippie betreibt eine Pferdefarm, zu der nachmittags die Kinder zum Reitunterricht kommen.

Abschließend noch eine Überraschung: Die sehr westliche Frage nach der Wichtigkeit des kontrollierbaren Erfolgs ist für S. obsolet. »Jeder macht seine Sache nach bestem Vermögen, aber ohne Vergleich und Beurteilung. Du merkst ja selbst, wenn etwas schief läuft, und handelst danach.« Wie sie das sagt, so ganz ohne Koketterie, da spüre ich doch überdeutlich, dass hier etwas grundlegend anders läuft.

Wir lernen O. kennen. »Wer wirklich etwas in sich verändern möchte, der hat es hier wahrscheinlich einfacher. In einer Gemeinschaft, wo alle Ähnliches verfolgen, kann man problemloser einen Weg gehen, der einem vieles abverlangt«, ist sein erster Satz zur Erklärung des Auroville-Geistes. Ich übersetze für mich: Ich kann hier Dinge angehen, die von der Gemeinschaft akzeptiert und gewollt, ja sogar geför-dert werden, für die ich daheim wegen Verrücktheit oder gar umstürzlerischen Extremistentums belangt werden könnte. Und dann folgt etwas, was ich dann gar nicht mehr so glauben will: »Wir alle hier sind Menschen mit genau so vielen Fehlern und Schwä-chen wie alle anderen auf dieser Welt.« O. hat in seiner Heimat eine Banklehre absolviert, war Discothekenbesitzer und kam vor gut 30 Jahren nach Auroville. Am Anfang lernte er Brot backen und hat dann zehn Jahre die Bäckerei der Gemeinschaft geführt. Die beste Zeit seines Lebens – erin-nert er sich. O. ist eine hoch respektierte Person in Auroville, was auch daran liegt, dass er seit vielen Jahren die schwierige Finanzsi-tuation der Gemeinschaft gekonnt zu jonglieren weiß.

JUNGE START-UPS BIETEN HEUTE IHR KNOWHOW MIT ERFOLG IM ÖKOLOGISCHEN BEREICH AN.

IM LAUFE DES LANGEN GESPRÄCHS erfahren wir dann Wesentliches über ein Leben in Auroville. Und vieles überrascht. Keine Pensionen, kein Rentnerda-sein – kaum vorstellbar. Hier wird so lange gearbeitet, wie es der Einzelne vermag. Kommt er ins Alter, ver-ändern sich die Aufgaben. Niemand wird abgestellt oder ausgeschlossen, für jeden findet sich eine neue angemessene Beschäftigung. (Während O. das erzählt, erinnere ich mich, dass wir in Auroville noch keinem einzigen dickleibigen Men-schen begegnet sind.) O. verdeutlicht mit Nachdruck, dass Auroville kein Paradies auf Erden ist. Der gestellten Aufgabe wird hier nur derjenige gerecht, der aus sich heraus etwas

zu schöpfen vermag, im geistigen wie im physischen Sinn kreativ und gestaltend sein will. Für diese Men-schen gibt es keine Vorschriften, dafür bestmögliche Unterstützung. Jeder kann sich ausprobieren und experimentieren. Manches endet als Bauchlandung, aber die ist Nährboden für einen Neuversuch. Wer diese Selbstständigkeit nicht zu entwickeln vermag, verlässt Auroville schon nach kurzer Zeit. Doch wenn Auroville Zukunft haben soll, dann braucht es das Potential der jungen Menschen. Davon gibt es im Moment zu wenige, die hier ein Leben versuchen wollen.

ANFANG DER 1970ER-Jahre kamen die Pioniere. Darunter Sinnsucher und Hippies aus Europa. Sie sind heute noch als Baumpflanzer, Brunnenbauer und in der Landwirtschaft tätig und zeichnen verantwortlich, dass Auroville überhaupt zu einem bewohnbaren Ort werden konnte. Zehn Jahre später erschien die zweite Generation. Das waren bereits vermehrt Verwalter und Menschen, die im künstlerischen und pädagogischen Bereich tätig wurden. Mit der noch schwierigeren Jahrtau-sendwende fand auch in Auroville eine maßgebliche Veränderung statt: Immer mehr kleine Unterneh-men entstanden. Waren es damals noch vor allem Kunsthandwerk und Bekleidungsartikel »made in Auro-ville«, die verkauft wurden, so bieten eine ganze Reihe junger Start-ups heute ihr KnowHow im ökologischen Bereich an.

M. IST 35 JAHRE und führt mit einigen Freunden eine Beratungsfirma für nachhaltige Verwendung von Solarenergie in Großprojekten wie Spitälern, Schu-len oder Bahnhöfen. Zu den Kunden zählt auch die indische Regierung. Nach Studienabschluss in der Heimat war für M. klar, dass seine Lebenszukunft etwas anderes sein musste als die Verwirklichung des schicken Eigenheims mit Doppelgarage. Seit sieben Jahren lebt er in Auroville und ausschließlich von frei gewählter Maintenance,

AUROVILLE

jenem Betrag, der Aurovillianern als monatliche Finanzhilfe für die Beschaffung des Lebensnotwendigen zusteht. Es sind gerade einmal 140 Euro. Und so reicht manchmal das Geld am Monatsende nicht mehr für die Stromfüllung seines Elektromopeds und dann schwingt sich M. aufs Fahrrad. Grundnahrungsmittel, Gemüse und Obst sind sehr billig, außerdem umgibt M.'s Wohnung ein kleiner, aber fruchtbarer Garten. Und sein Experiment Dachgemüsegarten zeigt erste erntefähige Erfolge. M. braucht zum Leben sehr wenig. Der Laptop, das Mobiltelefon – beides ist für den aurovillianischen Geschäftsmann notwendig. Aber seine Wohnung ist spartanisch eingerichtet. Ein schmaler Kleiderschrank. Nur wenige Bücher, die jetzt gelesen, aber nicht gehortet werden. Keine Ablenkungen, nichts Unnotwendiges, kein Luxus. Ob und wie lange M. der Gemeinschaft angehören wird, ist für ihn nicht zu beantworten. »Aus dem Hier und Jetzt ergibt sich das Morgen und dann ein Übermorgen«, sagt er. Heute – hier und jetzt – lebt und arbeitet er gerne und mit Überzeugung für Auroville.

Ich frage ihn, ob ein Leben mit so wenig Geld und praktisch keinem materiellen Belohnungsbedürfnis eine verfeinerte Form von Radikalität darstellt. Nach einer längeren Nachdenkpause sagt M.: Nach dem Prinzip von Einsicht und Verzicht zu leben versuchen, ist für Vertreter des Prinzips »Erfolg um jeden Preis« meistens abwegig und auf gewisse Art extremistisch. Ganz gleich in welcher Schublade man landet, sie ist selten wohl gemeint. Postkommunistische Vereinigung, Sekte, Gutmenschidealisten – das alles hat er schon zu hören bekommen und nur deshalb weil er, so wie viele andere hier, ohne Fernseher, ohne Auto und ohne Unterhaltungskonsum zu leben versucht und daran glaubt, dass die ständige Überprüfung der eigenen Sehn-

süchte die guten Seiten des Ichs zur Entfaltung bringen kann. Auch M. ist sich sicher, dass dieser Weg der Selbstkontrolle schwer zu begehen und immer wieder von Rückschlägen gesäumt ist. Aber besser ungelenke und fehlerhafte Schritte in die richtige Richtung setzen als gar keine, sagt M. und bevor er sich aufs Elektromoped schwingt – es ist erst Monatsanfang – kommt noch ein Nachsatz: »Der Club of Rome teilt regelmäßig mit, dass die Welt nicht mehr lange bestehen bleibt, wenn der Mensch nicht bereit ist sich zu verändern. Wir tun das hier bzw. wir versuchen es zumindest. Erschreckend radikal sind doch jene, die überhaupt nichts tun, und ihre langfristig zerstörerische Lebensweise unreflektiert weiter kultivieren.«

AN EINEM DER LETZTEN TAGE des Aufenthalts fahren wir per Moped zum wiederholten Mal über die roten Sandstraßen, passieren die von Menschenhand aufgezogenen Regenwälder der Auroville-Region. Alles erscheint nun vertrauter, was auch bedeutet: Wir finden problemlos unseren Weg. Heute treffen wir noch A.. Auch er ein Langzeitmitglied der Gemeinschaft. Mit ihm sprechen wir über den Umgang mit Konflikten in Auroville. Auch wenn das Wort Akzeptanz hier ganz groß geschrieben wird, seine Umsetzung im Alltag gelingt oft mehr schlecht als recht. A. erzählt uns von einer aktuellen Auroville-Statistik. Sie besagt, dass die große Mehrheit der nur noch durch Mediation zu schlichtenden Konflikte banalen Nachbarschaftsstreitigkeiten entspringt. Also doch: Menschen mit Fehlern und Schwächen, genauso wie du und ich. »Aber Lösungsversuche dauern hier länger an, werden radikaler angegangen. Verdrängen und Ausweichen ist hier nicht ganz so einfach möglich. Nichts lässt man so lange anbrennen, bis es wirklich nur noch stinkt«, meint A.. Und dann sagt er ganz am Ende noch einen Satz, der erstaunt und nachdenklich macht: »Es ist

IN AUROVILLE STEHT MAN JEDEN TAG AUF DER MATTE – UND ZWAR GEGEN SICH SELBST.

DIE ÖKOLOGISCHE PAPIERFABRIK »AUROVILLE PAPERS«

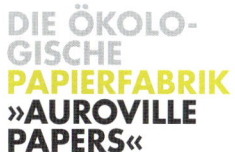

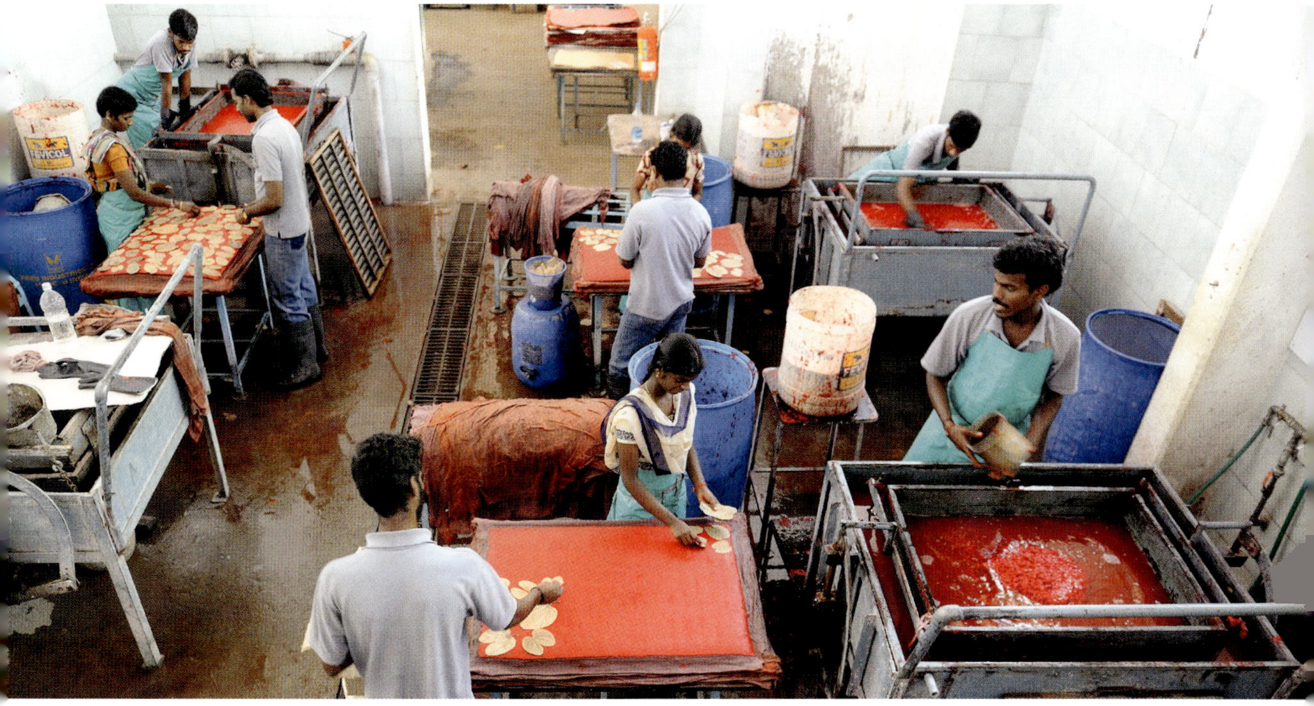

eigenartig, dass wir eben wieder in diese Fallen hinein zu stolpern drohen, vor denen wir einst weg gelaufen sind.«

FLUGHAFEN NEW DELHI. Nach drei Wochen ohne Uniformen und Security kommt jetzt die Ernüchterung. Unendliche Kontrollen, schroffe Worte, harte unfreundliche Gesichter der Flughafenpolizei. Dagegen fast versöhnlich wieder die verführerisch-traumhaft-hübschen, fast weißhäutigen Inderinnen auf den riesigen Screens mit ihren Botschaften und Verheißungen zum Erreichen einer perfekten Welt. In Auroville ist gar nichts perfekt. Sie strampeln und kämpfen gegen – tja, – wogegen eigentlich? Äußere Gegner kultivieren sie nicht. Keine Feindbilder, keine bösen Anderen, denen man Schuld für eigene Versäumnisse anlasten könnte. Was dann?
In Auroville steht man jeden Tag auf der Matte – und zwar gegen sich selbst. Der Ausgang ist ungewiss. Aber der Weg ist beeindruckend.

HERBERT EISENSCHENK

Dokumentarfilmer und Autor; Themenbereiche Kultur und Gesellschaft, gegenwärtige Präferenz: Lebensutopien und Gesellschaftsalternativen, lebt in Wien und Frankfurt; Arbeitsplatz: die Welt.

ANDREAS
STAMM
OIMJAKON

MINUS 71,2 GRAD

EINE REISE ZUM KÄLTESTEN bewohnten Flecken der Erde, nach Sibirien, in den fast ewigen Winter. An einen Ort, wo die Menschen Temperaturen bis -70 Grad aushalten müssen. Eine tagelange Anreise. Wow, dachte ich, das wird ein wirkliches Abenteuer... Ein paar Tage später ist unser Auto ins Eis eingebrochen, ich bin klatschnass und wir drohen bei -45 Grad irgendwo im sibirischen Nirgendwo festzusitzen. »Was für eine blöde Idee«, dachte ich.

Alles beginnt mit einem vagen Plan – einer Reise in »Eis und Schnee« für das ZDF. Ein erster Gedanke: Wir müssen zum kältesten Ort der Welt. Kurze Recherche – die tiefste Temperatur wurde in der Antarktis gemessen, -89,2 Grad. Ok, aber außer einer russischen Forschungsstation gibt es dort nichts. Nächste Idee – vielleicht gibt es einen bewohnten Ort, der mit einem Kälterekord angibt? Es gibt ihn. Oimjakon, Sibirien, -71,2 Grad, aufgestellt 1926. Liegt irgendwo

EISKALT GEHTS VON JAKUTSK NACH OIMJAKON IN 40 STUNDEN MIT DEM AUTO BEI -20°.

im Osten Sibiriens. Sofort beginnt eine fieberhafte Suche auf der großen Wandkarte im Büro. Ein Schrei, »gefunden«, alle sind baff: der Ort ist eingezeichnet, in Größe und Form auf dieser Karte ein Areal vergleichbar mit der Millionenmetropole Chicago. Städte größer als Berlin, die kein Mensch kennt – das gibt es in China, aber doch nicht in Sibirien?

Genauso ist es – der Ort hat allerdings nur rund 500 Einwohner – für diese Weltgegend eine enorme Anhäufung von Menschen. Von Frankfurt sind es erstmal vier Stunden Flug nach Moskau, am nächsten Tag sieben Stunden weiter nach Jakutsk. Der Hauptstadt der »Teilrepublik Sacha im russischen Föderationskreis Fernost«. Im Volksmund: Jakutien.

Im Gegensatz zum offiziellen Namen ist die Anreise nach Jakutien bis dahin eine einfache Sache. Nach gutem, mitteleuropäischen Urlaubsreisestandard. ÖPNV, Flughafenhallen, moderne Düsenjets. Doch wer von Jakutsk weiter nach Oimjakon will, muss leiden – entweder 35 bis 40 Stunden mit dem Auto oder per Propellermaschine nach Ust-Nera. Und dann noch mal zehn Stunden Auto. Die Aussicht auf einen Flug bei -20 Grad in der »Passagierkabine«, wenn die Maschine denn überhaupt mal startet (tagelanges Warten auf flugtaugliches Wetter ist normal), erleichtert die Wahl zwischen Pest und Cholera enorm.

Vor dem Flughafen in Jakutsk sind wir mit unserem Fahrer verabredet. Die Flughafentür geht auf, meine erste Begegnung mit der Kälte: Auf der Haut ein Gefühl von kleinen Nadelstichen, der erste Atemzug lässt mich jede einzelne Verästelung meiner Bronchien spüren. Die Temperaturanzeige lesen fällt schwer, über allem liegt eine Nebel-Dunstglocke. Denn alle Maschinen, Motoren, Öfen sind ununterbrochen im Einsatz und lassen es qualmen. Irgendwie erkenne ich es dann doch: -38 Grad. »Sibirischer Spätsommer, ist ja erst Ende November«, meint Kolya, unser Fahrer. Bevor ich richtig darüber lachen kann, läuft ein Mann vorbei. In Jeans, Turnschuhen, Pullover, offene Jacke. Keine Mütze, keine Handschuhe. Ah, war kein Witz!

Endlich im Wagen. Die Heizung läuft auf volle Pulle, der Kühlergrill ist komplett mit Thermopappe abgeklebt, doppelt verglaste Scheiben. »Nur so geht es«,

erklärt Koyla. »Vor ein paar Jahren war Präsident Putin im Winter zu Besuch. Die haben seine gepanzerte Limousine aus Moskau eingeflogen, gegen den Rat der Leute hier. Mit einfach verglasten Scheiben, die waren nach wenigen Minuten zentimeterdick zugefroren. Und der Präsident musste umsteigen.«

Bäume, Berge, Schnee. Drei Tage Autofahrt durch die Ödnis. Rund 1000 Kilometer über schneebedeckte Schotterpisten, über Buckelpisten, über zugefrorene Flussläufe. Tückisch – heiße Quellen machen manche Stellen wachsweich, wer da drüber fährt, bricht ein. Plötzlich geht nichts mehr – ein LKW blockiert die Strecke, eingebrochen ins Eis. Während Kolya über das Eis geht, einen neuen Weg sucht, schauen wir nach dem Fahrer. Der will Zigaretten, Diesel, was zu essen – in dieser Reihenfolge. Ich teile Letzteres mit ihm. »Er sei seit vier Tagen hier«, erzählt er, »warte auf Hilfe seiner Firma.« Wir wollen Ihn mitnehmen. Sollte Ihm der Sprit ausgehen und damit die Heizung, dann...aber er will warten. »Wenn er den LKW allein lässt, und jemand das rausfindet, könnte die Ladung weg sein, wenn er zurückkommt«, erklärt Kolya. Ohne ein weiteres Wort verstehe ich – auch das könnte sehr unangenehm für ihn werden.

Ein paar Stunden später trifft es uns selbst. In der Dämmerung, einen Moment unachtsam, das Eis kracht, und wir stecken fest. Alle aus dem Auto, ruckeln, schieben. Irgendwie die Räder frei kriegen. In ein paar Minuten friert die Stelle wieder zu, wir würden fest sitzen. Durchdrehende Reifen, das Eiswasser spritzt, mit aller Macht wird gedrückt, nur irgendwie festen Boden unter die Räder kriegen. Wir schaffen es – und das Gute: Ich bin zwar von oben bis unten nass geworden, aber das eiskalte Wasser gefriert so schnell, dass man es fast komplett von den Klamotten abklopfen kann.

VIER TAGE ANREISE, endlich in Oimjakon. Einer Ansammlung von Holzhütten, Pferdekoppeln, Ställen. Und ein paar Steinbauten im formschönen Sowjetschick. Ich bin verabredet mit Valera Vinokurov, wir treffen uns am Ortseingang. Dort steht das bekannteste Bauwerk des Ortes – das Kältepol-Denkmal. Gewidmet ist es einem Kollegen von Valera: Sergej Obrutschew. Der hatte 1926 den weltweiten Kälterekord für eine besiedelte Region ermittelt: -71,2 Grad. »Ermittelt?«, frage ich Valera. »Ja, die Temperatur wurde aus Wetterdaten der Region berechnet, nie-

JAKUTISCHES FEUERWEK › HANDWARMES WASSER IN EINE TASSE, DEN INHALT IN DIE LUFT GEWORFEN – SCHON SEGELN ZAHLLOSE KLEINE METEORITEN AUS EIS MIT LANGEN SCHWEIF GEN BODEN.

mand hat die Temperatur damals gemessen«, erklärt er. Gemessen wurden schon -68 Grad, Valera selbst hat -66 Grad gemessen. »Das war hart, es war sogar schwierig zu atmen«, erzählt er. Und er liefert die Begründung für die Extremtemperaturen gleich mit. »Bergketten schotten Sibirien allgemein von wärmeren Luftströmungen aus dem Süden ab. Kaltluft aus der Polarregion hat dagegen freie Bahn. Der Schnee reflektiert dann noch das wenige Sonnenlicht. Dazu kommt in Oimjakon eine Besonderheit: Der Ort ist von Bergen umringt. Kältere Luft sammelt sich im Tal, darüber liegt eine warme Luftschicht. Am Boden bildet sich so eine Art Kältestausee. Diese sogenannte Inversionswetterlage hält Monate an und sorgt für die extrem tiefen Temperaturen.«

Wir spazieren zu seinem Haus. Nach 20 Minuten in der Kälte erreichen wir es und ich bin total durchgefroren, will nur noch rein in die warme Stube. Ich solle mich nicht so anstellen, meint Valera, es sei doch noch mild. Er will mir unbedingt seine Wetterstation hinter dem Haus zeigen. Einmal am Tag liest er die Daten ab und meldet sie an die staatliche Wetterbehörde in Jakutsk.

-41 Grad ist es – ich spüre meine Füße nicht mehr. Ob ihm die Kälte nichts ausmacht, frage ich. »Ich bin hier geboren, dass ist mein Wetter. Viel schlimmer sind die +35 Grad, die es in den zwei bis drei Sommermonaten werden kann. Wärme macht einen doch krank. Man bekommt alle möglichen Wehwehchen. Gerade chronische Krankheiten nisten sich doch erst richtig ein, wenn es warm ist. Aber mit Kälte kommt der Körper sehr gut zurecht.«

ALS VERWEICHLICHTER WESTEUROPÄER kann ich dieser Argumentation in diesem Moment wenig abgewinnen. Ich gebe aber zu, dass die Menschen in dieser Region im Schnitt ungewöhnlich alt werden, und das, obwohl das nächste größere Krankenhaus eine Tagesreise entfernt liegt.

Endlich – nach einer Stunde im Freien zu Hause bei

ICH BIN HIER GEBOREN, DAS IST MEIN WETTER, SCHLIMMER SIND FÜR MICH DIE +35° IN DEN 2 MONATEN IM SOMMER.

Valera. Obwohl ich dick eingepackt war, schmerzen meine Hände und Füße beim »Auftauen« und auf meine Flüche, dass dies teure und von den Herstellern hochgepriesene Funktionskleidung sei, antwortet Valera lakonisch: »Ach, das höre ich nicht zum ersten Mal, ist alles quatsch, bei sibirischer Kälte helfen nur Sachen aus Fell.« Spricht's und steigt aus seinen Fellschuhen. Ich kann es nicht fassen, er hat keine Socken an, nur die Pelz-Boots. Liebe PETA-Aktivisten, es tut mir an dieser Stelle sehr leid, aber bei -40 Grad und kälter ist eine Anti-Pelz-Kampagne nicht mehr überzeugend.

IM UNBEHEIZTEN VORRAUM von Valeras Hütte, der häuslichen Gefriertruhe, lagert tiefgefrorenes Fleisch, Blöcke aus Milch und Wasser. Drinnen läuft der Fernseher, es ist einfach möbliert, geheizt wird mit Holz. Eine angenehm Wärme, es fehlt eigentlich an nichts, sehr gemütlich. »Erstmal was essen«, meint Valera. »Denn bei diesen Temperaturen braucht der Körper eine Unmenge an Kalorien, wenn man sich lange draußen aufhält.«

Das Kochen beginnt wie immer mit dem Auftauen der Eisblöcke. Fließendes Wasser gibt es nicht, wie sollte man die Rohre auch eisfrei halten.

Auf dem Speiseplan stehen Fleisch und Kartoffeln. Mal wird mit Reis und Brot variiert, klar, Käse und Butter aus heimischer Zucht sind auf dem Tisch.

»Obst und Gemüse«, erklärt Valera, »das ist hier Luxus. Teuer, weil von weit her und schlecht lange zu lagern, selbst in der sibirischen Außengefriertruhe.« Das Essen ist nahrhaft bis leicht lecker. Zum Glück ist mein Hunger groß.

Nach dem Essen müssen wir die Wasservorräte auffüllen. Dazu zerrt Valera einen riesigen Ochsen aus dem Stall. Tür auf, es dampft, dass man kaum etwas sieht, und nur sehr wiederwillig lässt sich der Ochse in die Kälte ziehen. »Gestatten, das ist Michael Jackson, mein Lastbulle.« »Warum Michael Jackson?«, frage ich. »Sibirischer Humor«, antwortet Valera mit einem breiten Grinsen.

Gemeinsam mit »MJ« gehen wir zum Fluss. Ich darf

SCHULKINDER IN
OIMJAKON.
KÄLTEFREI
**GIBT ES AB
-53° CELSIUS**

sogar auf ihm reiten – was nicht unbedingt bequem ist, sich aber verdammt gut anfühlt. Wie eine auf extrem heiß eingestellte Sitzheizung. Ich will gar nicht absteigen. »Zähe Tiere sind das«, erklärt Valera. Ochsen- und Pferdezucht, davon leben die meisten im Dorf. Die etwas klein und gedrungen wirkenden sibirischen Pferde sind sogar noch widerstandsfähiger – selbst bei Temperaturen jenseits von -60 Grad können sie im Freien überleben, brauchen keinen Stall. »Jeder sibirische Mann, der etwas auf sich hält, züchtet Pferde«, meint Valera. »Vor allem, weil das Fleisch lecker ist«. Dazu im kurzen Sommer ein wenig Gartenwirtschaft und die Jagd nach Zobelfellen, die teuer verkauft werden können – das reicht den Bewohnern von Oimjakon zum Überleben. Am Fluss angekommen stelle ich fest: Wer trinken, kochen, waschen will, muss hart arbeiten. Mit einem Beil hacken wir große Brocken aus dem Eis. Drei Mal die Woche macht Valera das. »Hält fit, hält warm«, sagt er. Ersteres ja, aber trotz aller körperlichen Anstrengung merke ich schon wieder, wie die Kälte langsam von Hand- und Fußspitzen angefangen den ganzen Körper erfasst.

NUR SCHNELL ZURÜCK und wieder rein in die warme Stube, auftauen. An dieser Stelle muss ich fairnesshalber erwähnen, dass Kameramann Robert, der mich neben anderen begleitet, nur ganz dünne Handschuhe tragen kann. Er muss ja die Kamera bedienen – jedes »Auftauen« seiner Hände ist von Flüchen und Ausrufen des Schmerzes begleitet.
Das gesammelte Eis kommt sofort auf den Ofen, es ist nämlich Waschtag. Valeras Frau Albina zeigt mir wie es geht – auf sibirische Art. Die Wäsche nassmachen, dann einfach draußen aufhängen. Kurz warten. Dann sind Hemden und Hosen schockgefrostet und man könnte damit jemanden erschlagen. »Die Kälte tötet alle Bakterien«, erklärt sie. »So wird die Wäsche schön

frisch, ganz ohne Waschmittel. Danach muss man sie wieder ins Haus zurückbringen. Zum Auftauen und Trocknen. Das dauert dann zusammen zwei Tage.« Nach einer Nacht zu dritt in einem Zimmer geht es in den Kindergarten (im ganzen Ort gibt es nur zwei Fremdenzimmer, zwei Räume bei einer älteren Dame im Ort, genug Platz für die rund 50 Touristen, die sich hierhin – fast ausschließlich wegen des Stempels als Nachweis am kältesten bewohnten Ort der Erde gewesen zu sein – im Jahr verirren). Ich bin verabredet mit Valeras Schwester Tatjana. Sie bringt an diesem Montagmorgen ihre drei Enkel in den Kindergarten. Anziehen für den Weg ist Schwerstarbeit, warnt mich Tatjana. Umso jünger die Kinder, desto mehr Klamotten braucht sie. Das weltweit bewährte Zwiebelprinzip. Der Abhärtungsprozess gegen die Kälte dauert Jahre.

VOR ALLEM DIE JAKUTIER, NACHFAHREN DER TURKVÖLKER, die Sibirien beginnend im 14. Jahrhundert besiedelten und seit dem 17. Jahrhundert in Oimjakon leben, bleiben dem Ort treu. Die meisten Russen, die aus dem Westen zu Zeiten der Sowjetunion gekommen sind, haben dem Ort den Rücken gekehrt. Viel zu anstrengend sei das Leben für die geworden, meint Tatjana, und Annehmlichkeiten der Sowjetzeit wie zwei Mal pro Woche ein Hubschrauber in die Hauptstadt Jakutsk sind nicht mehr erschwinglich.
Im Kindergarten erkenne ich – das 500-Seelen-Dorf droht nicht auszusterben. Rund 20 Kinder tollen durch den Raum, so wie Kinder das überall auf der Welt machen, spielen »Reise nach Jerusalem«. »Klar«, sagt Tatjana, »gerade die Jüngeren träumen von der großen, weiten Welt. Natürlich ist ihnen bewusst, dass sie hier irgendwie am Ende der Welt leben. Sie gehen zum Studieren nach Jakutsk oder sogar nach Moskau, aber wenn sie eine Familie gründen wollen, kommen sie oft zurück.« Erzieherin Sargylana Michaelowna bringt es auf den Punkt. »Hier wurden wir geboren, es ist unser Land, unsere Verwandten leben hier. Die Temperaturen sind wir von Kindesbeinen

DIE KÄLTE TÖTET ALLE BAKTERIEN. SO WIRD DIE WÄSCHE SCHÖN FRISCH, GANZ OHNE WASCHMITTEL.

an gewohnt. Und im Winter duschen wir die Kinder auch nicht.« Der Zusammenhang mit dem Duschen leuchtet mir nicht wirklich ein, ich traue mich aber nicht nachzufragen. Hätte ich mal besser.

Auf dem Rückweg vom Kindergarten kommen wir an Valeras Haus vorbei. Ob ich duschen wolle, fragt er. Natürlich, schon seit Tagen habe ich kein fließendes Wasser gesehen. Ich hoffe auf eine irgendwie geartete Eigenkonstruktion im Haus und stelle mit erschrecken fest – ausgezogen mit einem Eimer kalten Wasser in der Hand geht es ins Freie. Bei -41 Grad das Wasser überschütten, kurz in den Schnee werfen, fertig. Valera macht es vor, ich mache es nach. Shampoo und Duschgel spare ich mir einfach mal. Jetzt bin ich wirklich wach!!!

BEIM FRÜHSTÜCK FRAGE ICH VALERA, was ich mich eigentlich seit meiner Ankunft frage: Warum leben Menschen hier, warum nimmt man so viele Entbehrungen auf sich, das muss doch nicht sein? Es ist die erste Antwort, für die Valera lange überlegt. »Ich war in Kasachstan während meiner Militärzeit, habe in Jakutsk studiert. Egal wo ich war, irgendwann packt mich immer wieder die Sehnsucht nach der Ruhe und dem einfachen Leben in meinem Dorf.«

Den Rest des Tages drehen wir »Landschaftsfilmerei und Sonstiges« (ein sibirisches Klo zum Beispiel ist ein Verschlag, der über im Sommer in den Boden gegrabene Löcher wandert. Da alles direkt gefriert, entsteht in den Löchern schnell ein »Mount Everest der Exkremente«, keine Details an dieser Stelle). Bevor der Tag ausklingt, treffen wir Valera ein letztes Mal – bevor die Sonne untergeht, will er uns ein jakutisches Feuerwerk zeigen. Handwarmes Wasser in eine Tasse, den Inhalt in die Luft werfen – und schon segeln zahllose kleine Meteoriten aus Eis mit einem langen Schweif gen Boden. Ein faszinierendes Schauspiel. Valera will unbedingt, dass wir noch einen Tag länger bleiben. Zum Tanzabend in der Dorfhalle. Wir sollen sehen, wie stark die Gemeinschaft hier ist. Wir müssen weiter, aber auch ohne einen gemeinsamen Abend mit allen verbracht zu haben, weiß ich: Die Menschen in Oimjakon sind aufeinander angewiesen,

AM KÄLTEPOL-DENKMAL VON OMJAKON

um zu überleben. Auch heute noch. So entsteht ein Gemeinschaftsgefühl, das stärker ist als jede Art von Kälte. Fast alles, was sie tun, hat etwas Existentielles. Ein einfaches, sehr bewusstes Leben. Aber zumindest für mich auch nur ein Leben für Menschen, die hier geboren sind. Nicht nur wegen der Kälte.

Zum Abschied lädt uns Valera ein wiederzukommen. Nur nicht im Sommer, die Hitze und die Myriaden von Mücken, es wäre unerträglich. Ganz bestimmt nicht im Sommer, antworte ich.

ANDREAS STAMM

arbeitet seit 13 Jahren für den Außenpolitik-Bereich des ZDF. Nach Einsätzen als Reporter in aller Welt ist er seit 2011 für den »außendienst« unterwegs, die wöchentliche »Reporter-Erlebnis-Serie« im ZDF-auslandsjournal. Motto: Mitmachen statt nur erleben! Dass es zuhause in Frankfurt nicht langweilig wird, dafür sorgen Frau und zwei Kinder.

EIN VOLK ZIEHT UM

TARAWA – es gießt mal wieder, nicht überraschend in dieser Jahreszeit. Der Horizont ist ja weit, die dunklen Wolken haben alle lange kommen sehen. Die, die auf den Minibus warten, ziehen sich die Jacke über den Kopf oder, was ein paar ganz Schlaue machen, sie drängen sich an der nahen Häuserwand unter den schmalen Balkon als Regenschutz. Direkt hinter dem Haus ist die Südküste von Tarawa, ein Strand, danach kommen nur noch tausende Kilometer Südsee. Hinter der gegenüberliegenden Straßenseite ist die Nordküste Tarawas, auch Strand, und dann tausende Kilometer Südsee.

Besucher befällt in der schmalen Hauptstadt des Inselstaates Kiribati (ausgesprochen: Kiribas) schon mal die dumpfe Albtraum-Angst der Riesenwelle, die alles schluckt. Die höchste Erhebung ist nur drei Meter hoch. Die Riesenwelle hat es in tausenden Jahren zwar nicht gegeben. Aber hier frisst das Meer den Menschen das Land ganz langsam weg. Zurück zum Minibus im Regenguss. Er ruckelt langsam heran, im Zickzackkurs, um die gemeinsten Schlaglöcher zu meiden. Mit vereinten Kräften wuchten Schaffnerin und Passagiere die verrostete Tür auf. Fünf Leute quillen aus dem überladenen Gefährt. Mit einem Bein und lautem Klatsch landet ein kleiner Junge in einem Matschloch am Fahrbahnrand, der Gummilatschen bleibt stecken.

HIER IN TARAWA FRISST DAS MEER DEN MENSCHEN DAS LAND GANZ LANGSAM WEG.

FÜNF LEUTE RAUS, SIEBEN REIN – wie, ist schleierhaft, aber es geht. 22 Leute quetschen sich nun in dem Zehnsitzer auf die ungefederten und polsterlosen Sitze und es geht weiter. Die Stoßdämpfer haben bessere Zeiten gesehen. Die Schlaglochtour sorgt für heftiges Auf und Ab, aber wie in einer Sardinenbüchse bleiben in der Enge alle in Reih und Glied. Die Reiberei der Körper läuft wie geschmiert: In der schwülen Hitze sind ohnehin alle in Schweiß gebadet.

Die Stimmung ist trotzdem gut. »Let's rock!« schreit der Fahrer, der die neuesten Hits in Disco-Lautstärke aus der Uralt-Kassettenanlage bläst, und die Passagiere lachen und wippen trotz Enge rhythmisch mit. Die Schaffnerin kassiert Centbeträge und hält nebenbei die Tür, die erst nicht schließt und dann beim Aufmachen klemmt. Irgendwann hat sie den Türgriff in der Hand. Alles lacht. Der Bus verkehrt auf der einzigen nennenswerten Straße

DIE ANGST
VOR RIESEN-
WELLEN IST
GROSS. DIE
STIMMUNG
TROTZDEM GUT

Tarawas, vom Flughafen bis zum Inselende. Alles andere ist zu Fuß zu erreichen. Denn Tarawa ist eine durch Dämme verbundene Inselkette. Sie streckt sich in Ost-West-Richtung, ist 30 Kilometer lang, zwischen 50 Meter und ein paar hundert Metern breit. Sie liegt im Pazifik, 150 Kilometer über dem Äquator, und weit weg von allem: Es sind 3.600 Kilometer Richtung Südwesten bis nach Cairns in Australien, 3.800 Kilometer nach Nordosten bis Hawaii. In drei Flugstunden ist man immerhin auf den Fidschi-Inseln. Zu dem Miniland gehören 33 Inseln. Die umfassen zusammen 811 Quadratkilometer. Das ist nicht einmal so viel wie die Insel Rügen (926 Quadratkilometer). Verstreut sind sie aber in einem Gebiet von

8,2 MILLIONEN QUADRATKILOMETER, fast doppelt so groß wie die Europäische Union (4,3 Millionen Quadratkilometer). Kilometerlange Sandstrände, Kokospalmen im Wind, keine Industrie, kaum Autos – theoretisch erfüllt Tarawa alle Klischees vom Südseeparadies. Vom süßen Leben mit Strandpicknick bei Sonnenuntergang und Kokosmilch bis zum Abwinken sind die Einwohner aber weit entfernt. Die mit Fäkalien verseuchten Strände stinken, Abfall türmt sich überall, Autowracks liegen an der Straße, kaputte Plastikkanister, aufgerissene Müllsäcke, Auspuffrohre. Es gibt viel zu viele Menschen auf der winzigen Fläche und keine Jobs und der Klimawandel dürfte Tarawa bald den Rest geben. »Der liebe Gott hat es nicht leicht für uns gemacht«, sagt Präsident Anote Tong, Typ gütiger Großvater, in bescheidener Untertreibung. In seinem einfachen Büro surrt trotz schwüler Hitze keine Klimaanlage.

DIE HYGIENE: Traditionell nutzen die I-Kiribati – so heißen die Einwohner des Inselstaates – Strand und Büsche als Toilette. Komposttoiletten? Viele schütteln den Kopf. Das entspreche nicht ihrer Kultur. Die UN-Berichterstatterin für Wasser- und Abwasserversorgung, Catarina de Albuquerque, war bei einem Besuch 2012 entsetzt. »Fäkalien transportieren Krankheiten«, sagte sie. Die Regierung tue zu wenig. Kiribati hat fast die höchste Kindersterblichkeit im Pazifik. »Wenn das Land ernsthaft etwas gegen die Kindersterblich-keit tun will, sind Abwasserentsorgung und Hygiene entscheidende Elemen-te, die dringend in Angriff genom-men werden müssen.«

DER ABFALL: Früher gab es Kokos-schalen als Becher, Bananenblätter als Teller. Die organischen Abfälle hat das Meer weggespült. Dann kamen Plastik und Aluminium. Lange türmten sich überall leere Cola- und anderen Trinkdosen.
Der frühere Greenpeace-Aktivist Alice Leney aus Neusee-land, der sich scherzhaft als »Abfallologe« vorstellt, hat zumindest das Dosenproblem gelöst: »Der Dosen-importeur zahlt jetzt fünf Cent extra pro Dose, das geht an unsere Recycling-Station. Für jede dort abgegebene Dose erhalten die Einwohner jeweils vier Cent.« Ein Cent pro Dose bleibt dem Mann, der den Recyclinghof betreibt und er kann das Aluminium exportieren und zu Geld machen. Leneys zweites Projekt: eine Müllabfuhr, bezahlt aus den Einnahmen für die Mülltüten.
Die Überbevölkerung: 1930 lebten auf Tarawa 18.000 Menschen. Heute ist es eines der am dichtesten besie-delten Gebiete der Welt. 52.000 Menschen drängeln sich hier heute. Das sind 5.000 pro Quadratkilometer. Auf Rügen leben auf so einer Fläche 69 Einwohner. Das

1930 LEBTEN AUF TARAWA 18.000 MENSCHEN, HEUTE SIND ES 52.000.

sieht auch der Präsident. »Wir müssen dringend etwas tun«, sagt er. Aber Verhütung ist ein Tabu-Thema. »Die Kirche....«, sagt der Vater von acht Kindern. Sie ist eine wichtige Gesellschaftssäule.

FEHLENDE JOBS: Es gibt mangels Rohstoffen keine Industrie – das Land ist viel zu weit weg, als dass sich für Investoren hier eine Verarbeitungsfabrik lohnen würde. Die Arbeitslosigkeit liegt bei 80 Prozent. Für eine nen-nenswerte eigene Fischfangflotte fehlt das Geld. Junge Frauen gehen im Hafen anschaffen, wenn ausländische Fischerboote vor Anker gehen. Seit September 2012 gibt es wenigstens eine Fischverarbeitung am Hafen von Betio, mit Beteiligung der Shanghai Deep Sea Fishing of China gebaut. Das schafft 100 Arbeitsplätze. Im Ge-genzug dürfen die Chinesen in der Zwölf-Meilen-Zone fischen. Flotten aus Südkorea, Japan und Taiwan fischen auch in der Nähe. Kiribati hat ein einziges Patrouillen-boot und eine dunkle Ahnung, dass sich kaum jemand an seine Lizenzauflagen hält.

Deutsche Reeder bilden hier Seeleute für ihre Containerflotte aus, sie gründeten 1967 das Marine Training Center. In 40 Jahren haben sie 3.500 Seeleute ausgebildet. Ihre Überweisungen nach Hause machen zehn Prozent der Wirtschaft des Landes aus.
Jeder Nagel, jede Wasserflasche, jedes T-Shirt muss eingeflogen werden. Alles ist deshalb teuer. Zweimal in der Woche kommt ein Flugzeug aus Nadi auf den Fidschi-Inseln. Wenn etwas kaputt geht, wenn Werkzeug und Ersatzteile fehlen: die Bestellung in Australien oder Neuseeland dauert ewig und ist oft unbezahlbar. Die ohnehin schwierige Lage macht der Klimawandel noch schwieriger.
Wenn Wind und Regen über das Atoll fegen, wird es ungemütlich. An manchen Stellen peitschen die Wellen über die Uferbefestigung, überspülen die Straße und lan-den auf der anderen Seite wieder im Meer. Die meisten Familien wohnen mit zehn und mehr Leuten in kleinen Holz- oder Bambushütten. Wer Glück hat, verfügt über eine Hütte auf Stelzen. Ein schwerer Regenguss setzt

den schlammigen Boden rundum schnell unter Wasser. Erosion frisst die Küste weg. Manche Hütte hat das Meer im Sturm fortgerissen. In mehreren Dörfern wurden schon Dutzende Hütten zurückgesetzt. In der Trockenzeit von April bis September, sagen Einwohner, regne es heute manchmal unverhofft, in der Regenzeit sei es plötzlich wochenlang trocken. Stärkere Wellen als früher zerstörten Schutzwälle am Strand.

Viel wächst hier nicht. Taro gibt es, die stärkehaltigen Knollen sind ein Grundnahrungsmittel. Und Kokospalmen. Aber überall liegen Palmen entwurzelt halb im Wasser, weil sie keinen Halt mehr finden. In den hinteren Reihen ragen nur noch tote Stämme in die Luft. Salzwasser hat ihnen den Rest gegeben. Ohne Palmen wird die Kokosnuss-Ernte immer kleiner und die Hälfte der Leute verliert ihre wichtigste, armselige Einnahmequelle: die Herstellung von getrocknetem Kokosfleisch.

Viele Leute können sich ein Boot zum Fischen nicht leisten, in der dreckigen Lagune gibt es immer weniger Fisch. Verzehrt wird viel Importiertes, minderwertiges Hühnerfleisch, Dosen, Fertiggerichte, Alkohol. Nahrhaftes wäre viel zu teuer. Kühlschränke hat kaum einer. Durchfall ist ein Riesenproblem, Tuberkulose und Diabetes auch. Lange Dürren heißen auch: Es kann kein Regenwasser zum Trinken gesammelt werden. Aber das Trinkwasser wird knapp, die Süßwasserlinse zwei Meter unter der Inselkette schrumpft, weil zu viele Menschen sie brauchen, weil Salzwasser eindringt, weil das Wasser durch Abfall und Fäkalien verseucht wird.

PRÄSIDENT TONG BEREITET DEN EXODUS VOR.

In 50 Jahren seien die Inseln unbewohnbar, davon ist er überzeugt. Er hat auf den Fidschi-Inseln für seine Landsleute schon mal 2.500 Hektar Land gekauft. Sein anderes Projekt: die Männer und Frauen von Kiribati auszubilden, in Berufen, die etwa in Australien und Neuseeland gefragt sind – damit seine Landsleute nicht eines Tages als Bittsteller vor den Türen reicher Länder stehen. »Würdevolle Migration« nennt das der Mann mit einem Abschluss der renommierten London School of Economics.

Auf internationaler Bühne ist er einer der Wortführer gegen den Klimawandel, erinnert die reichen Länder mit ihrem hohen klimaschädlichen CO_2-Ausstoß an

ihre Verantwortung. Zuhause hält er sich eher zurück: Müll, Hygiene, Überbevölkerung – Initiativen der Regierung gibt es kaum. »Die Leute merken doch, dass die Lage schwerer wird. Aber ihnen reinen Wein einzuschenken, das würde sie ja nur in Depressionen stürzen«, sagt der Präsident.

IN 50 JAHREN SEIEN DIE INSELN UNBEWOHNBAR. PRÄSIDENT TONG IST DAVON ÜBERZEUGT.

Von einer kollektiven Endzeithysterie ist in Kiribati tatsächlich nichts zu spüren. Marina ist 22 und mit ihrer zweijährigen Tochter im Bus unterwegs. Sie hat keinen Job. »Mein Freund fährt manchmal zum Fischen raus«, sagt sie. Sie wohnt bei ihren Eltern, mit drei Schwestern und zwei Brüdern. »Es ist immer jemand da, der hilft.« Viel spielt sich in den kleinen Dorfgemeinschaften in der Maneaba ab, dem offenen Versammlungshaus. Hier feiern Verwandte, klönen Freundinnen, dösen Fischer und abends spielen die jungen Leute manchmal Karten oder Gitarre. Reetati ist 26 und Hotelmanagerin. »Ich habe vier jüngere Schwestern«, erzählt sie. »Die bekommen ein Kind nach dem anderen. Was soll man auch sonst schon hier machen?« Von Ehemännern spricht sie nicht. Sie selbst hat Naturwissenschaften auf den Fidschi-Inseln studiert. »Aber dann brauchte die Mutter meiner besten Freundin Hilfe mit dem Hotel, deshalb bin ich zurückgekommen.« Familien- und Freundesbande werden hier groß geschrieben, jeder hilft jedem.

»DAS LEBEN IST OKAY, ich habe meine Eltern und Geschwister hier. Wir kommen aus, ich will nicht weg«, sagt Mary. Sie bedient in einem Gästehaus mit Restaurant. »Ich habe mal auf einem Kreuzfahrtschiff gearbeitet. Das Schlimmste war das Heimweh.«

CHRISTIANE OELRICH

ist seit mehr als 20 Jahren Auslandskorrespondentin der Deutschen Presse-Agentur (dpa). Sie hat in London, Genf, Washington und Singapur gelebt, immer mit der Familie im Schlepptau. Seit 2011 berichtet sie über Südostasien und die Pazifikregion, mit Standort Bangkok (Thailand).

CLAAS RELOTIUS
CIUDAD JUÁREZ

LEBEN UND STERBEN

ES FING AN MIT DEN LEHRERN. Sie weigerten sich an Schulen zu unterrichten, in denen verfeindete Gangs fast täglich aufeinander schossen und mordeten. Die Politiker waren die nächsten, die ihre Arbeit nicht mehr machten. In den Fernsehnachrichten sahen sie die zerbombten Autos und die Leichen ihrer Amtskollegen, blutig zerfetzt lagen sie verteilt über die Straßen. Es dauerte ein paar Jahre, dann hatten die Kartelle schließlich auch die Journalisten soweit. Als jeden Monat ein neues Foto von gelynchten oder enthaupteten Reportern auftauchte, wagte bald kaum noch jemand, vom Grauen in dieser Stadt zu berichten.

Es sind nur drei Berufe von vielen, die auf der Strecke geblieben sind in den Jahren, in denen Ciudad Juárez im Krieg versank. Und doch steht ihr Fehlen heute sinnbildlich für den Niedergang einer Metropole, in der die Meinungsführer Maschinengewehre tragen und in der mehr Anarchie herrscht als Kontrolle, mehr Perspektivlosigkeit als Hoffnung, mehr Tod als Leben.

IN DEN SCHLIMMSTEN JAHREN VERLOR HIER ALLE DREI STUNDEN EIN MENSCH SEIN LEBEN.

Ciudad Juárez, das vom texanischen El Paso nur durch den Rio Grande getrennt wird, gilt als die mörderischste Stadt der Welt. Auf einer der vier Brücken, die von der funkelnden, amerikanischen in die staubige, mexikanische Grenzmetropole führen, steht ein rostiges Ortsschild mit der Aufschrift »Cuidado, Juárez«. Es ist ein Wortspiel. »Cuidado« bedeutet Vorsicht. Seit 2008 zählten die Behörden mindestens 12.000 Mordopfer in der Millionenstadt. In den schlimmsten Jahren verlor hier zeitweise alle drei Stunden ein Mensch sein Leben, Schicksale wurden im Kugelhagel der Drogenkartelle nicht einmal mehr zu Randnotizen. Aus Furcht vor Überfällen und Anschlägen verließen viele Unternehmer den Ort, unzählige Geschäfte schlossen, mehr als 100.000 Arbeitsplätze gingen verloren. Nur einer legalen Branche haben die Schlachtfelder von Juárez zum ungeahnten Boom verholfen – dem Handwerk der Totengräber.

JOSÉ ALVAREZ, 64, ein energischer Mann mit rundem Bauch und zerzaustem Schnurrbart, ist auf diesem Gebiet ein Routinier. Der Mexikaner leitet schon sein halbes Leben lang ein Bestattungsunternehmen im Herzen von Ciudad Juárez. Von außen weist bei diesem

nur ein hölzernes Kreuz an der Eingangstür auf ein
Beerdigungsinstitut hin, erst bei genauerem Betrachten der verschmierten Schaufenster fällt der
Blick auf ein breites Sortiment an Leichenhemden.
Schwarz oder weiß, Seide oder schlichte Baumwolle,
mit Kragen oder ohne – die Auswahl ist groß, doch
über allen Varianten thront seit einiger Zeit ein
leuchtend gelbes Plastikschild mit der Aufschrift
»Sin descuento«, »Ohne Rabatt«. »Eigentlich müsste
ich die Preise sogar erhöhen«, sagt Alvarez, schließlich laufe das Geschäft derzeit besser denn je.
Früher kümmerte er sich täglich nur um eine Leiche,
die Todesursache der Verstorbenen war meistens
krankheitsbedingt. Mittlerweile sind es bis zu drei
Tote am Tag, die Mehrzahl von ihnen erschossen
oder zu Tode gefoltert, manchmal bis zur Unkennt-
lichkeit entstellt. In einem kleinen Nebenraum
seines Beerdigungsinstituts wacht über den Habseligkeiten der Mordopfer die Jungfrau von Guadalupe.
Ein bronzenes Abbild von Mexikos wichtigster Hei-
ligenfigur blickt von der Wand auf zerrissene Jeans,
blutige T-Shirts und Patronengürtel. Alvarez bewahrt
die Sachen stets für die Angehörigen auf, doch meist
werden sie nie abgeholt.

DAS BESTATTUNGSUNTERNEHMEN »ALVAREZ«
ist ein traditioneller Familienbetrieb. José übernahm das
Geschäft einst vom Vater, heute helfen ihm seine beiden
Neffen Carlos und Pepo bei der Arbeit. Meist holen sie
die Leichen ab, er präpariert sie dann und kümmert sich
um das Organisatorische. Männer wie er sind in Ciudad
Juárez heute gefragter denn je. Während die Stadt an
einer kaputten Industrie krankt, Schulen schließen und
die wichtigsten Wirtschaftsunternehmen abwandern,
floriert die Bestattungsbranche wie nie zuvor.

José Alvarez markiert auf einem alten, verklebten
Stadtplan die Sitze der Konkurrenz, im Handumdre-
hen ist die gesamte Karte voller Kreuzchen. »Auch
die verdammten Gringos riechen jetzt das Geschäft«,
sagt er. Seit einiger Zeit bereits kämen sogar die großen Beerdigungsinstitute aus den USA in die Stadt,
um in Juárez Geld zu machen. Den umgekehrten
Weg wählen jährlich Tausende von Drogenschmug-
glern. Ciudad Juárez gilt als das Drehkreuz für über
die Hälfte des in den USA konsumierten Kokains.
Zwei große Rauschgiftkartelle, das Sinaloa- und das

SZENEN AN
EINEM TATORT
IN CIUDAD
JUÁREZ

Juárezkartell, ringen um die Vormachtstellung in der Wüstenstadt. Mexikos Regierung stationierte mehr als 10.000 Soldaten in Juárez, sie sollten dem Terror Einhalt gebieten. Seither aber versank die Stadt vollends in Chaos und Gewalt.

DIE POLITIKER SEIEN SCHULD an allem, sagen die Einheimischen. Den Kindern und Jugendlichen fehlten die Perspektiven. Ehrliche Arbeit werde schlecht bezahlt, eine Ausbildung lohne sich nicht mehr. Wer zu Geld kommen wolle, müsse sich einer Gang anschließen und Rauschgift schmuggeln. Bereits unweit des Stadtzentrums ist Armut der Bewohner in den engen Backsteinsiedlungen unübersehbar: Zwischen verstaubten Investruinen und verlassenen Fabrikhallen stehen an jeder Ecke zerfallene Häuser, vor denen ganze Familien am Wegesrand lungern.

In einer der schmalen Avenidas reihen sich zusammengeschraubte Wellblechhütten, aus denen dunkler Qualm und mit diesem der Gestank von faulen Lebensmitteln, Müll und Fäkalien dringt, dicht aneinander. Das Zentrum des Viertels bildet ein von Graffiti übersäter Basketballplatz, auf dem sich eine Handvoll Jugendliche tummeln. Einen Ball haben sie nicht dabei, dafür trägt mindestens jeder Zweite von ihnen eine Schusswaffe.

Es sind Orte wie diese, an denen die Kartelle von Juárez ihren Nachwuchs finden. Nach Angaben der Behörde für öffentliche Sicherheit gehören in der Stadt mehr als 14.000 Jugendliche im Alter von 13 bis 17 Jahren einer Gang an. Die meisten der »Chicos« kommen aus den verwahrlosten Randbezirken und werden zu Killern, noch ehe sie volljährig sind – wenn sie Glück haben und bis dahin nicht selbst ums Leben kommen.

Für José Alvarez, den Bestatter, bedeuten junge Bandenmitglieder oft die meiste Arbeit. »Je niedriger

JOSÉ ALVAREZ, DER BESTATTER, PROFITIERT VOM LEID, DOCH REICH WIRD ER NICHT – WEGEN DER MAFIA.

der Rang, desto mehr Löcher in der Leiche«, sagt er. Manchmal seien die Opfer derart entstellt, dass es Stunden brauche, sie für die Angehörigen vorzubereiten. Besser für das Geschäft wären ohnehin tote Drogenbosse. Erst vor Kurzem durfte José Alvarez die Beerdigung eines sogenannten Narcos organisieren. Und die hohen Tiere lassen sich ihren letzten Gang etwas kosten: Eine Musikkappelle sollte spielen, ein Luxussarg musste her, am Ende wurde eine Rechnung von umgerechnet 6.000 Euro fällig.

Doch so etwas passiere höchstens ein paar Mal im Jahr, erzählt José Alvarez, während er von einem befreundeten Kollegen vier neue Särge in Empfang nimmt. Sie sind aus Buchenholz, »nichts Besonderes, einfache Modelle ohne Verzierungen«, wie er meint. Die meisten Familien könnten sich keine teuren Beerdigungen leisten, das müsse man immer beachten. José Alvarez macht keinen Hehl daraus, dass er als Bestatter vom Leid in Juárez profitiert.

NATÜRLICH SEI DER UMSATZ GESTIEGEN, reich werde er auf seine alten Tage aber dennoch nicht. »Dafür sorgt schon die Mafia. Wer viel verdient, muss umso mehr abgeben.« Schutzgelderpressungen seien hier seit jeher an der Tagesordnung gewesen, sagt Alvarez. Er lacht so trotzig wie nur jemand lachen kann, der dem Schrecken von morgens bis abends ins Auge blickt und für den der Terror ein Stück Lebensalltag geworden ist. Im gleichen Moment klingelt das Telefon, der alte Herr eilt so schnell er kann zum Hörer. Ein neuer Auftrag: Nur ein paar Häuserblocks weiter hat es zwei Jungen erwischt, der eine 16, der andere 17 Jahre alt. Beide wurden erschossen.

CLAAS RELOTIUS

arbeitet als freier Autor und Auslandsreporter. Recherchen führen ihn regelmäßig nach Süd- und Mittelamerika, Asien, Afrika und den Nahen Osten. Seine Texte erscheinen u.a. im SPIEGEL, SZ MAGAZIN, im britischen GUARDIAN sowie im Schweizer Magazin REPORTAGEN. Er lebt in Hamburg.

EINER VON
10.000 SOLDATEN
IN JUAREZ, SIE
SOLLTEN DEM
TERROR EINHALT
GEBIETEN

ANTILIA, DAS
PRIVATHAUS
VON MUKESH
AMBANI
RECHTS
ARBEITER
SORTIEREN
PLASTIKMÜLL
IM SLUM VON
DHARAVI

ARM VS. REICH

2014 führte der Ambani-Wohnturm erneut die Forbes-Liste der teuersten Wohnhäuser der Welt an. »Antilia« – so hat der Milliardär Ambani sein Luxus-Refugium getauft. Und es damit nach einer Insel benannt, die – ähnlich wie das sagenumwobene »Atlantis« – einem Mythos zufolge einst aus dem Atlantik geragt haben soll. Der Name immerhin passt – denn um das Haus ranken sich mittlerweile fast ebenso viele Gerüchte wie um die Insel.

»600 Angestellte gehen in dem Gebäude täglich ein und aus«, hat Ramesh beobachtet. Der in der selben Straße als Milchmann tätig ist. »Leute, die saubermachen, Gärtner und natürlich diejenigen, die sich um die 25 Hunde kümmern.«

DIE AMBANIS SELBST HAT RAMESH HIER NOCH NIE GESEHEN: »Die wohnen woanders«, erzählt er. Womit er den nächsten »Antilia-Mythos« antippt: in der Tat nämlich berichteten indische Medien – schon kurz nach der rauschenden Einweihungs-Party 2011 mit diversen Bollywood-Stars – ausführlich darüber, dass der reichste Mann des Landes beschlossen habe, sich und seine Familie lieber von dem Gebäude fernzuhalten: einer indischen Version des Feng Shui zufolge nämlich ist es für die Bewohner eines Hauses wichtig, beim Aufwachen möglichst direkt in die Morgensonne zu blinzeln. Da es jedoch an Fenstern in Richtung Osten mangelt, hätten – so die Gerüchte – Ambanis Frau und die beiden Kinder es vorgezogen, dort lieber nicht zu nächtigen.

MAN KANN NICHT gerade behaupten, dass Mukesh Ambani seinen Reichtum versteckt: mitten in der indischen Metropole Mumbai, die einst Bombay hieß, hat sich der Industrielle einen Wohnturm errichten lassen, der deutlich über das hinaus geht, was man landläufig unter dem Begriff »Einfamilien-Haus« versteht. 174 Meter ist das Gebäude hoch, auf 27 Stockwerke verteilt soll ziemlich alles vorhanden sein, was man als 4-köpfige Familie im Alltag so braucht (oder auch nicht): ein sechs-geschossiges Parkhaus mit 160 Stellplätzen, eine Autowerkstatt, ein Ballsaal, eine Bibliothek, ein Kino und ein Eisraum, in dem auf Wunsch zur Abkühlung Schnee von der Decke rieselt. Ohnehin selbstverständlich sind Helikopter-Landeplätze, Schwimmbäder und Saunen. Wobei kritisch gesinnte Naturen nicht ganz zu Unrecht anmerken, eine Sauna in Mumbai sei vielleicht doch des Guten zu viel – um den selben Effekt zu erzielen, müsse man sich eigentlich nur 5 Minuten draußen an der frischen Luft aufhalten.

DAS LUXURIÖSE EINFAMILIENHAUS ANTILIA IST DAS TEUERSTE PRIVATHAUS DER WELT.

Mukesh Ambani also kann es sich leisten, 27.000 Quadratmeter leer stehen zu lassen. Ragini hingegen drängelt sich mit ihrer Familie auf ganzen 10 Quadratmetern. Mit ihrem Mann und ihren zwei Kindern bewohnt sie ein Zimmer. Nur wenige Meter von Ambanis Palast entfernt. Der einzige Raum ist Küche, Wohnzimmer, Kinderzimmer, Schlafzimmer zugleich. »Wenn Sie sich ansehen, wie wenig Platz es Indien für die Menschen gibt. Da ist es nicht ok, wenn ein Mann so ein Riesen-Gebäude besitzt. Und andere gar kein Haus haben.« Findet Ragini. Aber wirklich wütend werden kann sie auch wieder nicht über die Zurschaustellung von Luxus direkt vor ihrer

Haustür. Schließlich könne Herr Ambani mit seinem
Geld machen, was er wolle, meint sie. Auch Milchmann Ramesh und seine Kumpels von umliegenden
Tee-Ständen regt das alles nicht wirklich auf. Und
Banker Anupam findet die ganze Diskussion sowieso an den Haaren herbeigezogen: »Man kann doch
nicht sagen: nur weil es Menschen gibt, die hungern,
sollten wir Subway- oder McDonald's-Restaurants
abschaffen. Ich kann doch nicht nur andere füttern
und darüber vergessen, selber zu essen. Nennen Sie
es Glück oder auch Schicksal – aber es gibt Grenzen
für Wohltätigkeit. Der reichste Mann der Welt kann ja
nicht fasten, bis alle anderen satt sind.« Der Banker
lässt durchblicken, dass er auch ein bisschen stolz
ist auf Mukesh Ambani – weil der als Inder dem Rest
der Welt beweist, dass mit seinem Land in Zukunft
zu rechnen sein wird. Und mit seinem »Antilia« ein
mächtiges Symbol errichtet hat, das alle jene Igno-
ranten Lügen straft, die immer noch glauben, Indien
sei das Land frömmelnder Schlangenbeschwörer und
auch sonst eher zu belächeln.
Europäische Indien-Touristen hingegen versetzen die
ersten Eindrücke des Landes oft in eine Art Schockzu-
stand – es gibt kaum einen anderen Staat auf dieser
Erde, in dem die Armut so sichtbar ist. Wenn man sich
als Tourist also nicht gerade standhaft weigert, sein

lisierung nie eine Arbeiterklasse wie im Europa des 18./19. Jahrhunderts hat entwickeln können, sich das Bildungsniveau nur sehr langsam hebt und die Gesellschaft auch entlang religiöser Linien zusätzlich fragmentiert ist, hilft nicht eben bei der Schaffung einer revolutionären Massenbewegung.

TROTZDEM sah sich die indische Regierung in der Vergangenheit wiederholt genötigt, die Wohlhabenden im Lande zu warnen, ihren Reichtum bitte nicht auf allzu obszöne Weise zur Schau zu stellen. Die Politik sieht also durchaus das Potential zu sozialen Unruhen. In die Zukunft gesehen könnte sie mit dieser Befürchtung Recht behalten: Indien wird in absehbarer Zeit China als das bevölkerungsreichste Land der Erde ablösen. Das dürfte den gesellschaftlichen Druck noch steigern. Nur wenn das Land es schafft, massenweise Jobs für die zunehmend jungen Inderinnen und Inder zu schaffen, wird sich diese Gefahr abwenden lassen. Wenn Mukesh Ambani – vorausgesetzt, er ist überhaupt mal zu Hause – in einem der obersten Stockwerke seines Hauses zum Sonnenuntergang ein Fernglas zur Hand nimmt, kann er allabendlich beobachten, wie sich tief unten auf den Gehsteigen tausendfach Obdachlose in ihre Filzdecke einrollen und sich zur Nachtruhe betten. Wenn das Fernrohr scharf genug ist, kann er auch in die Wohnung von Sharavan hineinblicken. Das »Haus« von Sharavan indes besteht lediglich aus einer Plastikplane. Die hat er direkt neben einer von Mumbais Hauptverkehrsstraßen, auf einer Brücke, gespannt. Platz finden müssen darunter seine Frau, die vier Kinder und die wenigen Habseligkeiten. Die Geräuschkulisse, die er nicht nur den ganzen Tag über, sondern auch beim Versuch einzuschlafen, ertragen muss, ist für den über 50-jährigen indes nach eigenem Bekunden das geringste Problem: »Alle machen uns hier Ärger: Die Fußgänger, die Autos und die Stadtverwaltung. Es ist furchtbar.« Klagt Sharavan. Der aber auch nicht genau weiß, wo er sonst hingehen sollte. Es gibt kein Entfliehen vor der Hitze, vor den Abgasen, vor den Moskitos. Sharavan ist ein »rag picker«, ein Müllsammler –

Luxus-Hotel-Zimmer zu verlassen, wird das Elend automatisch Teil der Indien-Erfahrung. Eine der am häufigsten gestellten Fragen lautet daher auch: Wie kommt es eigentlich, dass dieses Land noch nie eine Revolution erlebt hat? Wo die Ärmsten der Armen doch so offensichtlich eine Mehrheit bilden? Nur etwa 25% der Bevölkerung werden der indischen Mittelschicht zugerechnet – da bleiben also rund 800 Millionen übrig, denen es schlechter geht, rund die Hälfte von ihnen lebt unter der Armutsgrenze. Eine nahe liegende – und nach wie vor valide – Antwort lautet: über Jahrhunderte haben die hinduistische Religion und das mit ihr einhergehende Kasten-Wesen den Menschen eingetrichtert, dass ihr Platz in dieser Welt direkte Folge ihres Verhaltens in einem vorigen Leben ist. Es also mithin der natürlichen – oder göttlichen – Ordnung der Dinge widerspräche, wenn man sich gegen sein Schicksal auflehnte.

ES GIBT ABER noch eine zweite Erklärung, die mindestens ebenso zutreffend ist: Die indische Gesellschaft hat sich seit der Unabhängigkeit 1949 - erst sachte, dann immer schneller - zu einem Gemeinwesen entwickelt, auf dem ein in Europa fast unvorstellbarer Erfolgsdruck lastet. Dieser Druck zieht sich durch alle Schichten. Am unteren Ende der sozialen Rangordnung wird aus dem Erfolgs- purer Überlebensdruck. Der hier aber bisher nicht dazu führt, dass sich die Unterprivilegierten zu einer Massenbewegung zusammenschließen und gegen ihr Elend revoltieren. Für den Slumbewohner sitzt die Person, gegen die es sich zu kämpfen lohnt, nicht in einem 27-stöckigen Luxus-Wohnhaus, sondern in der Wellblechhütte nebenan. Den Nachbarn gilt es im täglichen Überlebenskampf zu übertrumpfen – nicht einem Herrn Ambani seine Reichtümer abzujagen. Hätten Marx oder Lenin je Indien besucht, sie hätten vermutlich resigniert wieder den Heimweg angetreten: Dass sich hier aufgrund mangelnder Industria-

DAS KOMPLETTE »HAUS« VON SHARAVAN BESTEHT NUR AUS EINER PLANE PLASTIK UND SONST GAR NICHTS.

genau wie seine Kinder. Er ist gerade dabei, Eisenteile auseinander zu pflücken, die er in den Müllbergen gefunden hat. Seine Finger sind pech-schwarz, mindestens ebenso schmutzig – findet Sharavan – sei die Politik: »Politiker sind nutzlose Kreaturen. Für die Armen interessieren sie sich nicht.«

Von 100 Rupien am Tag, weniger als 1 Euro 50, lebt die ganze Familie. Das gehe schon irgendwie, sagt er, aber um sich den Traum erfüllen zu können, irgendwann wieder von festen Wänden umgeben zu sein, reicht das natürlich nicht. Für Menschen wie Sharavan wäre es bereits ein Aufstieg, in einem Slum wohnen zu dürfen.

WEIT ENTFERNT ist der nicht – nur ein paar Minuten sind es zu Fuß von Sharavans Plane zum Dharavi-Slum. Schon bevor der Oscar-gekrönte Film »Slumdog Millionaire« hier gedreht wurde, war Mumbais Stadtteil Dharavi weltberühmt. Oder eher: weltberüchtigt. Als Asiens größtes Elendsviertel. Hier leben ungefähr so viele Menschen wie in Köln, nämlich eine Million. Die Inder sagen: »Dharavi ist so vielseitig, hier gibt es eigentlich alles – außer Platz.« In der Tat entspricht das Armenviertel nicht durchgängig dem Klischee, das man von einem Slum im Kopf haben mag: So gibt es zum Beispiel vereinzelt Menschen, die sich tatsächlich »Slumdog Millionäre« nennen dürften: ein Lederfabrikant etwa hat es geschafft, zu einem gefragten Mega-Exporteur zu werden. Dharavi ist nicht nur Wohnviertel, sondern auch Industriegebiet. Und wer morgens ganz genau hinschaut, kann beobachten, wie aus so mancher Türöffnung Männer mit ebenso sorgfältig auf Hochglanz gebrachten Haaren wie Schuhen im Nadelstreifenanzug in die Morgensonne treten – Geschäftsleute mit solidem Einkommen, die sich aber eine normale Wohnung in Mumbai nicht leisten können: die Stadt zählt heute zu den teuersten der Welt, was die Quadratmeterpreise angeht. Um diese Slum-internen Wohlstandsinseln herum allerdings sind die altbekannten Symptome der Mittellosigkeit zu beobachten: in den Abwasser-Rinnen steht eine Brühe mit gefährlich grauschimmernder Oberfläche, Mobil-Telefon-große Kakerlaken versuchen, sich einen Weg in die kleinen Behausungen

zu bahnen, Kinder hocken am Wegesrand und benutzen ihn als Toilette. Die Menschen leben, wenn es ihnen gut geht, in kleinen Backsteinhütten – zu zweit, zu viert, zu acht oder zu zehnt in einem Raum. Oder aber in notdürftig zusammengezimmerten Wellblechhütten. So wie Arun und seine Familie.

Klima-Wandel, islamistischer Terror oder indische Marsmission – das sind zwar alles Begriffe, die er irgendwie schon mal gehört hat. Aber die sind so meilenweit entfernt von den Dingen, mit denen sich Arun in seinem Alltag herumschlagen muss, dass sie ihm herzlich egal sind. Arun ist froh, wenn seine Familie abends etwas zu Essen auf den Teller bekommt. Genauso weit weg übrigens ist für Arun ein Gebäude namens »Antilia« Die Preise für Lebensmittel, für Reis, für Mehr, steigen immer weiter – das ist es, was die Menschen hier bewegt.

NOCH ALSO ist Indien weit davon entfernt, seinen Palästen den Krieg zu erklären. Auch – oder gerade weil – in seinen Hütten kein Friede herrscht. In Mumbai – der Stadt der Extreme in einem Land der Extreme – lebt rund die Hälfte der Menschen in Slums. Nun aber, sagen Experten voraus, wachse eine Generation heran, die extreme Ungleichheit nicht ohne Weiteres hinzunehmen bereit sein könnte: jung, gut ausgebildet, erwartungsvoll sei die – und wenn die enttäuscht würde, könnte es in Zukunft unruhiger werden in Indien. Noch aber ist es ruhig in der Straße, in der »Antilia« steht: In das Haus von Herrn Ambani würde Milchmann Ramesh sowieso nicht einziehen wollen: »Sind Sie verrückt?!« lacht er. »Wer will da schon wohnen?« Der Mann zahle eine Stromrechnung von umgerechnet 100.000 Euro im Monat. Das sei entschieden zu viel. Armer reicher Herr Ambani.

KAI KÜSTNER

arbeitet als freier Autor und Auslandsreporter. Kai Küstner leitete 5 Jahre lang das ARD-Hörfunk-Studio Neu Delhi. In dieser Zeit führten ihn seine Reisen kreuz und quer durch Südasien - vor allem nach Afghanistan, Pakistan und Indien. Im Anschluss schickte der NDR, der Heimatsender des überzeugten Auslands-Korrespondenten, ihn ins WDR/NDR-Studio Brüssel. Seitdem lebt der geborene Hamburger mit seiner Familie in der belgischen Hauptstadt.

TOKYO
COMPRESSION
QUETSCHEN
SCHWEIGEN

ひらくドアに
ご注意！
Please take care when
the doors open.

SCHWITZEN
SCHWEIGEN
PLATZANGST
U-BAHN
TOKYO

**ES WIRD
SICH NICHT
BEWEGT, NICHT
GESPROCHEN
UND SCHON
GAR NICHT
GEGESSEN.**

DAS WARNSIGNAL tutet in einem langen, aber nicht lauten Ton. Der Klang ist dumpf, wirkt beruhigend. Aus gutem Grund. Die metallenen Schiebetüren sollten jetzt schließen, die Fahrt nach ewig erscheinenden 20 Sekunden endlich weitergehen, nachdem der Zug auch bei dieser Haltestelle wieder ein Stück voller geworden ist. Aber es passt nicht, ein Rucksack versperrt den Mechanismus. Ein großer Mann mit Plauze, blondem Haar und einem T-Shirt mit dem Spruch »I love Tokyo« passt auch sonst nicht richtig rein. Er stöhnt, zieht ein gestresstes Gesicht, als hätte sich gerade nicht er, sondern jemand Anderer im letzten Moment noch in den Zug gequetscht. Das laut ausgeatmete »Oh God«, stört die seltsame Harmonie, die irgendwie trotzdem besteht.

DER REST der Fahrgäste, die Meisten im schwarzen Anzug oder Kostüm und mit einer viel kleineren Aktentasche als der sperrige Rucksack, rührt sich nicht. Sie sprechen auch nicht, gucken nicht. Warum sollten sie auch, könnte man meinen: jeder von ihnen wird selbst schon einmal auf die letzte Millisekunde in einen Waggon geeilt sein, Beschuldigungen wären unehrlich. Und draußen am Bahnsteig stehen noch die Offiziellen, deren Aufgabe es auch ist, jedes Abteil möglichst voll zu kriegen. Diese Mitarbeiter werden zum Drücken und Schieben sogar ermutigt. So werden sie es auch mit dem fremden, unruhigen Gast getan haben, den die Meisten nur hören, nicht sehen können. Zu voll ist der Waggon, um den Überblick zu behalten. Aber es gibt wohl noch einen Grund, warum trotz Enge Ruhe herrscht. Es sind die ungeschriebenen Gesetze im Tokioter Nahverkehr. Weil die Abteile gerade in der morgendlichen und abendlichen Rushhour so vollgestopft sind, dass jede Bewegung unmöglich ist, kaum ein Taschenbuch umgeblättert werden kann, ohne dass der Nebenmann angestoßen wird, haben sich strenge Benimmregeln etabliert. Sie lauten wohl so: Es wird sich nicht bewegt, nicht gesprochen und schon gar nicht gegessen. Blickkontakt ist eine Belästigung. Und wer direkt am Ausgang steht, sollte sich nie dem offenen Raum hinwenden, immer nur der Schiebetür.

Anders geht es wohl nicht. Kaum eine Stadt der Welt ist so dich bevölkert wie Tokio, der weltweit größten Metropolregion, rund 35 Millionen Menschen leben hier. Die Züge sind eng getaktet, in der Hauptverkehrszeit rauscht fast jede Minute einer in die Haltestellen. Hoffnungslos überfüllt sind sie trotzdem. Aufs Jahr gerechnet sind es rund 13 Milliarden Zugreisen, die durch die Region der japanischen Hauptstadt führen. In den letzten Jahren hat die Stadtregierung mehrmals die Taktungen erhöht, neue Linien angelegt, aber das Problem der Überbevölkerung blieb.

DENN DAS ZUGSYSTEM IST SCHNELL, pünktlich und im Vergleich mit anderen Verkehrsmitteln auch nicht allzu teuer. Es scheint aussichtslos, und ob der guten Eigenschaften der Züge vielleicht auch sinnlos, die Überlastung des Schienenverkehrs noch stoppen zu wollen. Um die 300 Menschen sind nach wie vor oft in einen einzigen Waggon gepfercht. So ist eben die Lage, und jeder versteht das. Auch der ausländische Fahrgast, der eben noch moserte, hat sich schnell eingekriegt. Von der zurückhaltenden Stille der Mehrheit ist er eingeschüchtert. Er atmet schwer, mosert aber nicht mehr, scheint sich unter Kontrolle zu haben.

YAMANOTE heißt diese Bahnlinie, die noch einen Tick stärker überlastet ist als all die anderen, auf denen es aber ähnlich kuschelig werden kann. Sie führt über die Station Tokyo, in der Nachbarschaft des Kaiserpalasts und der Ministerien, vorbei an Senso-ji in Asakusa, dem ältesten Schrein der Stadt, und den besonders geschäftigen Vierteln wie Shinjuku und Shibuya. So kommen viele Pendler und Touristen an der Yamanote nicht vorbei. Oder sie nehmen andere Linien, die mittlerweile ähnliche Strecken abfahren, aber auch das macht keinen großen Unterschied. Und der Geräuschpegel bleibt überall und immer niedrig. Das heißt, nicht ganz immer. Anders ist die Lage in den letzten Zügen gegen Mitternacht eines Freitagabends. Wenn die Hunderttausenden Anzugträger von ihren Saufgelagen mit Arbeitskollegen nachhause fahren, sieht es eher so aus: wer noch kann, spricht oder lallt mit seinen Freunden, die Mutigeren

auch mal mit fremden Leuten. Andere taumeln durch den Waggon oder sitzen sturzbetrunken auf einer der Bänke, starren an die Glasscheibe gegenüber oder schlummern einen ruckeligen Schlaf. Es ist auch dieser fast anarchische Abend der Woche, nach dem die Uhr gestellt werden kann, und an dem auch einige Schnapsleichen an den Bahnhöfen zurückbleiben, wenn sie den letzten, in aller Regel pünktlichen, Zug verpasst haben.

SOLLEN DIE HINTERBLIEBENEN EINES SELBSTMÖRDERS DIE KOSTEN DER VERSPÄTUNG ÜBERNEHMEN?

Doch manchmal verspäten sich selbst Tokios Bahnen. Das kommt selten vor, aber bei rund 30.000 Selbstmorden in Japan pro Jahr doch gelegentlich. Denn eine der beliebteren Varianten des Freitods ist es, sich auf die Gleise zu stürzen. Da dies über Jahre besonders häufig in der Hauptverkehrszeit passierte, sollen die Bahngesellschaften eingeschritten sein und den Hinterbliebenen der Toten nun die Kosten der Verspätung in Rechnung stellen. Was als Anreiz für Selbstmörder gedacht war, sich doch wenigstens nicht dann und dort das Leben zu nehmen, wo viele andere Menschen betroffen sind, hat das Problem zumindest nicht ganz beseitigt. Nach wie vor wird der Verkehr gelegentlich durch solche persönlichen Tragödien gestört. Nicht an diesem Morgen, der Zug fährt die Runde um Tokios Stadtkern ohne Störungen. Gut für den Frieden im Waggon. Der Neuling mit dem Rucksack, der nach sechs Haltestellen beim Szeneviertel Akihabara schon wieder ausgestiegen ist, wäre sonst wohl an die Decke gegangen. Sprichwörtlich. Denn die sind dem Augenschein nach in Tokio etwas niedriger als in anderen Metropolen der Welt.

FELIX LILL

freier Journalist seit 2008. Lebt und schreibt in Tokio als Korrespondent für Zeit Online und Die Zeit, Der Spiegel, Tagesspiegel, Die Presse, Neue Zürcher Zeitung. Österreichischer Sportjournalistenpreis 2010, 2011, 2012. ÖZIV Medienpreis 2012 für Berichterstattung über Menschen mit Behinderung in der Wirtschaft.

ARBEITSLEBEN
NINE-TO-FIVE JOBS SIND ETWAS ANDERES

DABBAWALLAS,
DIE ESSENSAUSTRÄGER
VON MUMBAI,
SIND LEGENDEN

ANDREAS
STAMM

MUMBAI

DABBAWALAS

INDIEN – EIN WORT, und schon beginnt bei mir Kopfkino: Unfassbare Armut, unglaublicher Reichtum, Elefanten, Taj Mahal, Megastädte, Chaos, Bürokratie, üble Gerüche, feinste Gewürzdüfte, leckeres Essen, Durchfall und und und. Ach, Indien, wird Zeit, dass wir uns sehen. Ich war nämlich noch nie da!

Zum Glück für mich will mich mein Arbeitgeber nach Indien schicken. Für eine TV-Reportage. Und ein Landeskenner gibt mir seinen ultimativen Tipp: »Mach was über Dabbawallas, die Essensausträger von Mumbai, das sind Legenden«. Gut, nur weil ich noch nie was davon gehört habe, schließt sich das ja nicht aus, im Gegenteil. Und nach ersten Recherchen war klar – das ist perfekt, da will ich mitmachen – ich will für einen Tag ein Dabbawalla sein!

NUN brauche ich zunächstmal ein Journalisten-Visum. Ein extrem ungünstiger Zeitpunkt – mir schlägt die volle Härte der indischen Bürokratie entgegen. Es sind Vorschriften geändert worden durch das Außenministerium in Neu-Delhi, eigentlich völlig egal. Treibt einen aber zur Weißglut, ich will nur ein Beispiel nennen – alle Dokumente sind ausgefüllt, unterschrieben, wieder eingescannt, für mehrere Personen. Abschicken, warten und dann kommt als Antwort des Konsulats: »Leider sind die Dokumente im Original »Word« gewesen, der neue Standard ist PDF.« Auf meine Entgegnung, dass es die aktuellen Downloads von der Internetseite der indischen Botschaft seien und doch genau das Gleiche drin stehe, wurde mir kurz und knapp mitgeteilt, ich solle es doch einfach nochmal ausfüllen.

Dass es in einem Land mit solch einer administrativen Grundhaltung möglich sein soll, ein Präzisionssystem in Sachen Verteilung, Effizienz und Organisation zu stemmen, das den besten Unternehmen der Welt zur Ehre gereicht – dazu betrieben von zum großen Teil Analphabeten – das hielt ich da für noch unwahrscheinlicher als zuvor.

Dieser Eindruck verstärkt sich nochmals enorm, wenn man das erste Mal nach Mumbai kommt, der Wirkstätte der Dabbawallas. 18 Millionen Einwohner, vielleicht auch mehr, wer weiß das schon so genau. Nur jeder Dritte hat etwas, das man als »Wohnung« bezeichnen würde – im weitesten Sinne. Der Rest, also die unglaubliche Zahl

MACH WAS ÜBER DABBAWALLAS, DIE INDISCHEN ESSENSAUSTRÄGER VON MUMBAI, DAS SIND ECHTE LEGENDEN.

von zwölf Millionen Menschen lebt in Verschlägen aus Wellblech und Pappe, oder kampiert gleich ganz im Freien. Zur Not wird auch die Mittelleitplanke einer der notorisch überfüllten, mehrspurigen Stadtautobahnen zur permanenten Bleibe. Apropos Verkehr – wer die Auslegung der Verkehrsregeln auf zum Beispiel italienische Art für unverantwortbar hält, sollte sich niemals, niemals in Mumbai hinters Steuer setzen. Zugegeben – auch als Beifahrer hatte ich keine gute Zeit. Der Grund: Wir müssen nämlich pünktlich sein. Pünktlichkeit ist erstmal nichts, was im Leben eines gemeinen Menschen in Mumbai große Bedeutung zu haben scheint. Umso klarer ist unser Kontaktmann und Dolmetscher Sanjay bei der

Ansage an den Taxifahrer. Der nimmt es darauf sehr ernst, denn er scheint bereit für die pünktliche Ankunft – quer durch die Stadt, in der morgendlichen Rush-Hour – sein und unser Leben zu riskieren. Auf meine Frage, wie er, Sanjay, das gemacht habe, sagt er nur: »Ich habe dem Taxifahrer gesagt, dass wir einen Termin mit Dabbawallas haben, das versteht jeder in dieser Stadt.«
Was irgendwie klingt wie aus einem Mafia-Roman, verdichtet sich bei der Ankunft. Sicher sind die Dabbawallas keine indischen Vito Corleones, aber sie wirken irgendwie wie Wesen aus einer anderen Welt. Vor dem Bahnhof im Vorort Andheri sind wir verabredet. Knapp 30 Dabbawallas warten dort um kurz vor Acht morgens auf den

Dienstbeginn. Alle komplett in sauberen, blütenweißen Anzügen, ähnlich einem Pyjama, faltenfrei. Dazu das weiße Käppi als Erkennungsmerkmal. In einer Stadt, die eigentlich permanent am Staub und Dreck zu ersticken droht, sind diese weißen Gestalten schon ein Phänomen an sich. Es gibt frischen Chai(Tee) mit viel Milch, in aller Ruhe wird der Tag besprochen, ein biss-chen getratscht, so scheint es. Einige telefonieren mit dem Handy – wie ich später erfahre, wohl die einzige Neuerung in einem über hundert Jahre alten Beruf – dabei geht es um Adressen neuer Kunden, kurzfristige Absagen von Bestellungen oder interne Krankheitsfäl-le. Dafür ist das Handy eben unschlagbar.

EINER DER MÄNNER IN WEISS wird mich unterweisen, mir einen Einblick geben, was es heißt, ein Dabbawalla zu sein: Vittal Sawant. Mitte 30, schon ein alter Hase im Geschäft, seit 17 Jahren ist er einer von Ihnen. Wie trinken einen Tee zusammen, er wirkt nicht gerade glücklich über mich als seinen neuen Partner auf Zeit, aber gut. Wenn ich Fragen hätte, sagt er, dann jetzt bitte, denn wenn die ganze Aktion mal losgeht, hat er nur wenig übrig für Störungen. Klingt hart, finde ich, mag an der Übersetzung liegen. Denn im weiteren Verlauf des Gesprächs zeigt er ein anderes Gesicht – höflich, beschei-den, voller stolz auf seinen Beruf. Und diesen Stolz mir zu vermitteln macht ihm dann doch sichtlich Spaß. »Der Job ist harte Arbeit«, sagt er, »aber er ist mehr als das für mich. Eine Art religiöser Akt. Ich bringe den Menschen ihr geliebtes Essen, das macht mich glücklich.« Doch was ist dieser Job? Jeden Werktag sammeln knapp 5.000 Dabbawallas rund 250.000 Mittagessen ein. Zu-hause gekocht, meist von der Ehefrau oder der (Schwie-ger-)Mutter. Fein säuberlich verpackt in kleine Blechdosen, die sich übereinander stapeln lassen und das Essen warm halten, der sogenannten Dabba. So verpackt geht es für die indischen Köstlichkeiten (wenn es die denn gibt, dazu später mehr) quer durch die Stadt – von den

Vororten, wo die Mittel- und Oberschicht wohnen, in die City, wo sie arbeiten. Warmes Essen pünktlich zum mit knurrenden Magen Wartenden liefern. So einfach, und doch so kompliziert.

8 Uhr 30 – die gemütliche Geschwätzigkeit endet abrupt. Vittal und ich legen los – die Uhr läuft. Zwei Stunden Zeit. 25 Essen einsammeln. Der Verkehr brutal. Kaum etwas bewegt sich. Nur wir. Auf unseren Fahrrädern. Wir schlängeln uns durch. Abkürzungen. Schleichwege. Zumindest ich konstant alarmiert: Wann fährt mich einer der genervten Autofahrer um?
Zumindest nicht bis zum ersten Stopp. Sechster Stock. Extreme Luftfeuchtigkeit, in der Morgenfrische 31 Grad. Ich würde alles für einen Aufzug geben. Fehlanzeige. Klopf, Klopf, ein kurzes »Dabbawalla«, Tür geht auf, Essencontainer werden rausgereicht, Tür zu. Und weiter. Wieder Fahrrad, ich wieder Angst. Ein ums andere Mal. Ab und an mit Aufzug.

9 Uhr 30 – ich habe so viele Fragen an Vittal. Doch ich bin außer Puste, kann kaum sprechen und er will nicht sprechen. Circa bei Abholung 20 dann eine Pause – allerdings eine, die den bis dahin völlig in sich ruhenden Vittal aus der Fassung bringt (das heißt, er wippt unruhig hin und her und seine Finger malträtieren das Treppengeländer mit einer Art Vier-Finger-Trommelwirbel). Wir müssen warten – das Essen ist noch nicht fertig gekocht. Ich drängele mich in die kleine Küche von Urmilla Jain – sie kocht ein Linsencurry, backt frisches Nan-Brot, das Ganze mischt sich mit dem Duft von Basmati-Reis. Müsste ich nicht wieder aufs Fahrrad, ich würde richtig reinhauen. Essen von Fremden zubereiten lassen – für viele Inder sei das unvorstellbar, erklärt sie mir auf meine Frage, warum ihr Mann, Angestellter einer Telekommunikati-onsfirma in der City, nicht dort um die Ecke einen Happen essen geht. Zu vielfältig und kompliziert seien die Speisevorschriften der unterschiedlichen Glaubens-gemeinschaften. Frisch zubereitet müsse es sein. Und nur zu Hause werde es eben mit Liebe zubereitet, erzählt sie. »Mein Mann mag anderes Essen nicht. Er liebt es, wie ich es zubereite, anderswo benutzen sie unbekannte

5.000 DABBAWALAS, 250.000 MITTAGESSEN, 99,9 PROZENT ZUVERLÄSSIGKEIT.

Gewürze und Zutaten. Und die Dabbawallas machen es möglich – ich koche hier und das Essen landet pünktlich auf seinem Bürotisch.« Kurz zusammengefasst – trau keinem, außer dem engsten Familienkreis, wenn es um dein Essen geht.

10 Uhr 30. Endlich ist alles verpackt, wir sind spät. Denn um pünktlich zu sein, muss spätestens genau in diesem Moment alles am Bahnhof in Andheri sein. Nach einem kurzen Fahrradspurt – an dem Drahtesel hängen mittlerweile zahlreiche Blechnäpfe, das macht das Balancieren durch den Verkehr auf Straße und Gehwegen (die natürlich nicht fein säuberlich getrennt sind, warum auch….) nicht leichter – sind wir da.

VOR DEM EINGANG ZUM BAHNHOF wuseln schon die restlichen Dabbawallas des Vororts. Es gilt die Essensbehälter jetzt auf große Trage-Paletten, von Form und Größe ähnlich einem Bierzeltgarnitur-Tisch, zu packen. Als unsere Trage-Palette fertig ist, fragt mich Vittal, ob ich es versuchen will. Klar, sage ich, kein Problem. Dazu wird der 80-Kilo-Koloss von vier Dabbawallas zentriert auf meinen Kopf abgestellt. Was mir sofort solch höllische Schmerzen bereitet, sodass ich noch Tage später immer wieder leichte Kopfschmerzen habe. Und ich zum ersten Mal eine Beule behalte, ohne einen Schlag abbekommen zu haben. Irgendwie wird mein Kopf deformiert, was natürlich an meinem mangelnden Balanciervermögen liegt – und dem Gewicht. Wie das die locker 30 Zentimeter kleineren Dabbawallas schaffen, oft mehr als ihr Körpergewicht federleicht zu schleppen, es bleibt mir ein Rätsel. Ausgelacht werde ich auch, aber irgendwie, mit Hilfe von Vittal und Co., schaffe ich es in den Zug. Es geht Richtung Stadtzentrum, im Gepäckwagen! Dort und nicht in den notorisch überfüllten Abteilen Platz nehmen zu dürfen, ist ein Privileg der Dabbawallas. Die auf die Bahn angewiesen sind – es ist einer der wichtigsten Verbündeten im Kampf gegen die Uhr. Denn die Züge sind das Einzige, was den schnellen Transport der Boxen garantiert. Mumbai liegt auf einer schmalen Landzunge. Drei Zuglinien verbinden die Wohngegenden der Vororte trichterförmig mit dem Geschäftszentrum im Süden. Das Geschäftszentrum ist relativ klein und dicht bebaut. So geht das Ausliefern ebenfalls

schnell. Ohne diese spezielle Geographie kein Dabbawalla-Service. Auch deshalb sind alle Versuche, den Service in anderen Städten, vor allem in der Hauptstadt Neu-Delhi, anzubieten, gescheitert. Die Stadt ist zu dezentral, die Logistik war nicht zu stemmen. Die Zugfahrt ist endlich die Gelegenheit, mal zu quatschen. »Wir Dabbawallas«, erzählt Vittal, »stammen alle aus sechs Dörfern nahe Mumbai. Wie das Leben dann so spielt, sind wir alle irgendwie verwandt oder verschwägert. Und wir sprechen denselben Hindi-Dialekt.« Er erklärt mir auch, wie ihre Gemeinschaft funktioniert. Organisiert sind sie in einer Art Kartell – das regelt die Preise, verteilt die Aufträge, kümmert sich bei Krankheit um Ersatz und gewährt Gebietsschutz. Verteilt das Geld und rügt, wenn jemand Mist baut. So eine Art Kasten-Planwirtschaft, denke ich mir. Das Geschäft läuft gut, erfahre ich – rund hundert Dollar verdient Vittal im Monat, das Dreifache eines einfachen Arbeiters.

11 Uhr 30, genug geredet. Raus aus dem Zug, rein ins totale Chaos. An unserer Endstation stehen jetzt hunderte Dabawallas, zehntausende Essen, ein völliges Durcheinander. Hektisch werden die Behälter auf Handkarren verladen. Dabei hilft ein Code aus Farben, Symbolen und Zahlen. Leicht verständlich und nutzerorientiert. Wie gesagt, die meisten können nicht lesen oder schreiben, aber dazu später noch ein Wort. Der Code zeigt klar an: Stadtteil, Gebäude, Stockwerk, Büro. Sobald alles im richtigen Karren verstaut ist, geht es auf die finale Etappe des Vormittags – in die Bürowelt von Mumbai Downtown, dem Süden der Stadt. Es ist 12 Uhr, den Leuten knurrt der Magen. Ob er schon mal eine Lieferung verloren habe, frage ich Vittal. »Nein, so etwas ist ihm noch nie passiert. Zu spät, ja, wenn der Monsun so stark war, dass die Züge stoppen mussten. Aber ein Essen verloren, das wäre eine Schande, und passiert nur ganz, ganz selten.« So selten, dass das Wirtschaftsmagazin Forbes dem Dabbawalla-Service das höchste Rating für Fehlerfreiheit verliehen hat. Nur eine von 16 Millionen Lieferungen kommt nicht an, heißt es. Das Ausliefern, ein Spiegel des Einsammelns – schnell ins Gebäude rein, Essen abliefern und fertig. Nur wesentlich komfortabler ist es – Aufzug und Klimaanlage sind im Geschäftszentrum, wo Milliarden verdient werden, natürlich Standard. Eins allerdings enttäuscht mich – nicht mal ein kleines Schwätzchen, kein guten Appetit, gar nichts derart. Der Dabbawalla, der Dienstleister, trifft seinen Auftraggeber nicht. An einem vereinbarten Ort, jeden Tag zur gleichen Zeit, wird das Essen abgestellt. Und dort wird das leere Geschirr zum Heimtransport später wieder abgeholt. Umgerechnet fünf Euro kostet der Service im Monat, in dieser Gegend lächerlich wenig Geld. Auf meine Frage, ob es nicht komisch sei, mit einem klapprigen Handkarren durch diese Glitzerwelt zu laufen, wo die Grundstückspreise die von Manhattan teilweise übersteigen, reagiert Vittal nur mit einem kurzen »So ist das eben. Er sei zufrieden«. Und das stimmt sicher, aber eins ist klar – auch bei den Dabbawallas geht es um das Geld. Wo auf der Welt nicht, klar, aber in einem Schwellenland, wie das so schön heißt, dazu noch mit mehr als einer Milliarde Einwohner, ist die »Alles-dreht-sich-um-Geld«-Mentalität extrem ausgeprägt. Und das verändert Indien und auch die Dabbawallas.

DEUTLICH WIRD das beim einzigen persönlichen Kundenkontakt des Tages. Eine Neukundin: Anjali Rehman, Führungskraft in einem High-Tech-Konzern. Nach dem höflichen Kennenlernen frage ich sie, wer denn für sie kocht, ihr Mann? Ein nettes, belustigtes Lächeln gefolgt von einem klaren Statement: »Nein, sie lässt sich von einem privaten Catering-Service bekochen. Nach ihren Wünschen. Denn immer mehr Frauen wie ich gehen arbeiten, da bleibt keine Zeit mehr zu kochen. Und natürlich geht mein Mann auch arbeiten.« Privates Catering ist einer der Trends, erfahre ich. Aber viele würden auch das immer reichhaltigere Angebot an Fastfood-Läden und Restaurants in Anspruch nehmen. »Und ja«, sagt sie, »vielleicht werden die Dabbawallas irgendwann nicht mehr gebraucht, alles verändert sich eben, nichts

AUCH BEI DEN DABBAWALLAS GEHT ES UM'S GELD – KLAR WO NICHT AUF DER WELT.

ist sicher.« Auch wenn sie persönlich nie darauf verzichten wolle. Nach getaner Arbeit, also alle Behälter sind wieder eingesammelt und mit Zug und Fahrrad zurückgebracht, treffen sich die Dabbawallas vom Vorort Andheri gegen 16 Uhr wieder vor dem Teestübchen am Bahnhof. Es war für mich ein großartiger Tag, ich bin voller Bewunderung und vielleicht sogar etwas verblendet. Nur kurz am Anfang hat sich der »Präsident« des Kartells etwas dumm gestellt, als wir vor Ort ankamen und ich, wie ausgemacht, gerne richtig als Dabbawalla mitmachen wollte.

Er verlangte Geld dafür, weil selbst mithelfen als Reporter, so etwas habe es noch nie gegeben. Ich bin mir sicher, dass er die paar Kollegen aus aller Welt, die auch schon hier waren, in diesem Moment nicht vergessen hatte. Doch ein so perfekt funktionierendes System mitten in diesem Chaos der Megastadt Mumbai ist schon bemerkenswert. Deutsche Gründlichkeit, Schweizer Uhrwerk, solche Begriffe gehen mir durch den Kopf und jeder Indien-Kenner wird zugeben müssen: Solche Gedanken kommen einem nicht oft in diesem Land. Doch bei aller Begeisterung ist es Vittal selbst, der mich auf den Boden der Tatsachen zurückholt. »Meine Kinder«, meint er, »werden diesen Beruf nicht ausüben. Und ich will auch gar nicht, dass sie das tun. Ich arbeite hart dafür, dass sie eine richtige Ausbildung machen, ein besseres Leben führen können.« Seit fast 125 Jahren wird der Beruf von einer Generation an die nächste weitergegeben. Doch die Modernisierung eines Landes macht eben keinen Halt vor der Tradition. Und ist sie noch so außergewöhnlich wie die der Dabbawallas. Noch läuft das Geschäft, aber wie lange noch? Vittals Kinder können zumindest, im Gegensatz zu ihm, schon längst alle lesen und schreiben.

ANDREAS STAMM

arbeitet seit 13 Jahren für den Außenpolitik-Bereich des ZDF. Nach Einsätzen als Reporter in aller Welt ist er seit 2011 für den »außendienst« unterwegs, die wöchentliche »Reporter-Erlebnis-Serie« im ZDF-auslandsjournal. Motto: Mitmachen statt nur erleben! Dass es zuhause in Frankfurt nicht langweilig wird, dafür sorgen Frau und zwei Kinder.

NACH
GETANER ARBEIT
**TREFFEN SICH DIE
DABBAWALLAS
WIEDER VOR DEM
TEESTÜBCHEN AM
BAHNHOF**

**KUNST ALS
MASSENPRODUKT
IN DAFEN,
EINEM STADTTEIL
VON SHENZHEN
PRODUZIERT**

KATRIN
KUNTZ
DAFEN

ÖL FÜR DIE WELT

SEIT DIE CHINESEN SEIN DORF ÜBERNOMMEN HABEN, ist Huang Jiang ein Mann, der nicht mehr schlafen will. Er besitzt zwei Handys, deren Weckfunktion er aktiviert, bevor er sich am Abend ins Bett legt. Er läuft nach dem Aufstehen um fünf Uhr einen Berg hinter seiner Wohnung hinauf, dann macht er Liegestütze und Kniebeugen. Beim Frühstück nimmt Huang seine Tabletten gegen Bluthochdruck ein, er trinkt bis zum Mittag zwei Liter schwarzen Tees. Seine Augen hörten während des Tages nicht auf zu brennen, sagt er. Huang muss früh aufwachen, es gibt für ihn viel zu tun. Mit jedem neuen Tag verändert sich die Welt vor seinem Haus.

Huang ist 67 Jahre alt, vor 24 Jahren hat er das größte Ölmalerdorf der Welt gegründet, es liegt im Viertel Dafen am Rand der Industriestadt Shenzhen im Süden Chinas. Das Dorf ist vier Quadratkilometer groß, es ist Huangs Imperium. 10.000 Menschen malen dort fünf Millionen Ölbilder im Jahr. Bis vor kurzem waren es vor allem Kopien von van Goghs »Sonnenblumen«, Monets »Seerosen«, Rembrandts Selbstporträts, Leonardos »Mona Lisa« und diverse »Stillleben mit Äpfeln«. Sie hängen in Casinos in Las Vegas, in Galerien in Baden-Baden, auf Kreuzfahrtschiffen und über Sofas von Walmart-Kunden überall auf dem Globus. Dafen als Weltlieferant gefälschter alter Meister, das ist Huangs Idee, Huangs Basis, sein Leben.

IN DAFEN PRODUZIEREN 10.000 MALER 5 MILLIONEN ÖLBILDER IM JAHR.

CHINA WILL ZU EINER WELTMACHT DER KULTUR AUFSTEIGEN, und Männer wie Huang könnten den Antrieb dazu liefern. Das Land ist angewiesen auf Dörfer wie Dafen, wenn es seine kulturelle Tradition wiederbeleben will. Wenn das gelingen soll, müsste Dafen ein Versuchslabor werden, und Huang müsste versuchen, dieses Labor zu leiten. Er darf nicht müde werden, er muss versuchen, sich an die Spitze dieser Bewegung zu setzen. Er hat Erfahrung im Umgang mit turbulenten Märkten. Feng, eine ehemalige Schülerin, ist zurückgekehrt in sein Dorf. Er sieht sie manchmal über die Straße laufen. Interessant sieht sie aus, eine schöne junge Frau in einem Glitzershirt. Vielleicht hilft sie ihm dabei, Dafen zu einem der Pfeiler einer Weltmacht zu formen. Vielleicht macht sie es aber auch lieber allein. Huang, der Dorfchef, macht sich nach dem

Frühstück auf den Weg. Zu seiner Frau sagt er: »Ruf mich später mal an, und frag mich, ob es mir besser-geht.« Er läuft einen Pfad neben einer Schnellstraße entlang zu seinem Atelier, er trägt Laufschuhe, ein Leinenhemd, über seiner Stirn wippt lichtes Haar. Am Eingang des Dorfes steht eine überdimensionale Hand, die einen Pinsel zwischen Zeige- und Mittelfinger hält. Hinter ihr weht der Geruch von Terpentin durch die Luft, es beginnen die Ateliers und Gassen der Fälscher-stadt. Huang nimmt neuerdings gern einen Umweg zu seinem Arbeitsplatz. Er kommt dabei an einem Porträt von sich selbst vorbei, das an einer Mauer neben dem Eingang des Dorfes hängt, gut ausgeleuchtet und hinter

Glas. Unter dem Foto steht Huangs Lebensgeschichte. Es ist eine Geschichte über einen Mann und einen Ort, der bekannt wurde als Werkbank der Welt. »Eine schöne Geschichte«, sagt Huang. Das klingt so, als wolle er sichergehen, dass sie noch gilt. Huang bleibt vor seinem Porträt stehen. Seine Geschichte unter dem Bild ist nicht zu Ende erzählt. Ihr Verlauf ändert sich gerade, weil sich die Machtgefüge auf der Welt verschieben. Huang, so erzählt es die Geschichte unter seinem Porträt, ist der König des Bilderimperiums. Mehr als die Hälfte aller Ölbilder, die weltweit verkauft werden, kä-men aus dem »Dafen Oil Painting Village«, sagt Huang. 80 Prozent der Ware gingen bis zur Weltfinanzkrise

SIND DIE
GEMÄLDE
AUS DAFEN
KOPIEN ODER
DOCH SCHON
ORIGINALE?

**NAPOLEON
BONAPARTE
BEIM ÜBER-
SCHREITEN
DER ALPEN —
JEDEN TAG
VON NEUEM**

als ob.« Er bildete sie zu Anstreichern aus, einige malten nur Körperteile, andere Äpfel, andere Blätter, die an Bäumen hängen. Die schlechten Maler kümmerten sich um den Hintergrund, die guten malten das Lächeln der »Mona Lisa«. Er habe für sein Dorf in den vergangenen 20 Jahren sehr viel gearbeitet, sagt Huang. Er sei auch nie müde gewesen. Aber irgendwann schaffte er die Arbeit nicht mehr, er suchte eine Assistentin, und dann saß er mit Feng Jianmei am Tisch, sie war damals Studentin. Feng wirkte sympathisch auf ihn. Außerdem sprach sie gut Englisch. Sie begann, als Übersetzerin für ihn zu arbeiten, und fuhr auf Kunstmessen in den Westen. Sie begann, darüber nachzudenken, welchen Wert Kunst für eine Gesellschaft haben könnte. Sie dachte im Gegensatz zu Huang Jiang nicht nur an Dekoration. Sie glaubte, dass Kunst einer Gesellschaft helfen könne zu denken. Für Huang Jiang bedeuteten Bilder vor allem eines: viel Geld.

DIE WEGE DER BEIDEN TRENNTEN SICH. Vor sechs Jahren gründete Feng eine eigene Firma. Sie hatte keine Lust mehr, mit dem Westen um Preise zu feilschen, sie wollte etwas Eigenes erschaffen. Sie wollte kreativ werden. Huang sagte bloß: »Viel Glück.« Er biegt jetzt in die Straße ein, in der Feng ihr Atelier hat. Paare kommen ihm entgegen, Geschäftsleute, Familien mit Plastiktüten. Es ist Chinas neue Mittelschicht, sie transportiert Bilder ab. Die Kunden erkennen den alten Mann nicht. Sie sehen nur ihre Bilder. Huang sieht: schwarze Kalligrafie; die chinesische Mauer in Rot; Familienporträts; Teehäuser in Blauweiß; Mao mit dicken Backen.

nach Europa und in die USA. Das Dorf machte einen Umsatz von 250 Millionen Euro im Jahr.
Als Huang Ende der achtziger Jahre nach Dafen in die Sonderwirtschaftszone kam, hatte er seinen ersten Auftrag von Walmart dabei: 6.000 Kopien, 23 mal 25 Zentimeter, sechs Wochen Zeit. Er zog mit seinen Arbeitern in eine Fabrikhalle, baute eine Kantine, Betten. Die Arbeiter malten grüne Landschaften mit Bergen und Flüssen. Nach und nach kamen weitere Aufträge herein: 10.000, 60.000, 100.000 Bilder in einem Monat.
Bald hatte Huang 4.000 Maler, sie waren Bauernjungen. Sie konnten nicht malen. Huang sagt: »Ich half ihnen, eine Technik zu entwickeln, mit der sie so tun konnten,

Die Bilder in Fengs Straße zeigen: China sucht jetzt das Eigene, ein neues Gesicht. Im Fünfjahresplan von 2011 hat Chinas Führung festgelegt, dass die Kulturindustrie zu einer Schlüsselindustrie der Volksrepublik werden soll. Sie sieht China und die Rolle der Kommunistischen Partei durch eine globalisierte Kultur gefährdet, sie wünscht sich eine Rückbesinnung auf die eigene Tradition. Die Kreativoffensive hat jetzt auch Dafen erreicht, und Huang Jiang sagt: »Ein starkes China macht mir schlechte Gefühle.« Sein Land hat ihn traumatisiert. Während der Kulturrevolution unter Mao gehörte Huang den Roten Garden an. Er hatte den Auftrag, die Kultur der alten Gesellschaft zu vernichten; die Rotgardisten verbrannten Bilder, zerschnitten Seidenschals, sie zerschlugen Teehäuser und Buddhas. Man hatte ihnen gesagt, dass die alte Kultur wertlos und schuld an Chinas Rückstand sei. Huang wurde ein Fremder im eigenen Land. Er hatte nie gelernt, auf die Traditionen stolz zu sein. Sein Land war ihm nie freundlich erschienen. Er floh nach Hongkong, »dort war das Leben freier, ich wollte atmen«, sagt er. Er schwamm eines Nachts durch das Meer hinüber in die Freiheit und wurde Kopist für Walmart. Fortan liebte er den Westen.

90 PROZENT DER BILDER AUS DAFEN werden heute in China vertrieben. Bei Auktionen im Land sind chinesische Kulturgüter wieder gefragt. Hunderte Museen eröffnen jedes Jahr, der Staat will die Filmindustrie stärken, Konfuzius-Institute verbreiten Sprache und Kultur im Ausland. Das Eigene soll in die Welt ausstrahlen. Huang Jiangs Problem dabei ist: Chinas neue Strahlkraft stiehlt ihm das Licht. Feng Jianmei, früher seine Schülerin, ist 35 Jahre alt, sie macht den Eindruck, als sei sie auf einem glücklichen Trip. Sie kommt aus ihrem Büro mit zwei Smartphones in der Hand, in die sie abwechselnd spricht. Sie sieht Huang nicht, der noch immer zwischen den Kunden vor ihrer Tür steht. Sie muss mit einem Rahmenfabrikanten verhandeln, mit dem Kindermädchen ihres Sohnes und mit ihrem Mann, sie wollen am Wochenende zusammen mit dem Sohn in einen Vergnügungspark. Feng interessiert sich nicht besonders für Huang, ihren ehemaligen Lehrer, und Huang weiß nicht, ob die junge Frau ihn überhaupt noch braucht. Es ist Mittag, als Feng in einem neuen Hyundai zu ihrem Atelier fährt. Sie lässt gerade eine Fabrikhalle umbauen und ist mit dem Leiter einer Baufirma verabredet. »Schlagen Sie ein Loch hier in die Wand«, sagt sie zu ihm. »Nehmen Sie die andere Wand gleich mit raus.« Die Wand ist 100 Meter lang. Es soll eine offene Atmosphäre bei der Arbeit herrschen; Feng plant ein Kreativquartier. Sie hat ihr Geschäft nach der Finanzkrise fast komplett auf China umgestellt. Im alten Atelier nebenan stehen eine Stereoanlage in der

90 PROZENT DER BILDER AUS DAFEN WERDEN HEUTE IN CHINA VERTRIEBEN.

Mitte des Raums, ein Kicker, an den Rändern abgesessene Sofas. Die Malerinnen und Maler, die hier arbeiten, kommen von Kunstakademien im ganzen Land. Sie sagen: »Dafen ist ein erster Schritt zur Karriere.« Sie haben gerade einen Auftrag für das Luxushotel Sheraton fertiggestellt. Für das Schneehotel, das Frühlingshotel und das Tropenhotel, die in China eröffnet haben, haben sie Schnee, Frühling und die Tropen in 2.000 Varianten gemalt. Sie zeichnen Entwürfe für Shangri-La, Holiday Inn. Zwischen den Auftragsarbeiten stehen Maler, die Werke für eine Ausstellung entwerfen. Feng sagt: »Stellen Sie sich einmal vor: In China leben 1,4 Milliarden Leute. Es gibt eine halbe Milliarde Wohnungen, in denen dreiköpfige Familien wohnen. In jeder Wohnung sollten drei Bilder hängen, weil die Menschen diese Bilder brauchen, um glücklich zu sein. Verstehen Sie, was hier los ist?«

DREI JAHRZEHNTE LANG war die Exportindustrie der Hauptmotor für Chinas Wachstum. Jetzt sollen seine Bürger selbst konsumieren. Die neue Mittelschicht soll wachsen und künftig Bilder aus Dafen kaufen, sie soll lernen, auf ihr Land, auf das Eigene stolz zu sein. Die Frage dabei ist: Was passiert in einem Land, das, seiner Traditionen weitgehend beraubt, sich kulturell neu orientiert? Feng hat 35 festangestellte Mitarbeiter und Hunderte freie. Sie sagt: »Natürlich habe ich die besten Maler im Dorf. Ich behandle sie gut, ich gebe ihnen die Möglichkeit, kreativ zu sein. Wenn sie einen Tiefpunkt haben, gebe ich ihnen einen Tag frei. Wenn sie dann immer noch nicht kreativ sind, suche ich mir neue.« Es ist ein ziemlich selbstbewusster Satz für eine Frau in einem Dorf, in dem bis vor kurzem noch Bauernjungen arbeiteten. Feng hat auch einige von Huangs Schülern abgeworben.
Sie arbeiten in 16-stöckigen Hochhäusern am Dorfrand, in denen der chinesische Staat die Miete zur Hälfte zahlt. Die Maler müssen dafür beim Amt Bilder vorlegen, die beweisen sollen, dass sie Künstler sind. Huang hat

die Hochhäuser nie betreten. Er kann sie von seinem Büro aus sehen. Er sagt: »Sie stören meine Sicht.«

Wer zwischen Garküchen mit Schildkröten und Rinderzungen hindurchgeht und ein solches Hochhaus betritt, gelangt ins Zentrum dieses Zukunftslabors. Hinter halboffenen Türen braten Frauen Nudeln, auf den Gängen spielen Kinder Ball. Ihre Väter stehen auf den Terrassen, in ihren Zimmern, einige haben ein Smartphone in der Hand, von dem sie abmalen, die meisten malen ohne Vorlage.

In jedem Stockwerk wohnt jetzt ein Maler, der sich die Freiheit nehmen darf zu fragen, was sein Land eigentlich ist und werden soll; was sein Geschmack sein könnte, welche seine Sehnsuchtsorte sind, seine Idole, seine Wunden, sein Stolz.

Ein Maler im 5. Stock sagt: »Die Chinesen lieben den Norden.« Er lässt ein Porträt eines tibetischen Mädchens im Fensterrahmen trocknen.

Ein Maler im 8. Stock sagt: »Die Chinesen hassen Blau.« Er klatscht Farbe auf die Leinwand, alles außer Blau.

Ein Maler im 11. Stock sagt: »Die Chinesen lieben Großformate und sich selbst.« Er malt Xi Jinping, den Staatspräsidenten, sechs mal zwei Meter, das Bild füllt seine Wohnzimmerwand aus, er hat die Umrisse mit Bleistift vorgezeichnet. Er darf nicht sagen, wer sein Auftraggeber ist.

Ein Maler im 15. Stock sagt nichts. Er holt Zeugnisse aus einer Plastiktüte, Zertifikate einer Kunstakademie, Fotos einer Ausstellung. Er will zeigen, dass er Künstler ist und kein Kopist.

Von der **Dachterrasse im 16. Stock** aus sieht man weit unten das Dorf. Die Regierung hat in Dafen auch ein Museum aus schwarzem Marmor finanziert, in dem gerade keine Bilder hängen. Sie hat in wenigen Kilometern Entfernung ein Copyright-Büro eingerichtet, in dem Maler Patente anmelden können. Nach dem Vorbild von Dafen wachsen überall im Land

NACH DEM VORBILD VON DAFEN WACHSEN ÜBERALL IM LAND KÜNSTLERDÖRFER. DER MARKT IST RIESIG.

Künstlerdörfer. Huang Jiang hat seine besten Leute an Chinas neue Offensive verloren. In Dafen wird diese Offensive von seiner ehemaligen Schülerin geleitet, das hat Huang inzwischen begriffen. Sie ist keine Ehemalige mehr, sondern eine Zukünftige. Sie ist seine Gegnerin, sie kämpft um die Macht. Aber einige seiner Kunden aus dem Westen sind noch da, er hat sein Atelier, er will nicht untergehen. Huang hat deshalb eine Schule gegründet, in der er nun den Nachwuchs unterrichtet.

SECHS KINDER UND JUGENDLICHE sind an diesem Morgen gekommen, sie zeichnen Kugeln und Dreiecke. Huang legt seine Hand auf die Staffelei eines Mädchens. Er fragt: »Warum ist der Kopf so dunkel?« Die Schülerin hört ihn nicht, die Musik aus ihrem Kopfhörer ist zu laut. Ihre Eltern zahlen umgerechnet 80 Euro im Monat, damit Huang ihr beibringt, wie man malt. Gerade zeichnet sie eine Büste ab, aber sie hat vergessen, das Licht neben dem Gipskopf anzuknipsen. Neben ihr liegt ein Buch mit Motiven, die sie künftig beherrschen soll: Venedig, ein Hummer, der Eiffelturm, nackte Putten. Huang knipst das Licht an. Es wirkt wie eine Verzweiflungstat. Huang hätte genug Wissen und Geld, um bei Chinas Kulturoffensive vorneweg zu laufen. Aber Huang ist zu alt, um sein Geschäft neu auszurichten, und er ist zu störrisch, um Platz zu machen.

Er hatte mit Dafen einen globalen Lieferdienst geschaffen, dessen Modell lange funktionierte. Der Westen bestellte, China produzierte. Huang ist es nicht gewohnt, dass sein Land Fragen stellt, auf die er Antworten finden muss.

Feng Jianmei kennt diese Fragen und gibt schnelle Antworten darauf. Sie sitzt in einem Konferenzzimmer in einem chinesischen Restaurant in der Nähe ihres Büros und hat den Tisch schwer beladen lassen, Morcheln in Sojasauce stehen darauf, Muscheln mit Knoblauch, Sprossen in Essig, eingeweichte Erdnüsse, Hühnchen, Seidentofu, grüne Bohnen, Rinderbrühe, Fischfrikadellen, Klebreis und blanchierter Kohl. Sie hat eine Künstlerin aus Shanghai eingeladen, die Dafens Kunst im Ausland bekannt machen soll. Sie soll mit einer Delegation Kunststudenten nach Europa reisen und Bilder ausstellen. Feng sagt: »Wir müssen chinesisch sein, aber nicht zu chinesisch.«

Sie muss den Geschmack treffen. Sie redet mit Architekten und Designern, sie besucht Messen und liest Mode-Blogs im Netz. Sie hat vier Kriterien entwickelt.

Erstens: Originale statt Kopien.

Zweitens: Helle Farben, weil es in China jetzt neue Wohnungen gibt.

Drittens: Lieber abstrakte Bilder als gegenständliche.

Viertens: Die Bilder müssen dem Betrachter eine Frage stellen. Die Frage lautet: Was siehst du in mir und warum? Feng ist während Chinas großer Öffnung unter Deng Xiaoping aufgewachsen. Sie sah, wie ihr Vater ein Telefon, einen Fernseher, ein Auto kaufte und das Leben immer besser wurde. Sie hat nie Repression gespürt, China erschien ihr als Land vieler Möglichkeiten. Sie verliebte sich in das Unfertige.

IHREN MANN lernte sie in einem Lovechat kennen, er war derjenige, der ihr das schlechteste Gedicht von allen schickte. Er schrieb: »Ich war ein Bettler auf der Straße, und als du vorbeigingst, warfst du eine Münze in die Luft, in der sich die Sonne spiegelte, und ihre Strahlen fielen auf mein Gesicht.« Feng gefiel, dass er etwas wagte. Sie sagt: »China ist ein selbstbewusstes Land, das die Kulturmodelle des Westens nicht spiegeln muss.« Huang, ihr Entdecker, sitzt auf einem Sofa aus lilafarbenem Plüsch in einem Restaurant mit westlichen Gerichten, in das er gern zum Mittagessen geht, und sagt: »Dieses Land ist zu schnell.« Er bestellt eine scharfe Nudelsuppe. Er wiederholt diesen Satz sehr oft. Huang würde den Lauf der Welt gern anhalten. Er kommt nicht mehr mit. Neulich beschloss er, zu Feng zu gehen und mit ihr darüber zu reden, wie es weitergehen könne. Es war sein erster Besuch bei ihr, er setzte sich auf ein Sofa, trank Jasmintee und sagte zu seiner ehemaligen Schülerin: »Schön hier.« Sie sagte: »Ja.« Er sagte: »Schön.« Sie fragte: »Brauchst du meine Hilfe?« Sie schwiegen. Der alte Mann wollte nicht zugeben, dass er die Hilfe der jungen Frau gut gebrauchen könnte. Die junge Frau wollte ihn nicht demütigen. So saßen sie einander ratlos gegenüber - wie Menschen, die wissen, dass sie sich von nun an aus dem Weg gehen müssen. Dann sprachen sie, um auf ein harmloses Thema auszuweichen, über die Safarilodge, die in der Mitte des Dorfes steht, und den Künstler, der darin lebt. Sie kamen überein, dass sich die Frage um Anerkennung im Dorf künftig nicht mehr nur zwischen ihnen entscheiden würde. Beide wussten, dass die Bilder, die sie produzieren, lediglich Dekoration sind, ein Produkt, immer noch kaum wertvoller als Plastikspielzeug. In der Mitte des Ölmalerdorfs lebt ein Chinese, der zeigt, wohin das Dorf sich in Zukunft entwickeln wird. Chen Qiuzhi, so sein Name, wohnt neben Huangs Galerie in einem Haus mit wehenden Vorhängen, das aussieht wie eine Luxus-Safarilodge. Der Staat hat den Bau dieses Hauses subventioniert. Wenn Dafens Kunden sich durch seine Gänge bewegen, sieht es aus, als bewegten sie sich durch eine Kathedrale. Der Künstler malt Kalligrafien, die chinesische und westliche Elemente vereinen; es sind großformatige Originale. Sie kosten umgerechnet bis zu 100.000 Euro.

Es gibt Maler im Dorf, die glauben, dass der Safarimann für die chinesische Mafia arbeitet; sie können sich seinen Erfolg nicht anders erklären. Seine Bilder sind keine Gebrauchsware. Es strahle von ihnen etwas Höherwertiges aus, sagen Kunden aus Shanghai, die in der Galerie vor einem Paravent stehen und versuchen, den Künstler zu fotografieren. Der Safarimann liegt hinter dem Paravent auf einer Bank in seinem Atelier und schläft. Wenn er wach ist, kann er Geschichten erzählen von Malern aus dem Dorf, die sich in seine Räume schleichen und seine Werke abfotografieren. Er ruft dann seine Angestellten und schickt sie hinaus in die Gassen. Sie sollen ihm die Diebe bringen. Er geht jetzt systematisch gegen Menschen vor, die versuchen, ihn zu kopieren.

KATRIN KUNTZ

ist Redakteurin beim Spiegel. Vor dem Spiegel arbeitete sie für die Süddeutsche Zeitung, Neon, Spiegel Online und Abendzeitung.

**KINDER
SUCHEN
AUF DER
GIGANTISCHEN
ELEKTROMÜLLHALDE
IN ACCRA NACH
WERTVOLLEM
MATERIAL –
FÜR SCHULE
UND ESSEN**

ALEXANDER
GÖBEL
ABOGBLOSHIE

MÜLLPLATZ
DER WELT

**50.000
MENSCHEN
LEBEN AUF
DER GRÖSSTEN
MÜLLHALDE
DER WELT –
TOXIC CITY.**

AGBOGBLOSHIE IN GHANAS Hauptstadt Accra ist eine der größten Müllhalden für Elektroschrott weltweit - und Heimat für 50.000 Menschen. Dort verbrennen die Bewohner alte Geräte, um Kupfer, Aluminium und Blei zu gewinnen. Der reiche Westen liefert den Schrott, der die Umwelt zerstört und die Menschen krank macht. Agbogbloshie - mitten in Ghanas Hauptstadt Accra. Ein absurder Ort. Wie das Ende der Welt. Wie ein Realität gewordenes apokalyptisches Gemälde von Dix oder Dürer. Hier an der Lagune liegt der größte Markt von Accra - für Gemüse und Obst, Fleisch und Fisch. Frauen mit Schüsseln auf dem Kopf balancieren durch das Chaos. An einer Ecke spielen zwei Männer Schach. Der fürchterliche Gestank vom Fluss nebenan scheint sie nicht zu stören. Eine zäh fließende Masse aus Fäkalien und Elektroschrott wälzt sich hier langsam von der Lagune ins Meer. Drüben auf der anderen Seite des Ufers stehen Kühe im Schlamm und fressen Gras, direkt neben einer Wellblechsiedlung – einem Slum, der tatsächlich »Sodom und Gomorrha« heißt.

»Der Rauch von den verbrannten Rechnern und Fernsehern ist so schwarz, dass man die Sonne nicht mehr sieht, an einem ansonsten eigentlich blauen Himmel. Man bekommt auch keine Luft mehr.«
»Das ist auf jeden Fall einer der schlimmsten Anblicke, die ich je gesehen habe. Ich stehe auf einem Berg von zerbrochenem Glas, … und jede Menge Kinder.«

AGBOGBLOSHIE – eine der größten Müllhalden für Elektroschrott überhaupt. 50.000 Menschen leben hier, darunter viele Kinder. Immer wieder höre ich den Begriff »Toxic City«, giftige Stadt. Das riesige Gelände erstreckt sich über mehrere Quadratkilometer. Schrott und Müll bis zum Horizont. Der Schwefel beißt in meinen Augen, im Hals und in der Lunge kratzt es wie eine konstante Überdosis Tränengas, das Atmen fällt schwer. Meine Haut juckt und brennt, auf meiner Zunge liegt ein metallischer Geschmack, mein Kopf dröhnt. An vielen Stellen werden tonnenweise Elektrogeräte verbrannt. Grellgrüne Flammen steigen meterhoch auf und verursachen riesige Wände von giftigem, dickem, schwarzem Qualm. Die Menschen schmelzen Kabel und Platinen – so ge-

winnen sie das Gold der Armen: Kupfer, Aluminium, Blei. Begehrte Rohstoffe für die Industrie.
Badugu, 25 Jahre alt, kann nicht sagen, wie lange er hier schon Kupferspulen und Platinen aus alten Radios herausholt – nur, dass er keine andere Wahl hat.

»HEUTE LÄUFT ES SCHLECHT, ich habe heute noch nichts verdient. Der Rauch, der macht mich krank. Ich habe Probleme beim Atmen. Aber was soll ich machen – ich brauche Geld, und deswegen muss ich es hier weiter versuchen.« Nebenan sind kleine Jungs damit beschäftigt, alte Fernseher zu zerlegen. Mit Steinen zerschmettern sie die Bildschirmröhren,

dahinter liegen die Kupferteile und Platinen. Manchmal ziehen sie auch Lautsprechermagneten an einer Schnur hinter sich her und wandern stundenlang über das Gelände – am Magneten bleiben immer ein paar Metallteile haften. Ihre Beute – Platinen, Schrauben, Aluminium, Kupfer – verkaufen sie bei den Händlern nebenan: umgerechnet für ein paar Eurocent. Mit Plastiksandalen und zerrissenem T-Shirt steht Peter in einem Berg von Scherben, alten Gefriertruhen, Kopiergeräten und Autobatterien, zu seinen Füßen rosa Tonerfarbe auf dem schwarzen Boden. Peter ist elf Jahre alt, sein Körper höchstens der eines Fünfjährigen. Peter wirft die Reste einer

Kühlschrankisolierung in die Flammen. Hier verbrennt er DVD-Player und alte Bildschirme. Dann zeigt er seine von Glas und scharfen Metallkanten zerschnittenen Arme und Beine. Und er klagt über Kopfschmerzen. Wie krebserregend die Dämpfe sind, die er jeden Tag einatmet, weiß er nicht – er weiß nur, dass viele Kinder auf dem Schrottplatz deswegen keine Luft mehr bekommen und Blut spucken. Manche, erzählt Peter, hätten auch Probleme mit den Augen. Auch seine Geschwister arbeiten hier. Peters Mutter verkauft Süßigkeiten an der Straße. Wo sein Vater ist, weiß er nicht. Was immer er verdient, will er seiner Mutter geben – und seine Schulbücher und den Lehrer bezahlen. Wenn er einen Cedi für seinen gesammelten Metallschrott bekommt, ist er zufrieden. Mit zwei Cedi - nicht einmal einem Euro – wäre er richtig glücklich.

»ALLES WAS SIE SUCHEN, steckt in den Monitoren. Und bis sie da rankommen, müssen sie das Glas zertrümmern und alles verbrennen. Am Ende setzen sie für ein paar Cedi ihr Leben aufs Spiel. Sie wissen nicht, wie viel Blei im Glas der alten Bildschirme steckt. Und wie viel von diesen sogenannten Poly-Brom-Diphenyl-Ethern frei wird, wenn Plastik verbrennt. Diese Stoffe stecken als Brandschutz im Kunststoff – und wenn sie brennen, sind sie krebserregend. In vielen europäischen Staaten sind sie längst verboten! Die Kinder, die hier vor uns stehen, sind vielleicht vier Jahre alt. Schau sie dir an! Ihre Nasen laufen, sie husten. Alle haben trübe und verfärbte Augen. Daran erkennt man Nieren- und Leberschäden. Viele Kinder sind so dermaßen krank, weil sie ständig diesem Zeug hier ausgesetzt sind, dem Elektroschrott aus den Industrieländern.« Der ghanaische Umweltaktivist Mike Anane. Kaum jemand kennt Agbobloshie besser als er. Seit vielen Jahren kommt er regelmäßig hierher.
»From Germany, from Denmark, China, all the world's computers, TV sets, e-books...they all come here to die!«

ÜBERALL GLAS UND DIE KINDER LAUFEN HIER BARFUSS ODER OHNE FESTE SCHUHE HERUM.

Mike Anane spricht mit den Kindern, den Erwachsenen und sammelt Beweise. Dafür, dass vor allem der reiche Westen seinen Elektroschrott in Afrika ablädt. Dass dieser Müll die Umwelt zerstört und die Menschen krank macht.

»Wann hört das endlich auf? Wie lange soll das noch weitergehen? Es ist eine Katastrophe. Überall Glas und die Kinder laufen hier barfuß oder ohne feste Schuhe herum, ohne Schutz. Wer sich hier verletzt, holt sich Tetanus und noch ganz andere Sachen.«

Als wollte er Mikes Befürchtung noch unterstreichen, zeigt mir der zwölfjährige James, wie er seine Verletzungen behandelt: Damit es aufhört zu bluten, stopft er einfach den verseuchten Sand in die Wunde. Agbobloshie habe sich sehr verändert, erzählt Isaiah. Er ist 16 und kommt schon seit acht Jahren hierher zum Arbeiten. Mittlerweile gebe es hier sehr viel mehr Schrott als früher – aber die Konkurrenz durch die anderen Kinder sei größer geworden – alles Jungs aus dem bettelarmen Norden Ghanas.

»All the metals are coming down. So many more people.«

Als seine Geschäfte noch besser liefen, hat er seiner Mutter Geld schicken können – der Rest war für die Schule. Für Bücher, für das Essen, die Schuluniform. Irgendwann, sagt er, irgendwann will er aufhören, und eines Tages Arzt werden. Bildung sei doch so wichtig. Doch seine Mutter braucht seine Hilfe, und er will endlich auf eine bessere Schule. Deshalb will Isaiah hier weitermachen. Auch wenn er genau weiß, wie gefährlich es ist. Auch wenn er von den großen Jungs verprügelt wird. Trotz monatelanger Nachfragen, Anrufe, E-Mails, trotz persönlicher Spontanbesuche, Herumfragen von Büro zu Büro: Interviews gibt es keine. Nicht mit der AMA, der Stadtverwaltung von Accra und auch nicht mit Ghanas Umweltschutzbehörde EPA, der Environmental Protection Agency. Wer genau wissen will, wie der Elektroschrott nach Ghana und schließlich auf die Müllkippe kommt, muss vorsichtig sein – in Ghana redet niemand gern darüber. Außer Mike Anane.

»Früher wurde viel Elektroschrott nach Nigeria gebracht. Aber die letzten Jahre haben gezeigt: E-Waste geht dorthin, wo die Wirtschaft brummt, wo Wachstum ist. Im Hafen von Accra geht es zu wie im Taubenschlag, hier werden extrem viele Waren umgeschlagen. Bei den Massen an Containern ist es ein Leichtes, eben nicht nur als solche deklarierte Secondhand-Elektrogeräte, sondern auch einfach Elektroschrott zu versetzen.«

DAS BASELER ÜBEREINKOMMEN, das auch Deutschland unterschrieben hat, verbietet den Export von Technikmüll aus Europa. Dennoch landen pro Monat rund 500 Container mit Elektrogeräten in Agbogbloshie. Als gebraucht deklariert und damit völlig legal. Manche Exporteure glaubten wohl, sie würden den Afrikanern damit noch etwas Gutes tun, sagt Mike Anane. Anderen gehe es einfach nur ums Geschäft. Mit den Gebrauchtgeräten ließen sich Millionen verdienen, erklärt Mike. Ob sie nun funktionierten, oder nicht. Es gebe zwar vorbildliche Recyclingbetriebe in der EU – vor allem in Deutschland. Doch die sogenannte Entsorgung laufe in den meisten Industrieländern falsch. Denn: Warum Geld fürs Recycling bezahlen, wenn man doch für das Schrottdumping in Afrika auch noch Geld bekommt?

»Über die Jahre habe ich feststellen müssen, dass viele Recyclingfirmen für den illegalen Handel mit E-Waste mitverantwortlich sind. Manche von ihnen machen eine Menge Geld damit. Und es ist ihnen egal, dass Ghana dann mit dem Schrott allein gelassen wird. Wir haben hier keine Chance das Zeug anständig und sicher zu entsorgen!«

Verkauft wird die Elektroware in den Stadtvierteln rund um den Schrottplatz. Hier haben sich ganze Straßenzüge von Geschäften angesiedelt, die damit handeln.

»Agbogbloshie existiert in dieser Form schon so lange, wie es den Handel mit Elektroschrott gibt - vielleicht neun oder zehn Jahre. Diese Händler hier sind da, weil es Agbogbloshie gibt. Sie wissen, dass sie dort immer noch ihr Zeug loswerden. Es ist eine traurige Symbiose: Was kaputt ist, verkaufen sie an die Scrap Boys, die Kinder auf dem Schrottplatz.«

ROCKSON VERKAUFT ALLES: alte Aircondition-Teile, Autobatterien, Mikrowellen. Der angebliche Renner: Flachbildschirme, gebraucht und wie neu, sagt der Händler, für 200 Cedi, also knapp 100 Euro. Rocksons Ware kommt vor allem aus Italien. Der hintere Teil des Lagers ist vollgestopft mit alten italienischen Zeitungen. Die dienten mal als Isolierung im Container.

»Es ist ein gutes Geschäft. In Ghana mögen wir gebrauchte Produkte, die neuen sind zu teuer. Wir kaufen keine Originale, denn wir müssen immer damit rechnen, dass diese Originale eigentlich fake sind, also billige Kopien aus China, für die wir viel Geld bezahlen sollen, als wären sie echt. Da halten wir uns lieber an die Secondhand-Ware aus Europa und so weiter. Ein neuer Marken-CD-Player kostet vielleicht 600 Cedi, also knapp 300 Euro, ein gebrauchter nur noch die Hälfte.«

Ich entdecke Waren aus Deutschland – sehr zur Freude des Händlers – Akku-Handstaubsauger nass und trocken.

»This is German. Is this good quality? Yes, very good!«

Rockson muss seine Ware schnell loswerden, nächste Woche kommen wieder zwei Container Gebrauchtgeräte. Nicht immer funktionieren die Sachen; das gibt auch der Händler zu. Testen sei am Hafen in Accra nicht möglich. Bei manchen Geräten seien die Kabel abgeschnitten.

»Wir kaufen im Hafen vom Importeur. Manchmal bringt man uns die Ware auch direkt und dann einigen wir uns auf einen Preis, von dem alle etwas haben. Wir kaufen en gros, das bedeutet, wir müssen den ganzen Container kaufen, gewissermaßen die Katze im Sack, alles ungeprüft. Bevor wir verkaufen, testen wir natürlich. Aber wenn die Sachen kaputt sind, werden wir sie trotzdem los. Da kann immer noch jemand was mit anfangen.«

Ein paar Straßen weiter entdecke ich einen Händler, der sich auf Ware aus Deutschland spezialisiert hat. Ganz offensichtlich ausrangierte Technik aus deutschen Büros.

»Also hier sind Flachbildschirme mit einer deutschen Server-Notfallnummer. Das sind Bürobildschirme auf jeden Fall.«

Von außen ist den Geräten wenig anzusehen, außer, dass sie zehn, 20 Jahre alt sein müssen. Doch Umweltexperte Mike Anane ist sicher: alles Schrott. E-Waste.

»Also, es ist doch offensichtlich, dass die meisten Geräte nicht funktionieren, bestimmt 80 Prozent Schrott. Die Sachen stehen in der Sonne, im Staub. Selbst wenn sie funktionieren sollten, dann nicht lange. Und dann landen sie in Agbogbloshie, wo sich dann die Kinder darum kümmern und alles auseinandernehmen.«

ES SIND KINDER und Jugendliche wie Maxwell, 18 Jahre alt. Mit seinen Freunden verbrennt er Heizungen und Autoteile. Seine Augen sind gespenstisch gelb. Ein untrügliches Zeichen für schwere Organschäden.

»Ich komme aus dem Norden Ghanas, wie die meisten hier. Meine Eltern haben es schwer, deshalb muss ich hier arbeiten. Ich habe mit der Schule aufhören müssen, weil das Geld einfach nicht reicht. Dieser Ort hier ist ein Segen, weil ich etwas Geld

verdiene. Aber er ist auch ein Fluch, weil meine Augen immer schlechter werden. Nachts kann ich nicht schlafen, ich habe schlimme Kopfschmerzen. Irgendwann will ich mit dieser Schufterei aufhören, wenn ich denn etwas Besseres finde. Ich habe große Angst zu erblinden.«

»Für mich ist das alles nur noch schwer zu verstehen, es ist eben eine zynische, eine zerstörerische Logik: Niemand will giftigen Elektroschrott in seinem Garten. Und dieses Zeug landet dann eben hier, wo niemand Fragen stellt. Es ist ein Teufelskreis, der niemals endet. Aber Europa und der Rest der Welt dürfen nicht länger Vogel Strauß spielen und so tun, als wäre nichts. Jeder weiß, dass E-Waste illegal hierher gebracht wird. Und jeder weiß, dass Ghana keine Möglichkeiten hat, diesen Müll entsprechend zu entsorgen oder zu recyceln. Es ist eine moralische Frage, ob man den Schrott dann trotzdem hierher bringt. Wenn Europa diesen Giftmüll nicht will, ist das eine Sache, aber dann sollte Ghana ihn nicht abbekommen!«

WIR SOLLTEN ÜBERLEGEN, WAS WIR WIRKLICH BRAUCHEN – ALLES LANDET HIER.

MIT EINER METALLSTANGE stochert Maxwell in einer brennenden Klimaanlage herum. Mit bloßen Händen zieht er die glühend heißen Metallteile auseinander, die im Feuer vor sich hin schmurgeln. Nebenan im beißenden Rauch stehen junge Frauen. Sie verkaufen Wasser in kleinen Beuteln. Nicht zum Trinken, sondern um die Drähte und Kupferspulen abzukühlen. Ein kleines Mädchen, vielleicht zwei Jahre alt, stolpert auf mich zu, ohne Sandalen und ohne Windel – es sucht nach seiner Mutter. »Verbraucher sollten sich überlegen, was sie wirklich brauchen. Sie sollten wissen, wie giftig ihre elektrischen Geräte sind und wie groß das Problem wird, wenn diese Geräte irgendwann nicht mehr funktionieren. Wer ein Elektrogerät kauft, sollte prüfen, wo er es später umweltverträglich entsorgen kann – wobei ich diesen Begriff überhaupt nicht mag – entsorgen. Jeder muss sich darüber im Klaren sein, dass sein

FRISCHE
KOKOSNUSS
ZWISCHEN
GIFTIGEM
ELEKTRO-
SCHROTT

Mobiltelefon, sein Drucker, sein Kühlschrank möglicherweise nach Afrika gelangt, wo sich dann am Ende
der Wertschöpfungskette kleine Jungs darum kümmern – auf ihre Art.«

ICH BEKOMME LANGSAM KEINE LUFT MEHR, die
Kopfschmerzen sind kaum noch zu ertragen. Im Sonnenuntergang kommt mir Joshua entgegen, fünf Jahre alt, ein kleiner Junge mit leerem Gesicht. Auf dem
Kopf trägt er eine Blechschale mit einer Plastiktüte.
Joshua ist auf dem Weg zur Arbeit auf dem Schrottplatz. Und er ist völlig verzweifelt: Die großen Jungs,
erzählt er, hätten ihm gerade seinen Lautsprecher-

magneten weggenommen: sein Arbeitsgerät. Und
dann finde ich noch die Reste eines Kopierers aus
Köln. Auf einem Aufkleber an der Seite ist zu lesen:
»Dieses Kopiergerät ist für den Gebrauch von recy-
celbarem Papier geeignet.«

ALEXANDER GÖBEL

Hörfunkjournalist des NDR, studierte Amerikanistik, Politik,
Geschichte und VWL in Bonn, Köln und in den USA. Neben
dem Studium arbeitete er als freier Mitarbeiter bei dem
TV-Sender PHOENIX, dem WDR, für die Tagesschau (ARD-
Aktuell) und TV-Produktionsfirmen in Washington, D.C.. Seit
2003 konzentrierte er sich auf zahlreiche Afrikaprojekte.
2009 wechselte Alexander Göbel ins ARD-Studio für Nord-
und Westafrika nach Rabat.

DIE KÖRBE
MIT DEM
SCHWEFEL
HABEN BIS
ZU 90 KILO
GEWICHT

BENJAMIN
DANIEL
JAVA

IM ATEM DES VULKANS
ARBEITEN IN DER HÖLLE

MIT ALLER WUCHT versuche ich die schwere Metallstange in den Vulkanboden zu rammen. Die Schwefelplatte will einfach nicht auseinanderbrechen. Meine Hände schmerzen. Von meiner Stirn perlen Schweißtropfen. Dichter, gelber Rauch dringt aus einer Felsspalte. Ein lautes Fauchen durchschneidet das konstante Knister- und Brodelgeräusch.

Hier unten, im Vulkankrater, sind es 40 Grad. Der Gestank und die Hitze sind kaum auszuhalten. Rudi, neben mir, trägt sogar einen Pullover. Ihm scheint das alles wenig auszumachen. Der 32-jährige ist Schwefelstecher im Kawah Ijen – einem der aktivsten Vulkane Indonesiens. Wer hier arbeitet, sagt er, braucht die Hölle nicht zu fürchten. Hunderte Männer besteigen täglich den Gipfel und klettern dann herab in den Krater, um das gelbe Gold abzubauen. Heute darf ich ihnen dabei helfen. Wir drehen eine Reporta-ge für das ZDF Auslandsjournal. Dafür arbeite ich mit bei den Schwefelstechern in Indonesien – einer der anstrengendsten Tage in meinem Leben.

Sechs Stunden zuvor war ich noch frohen Mutes. Es ist 1 Uhr 30 morgens. Ich habe gerade mal zwei Stunden geschlafen. Zu groß war die Aufregung vor dem heutigen Abenteuer. Der Vollmond erstrahlt über der bergigen Landschaft. Am Fuße des Vulkans treffen wir eine Gruppe von Schwefelstechern. Es ist kalt und dunkel. Mein Kameramann und ich stellen uns den Männern auf Englisch vor – doch auch wenn wir unser nettestes Lächeln aufsetzen, werden wir erstmal von den müden, schüchtern wirkenden Augenpaaren angestarrt. Die meisten Arbeiter haben noch nie einen Europäer gesehen, geschweige denn, einen 2,03 Meter großen Mann wie mich. Über unsere Producerin vor Ort stehen wir seit Wochen in Kontakt mit Rudi. Er ist so etwas wie der Vorarbeiter der Gruppe und wird mich heute an die Hand nehmen.

HIMMEL UND HÖLLE LIEGEN AN KEINEM ORT DER WELT SO NAH BEIEINANDER WIE IM KAWAH IJEN.

Der 32-jährige Indonesier ist etwa 1,60 Meter groß, hat einen muskulösen Oberkörper, trägt einen zerrissenen Pullover und kaputte Gummistiefel. Ausgerüstet mit Kopflampen und Tragekörben stapfen wir los. Unser Ziel: soviel Schwefel wie möglich abbauen. Vier Kilometer sind es bis zum Gipfel. Dreieinhalb Stunden Fußmarsch. Auf dem Weg kommen uns schon die ersten Arbeiter mit vollen Tragekör-ben entgegen. Während ich noch darüber nachdenke, wann diese Männer wohl aufgestanden sein müssen, erreichen wir den Gipfel des Vulkans. Angekommen auf 2.400 Metern. Die Sonne geht langsam auf. Ein wunderschöner Anblick. Die hellen Strahlen bahnen sich ihren Weg durch den dichten Nebel, der die saftig-grüne Dschungellandschaft überdeckt. Wir setzen uns auf den Boden. Eine letzte Rast, bevor die eigentliche Arbeit beginnt. Die Schwe-felstecher sind eine verschworene Gemeinschaft. Alle kauern sich eng zusammen, um ein wenig Wärme zu speichern. Es sind ja auch »nur« 20 Grad Celsius. Die Luftfeuchtigkeit beträgt 90 Prozent. Durch den Marsch fühle ich mich jetzt schon wie nach einem türkischen Dampfbad. Doch die indonesischen Arbeiter sind ganz andere Temperaturen gewöhnt. Die Männer nutzen jede Pause, um eine Nelkenzigarette zu rauchen. Sie vertreibe den Schwefelgeschmack im Mund. Einer der Arbeiter gesellt sich zu mir und erklärt: »Wenn du hier arbeiten möchtest, musst du ein ganzer Mann sein. Du musst die widrigen Bedingungen akzeptieren. Das Wichtigste ist der Zusammenhalt unter uns Arbeitern. Wenn die Gemeinschaft stimmt, ist alles halb so schlimm.« Ihre gute Laune verblüfft mich ein wenig. Die Männer haben sich offenbar mit dem Leben am Vulkan arrangiert. Für sie und die anderen Anwohner ist der Ijen Fluch und Segen zugleich.

DIE SCHWEFELDÄMPFE verpesten die Luft in der gesamten Region. Bei der letzten Eruption im Jahr 2002 begruben Schlammlawinen Felder und ganze Ortschaften unter sich. Andererseits beschert die Asche gute Ernten. Sie düngt Zuckerrohrfelder, Kaffeeplantagen und Reisterrassen rund um den Vulkan. Außerdem lockt der Ijen Individualtouristen an und schafft so Arbeitsplätze. Um den steilen und gefährlichen Abstieg vom Gipfel in den Vulkankrater, wo der Schwefel abgebaut wird, zu wagen, sollte man hartgesotten sein. Eine Eigenschaft, die mich nicht unbedingt treffend beschreibt – doch welche Wahl habe ich schon? Jetzt umkehren? Was würden die Männer von mir denken? Also klettern wir mit unseren noch leeren Körben auf der Schulter los. Ein Sturz würde Knochenbrüche bedeuten oder den Tod bringen. Jedes Jahr verunglückt ein Dutzend Männer. »Keine Angst, der Rückweg ist um einiges schlimmer«, versichert mir Rudi. Das sind ja tolle Aussichten. Auf halber Strecke abwärts verrät er mir ein Sprichwort, das die Arbeiter zu sagen pflegen: »Himmel und Hölle liegen an keinem Ort der Welt so nah beieinander wie im Kawah Ijen«. Als mein Blick von oben nach unten wandert und ich den gelb dampfenden Vulkanschlund beobachte, wird mir sofort klar, was die Arbeiter damit meinen. Nach einer gefühlten Ewigkeit erreichen wir endlich die Mine im Krater des Vulkans. Die Hitze, gepaart mit dem Gestank nach faulen Eiern, ist erdrückend. Aus Erdspalten strömt Schwefelgas; giftig und mehr als 200 Grad heiß. Metallrohre leiten die Dämpfe direkt an den Abbauplatz, wo er in flüssiger Form ankommt. An der Luft trocknet die kondensierte, rote Brühe innerhalb von Minuten. Es geht zu wie auf einem Ameisenhaufen. Alle wollen möglichst schnell, möglichst viel Schwefel herausbrechen. Je mehr man ins Tal schleppt, desto mehr Geld gibt es. Als ich mich gerade mit dem

JEDES JAHR VERUNGLÜCKEN **EIN DUTZEND MÄNNER** AM **KAWAH IJEN**

Gedanken anfreunde, mir die nächste, wohlverdiente Verschnaufpause zu gönnen, brüllt mir Vorarbeiter Rudi ins Ohr: »Schnapp dir eine Metallstange und mach die Körbe voll. Aber Vorsicht: Berühre auf keinen Fall den flüssigen Schwefel. Der ist bis zu 200 Grad heiß«. »Ok«, denke ich, »jetzt reiß' dich zusammen und zeig' denen, dass auch ein Westerwälder ,Basaltkopp' hart im Nehmen sein kann«. Zugegeben: Mein Motivationshoch währte ganze zehn Minuten.

Wieder und wieder hatte ich die schwere Eisenstange in den mit getrocknetem Schwefel bedeckten Boden gestoßen, um kleine Brocken herauszubrechen und in die Tragekörbe zu packen. Die harten Platten auseinander zu stemmen kostet sehr viel Kraft. Diese verließ den »Rakasa dari Jerman«, den Riesen aus Deutschland, dann auch rasch, was der allgemeinen Belustigung äußerst zuträglich zu sein schien. Viel zu lachen haben die Männer hier unten sonst nicht. Rudi arbeitet hier schon, seit er 16 ist. Ihm ist klar, dass die Schwefeldämpfe Haut und Lunge verätzen. Alle Arbeiter wissen das. Schutzmasken oder Handschuhe können sich die wenigsten leisten. Die meisten stecken sich nasse Lappen in den Mund. Doch auch das verhindert nicht, dass der gefährliche Dampf in die Atemwege dringt. Kaum einer erlebt seinen 50. Geburtstag.

Da ich erfahren will, wie sich die Arbeit anfühlt, habe ich mich gegen Schutzkleidung entschieden. Mein Arzt hatte mir versichert: Ein Tag hinterlässt keine bleibenden Schäden. Die Lebenserwartung eines Schwefelstechers liegt zehn Jahre unter indonesischem Durchschnitt. Ein Fakt, den die Arbeiter im Vulkanschlund lieber totschweigen.

IM DURCHSCHNITT VERDIENT EIN SCHWEFELSTECHER UMGERECHNET SIEBEN EURO PRO TAG.

GROSSE GEFAHR birgt außerdem der 200 Meter tiefe, türkisfarbene See, der den Kraterboden füllt und an dessen Ufer die Männer das gelbe Gold abbauen. Geologen bezeichnen ihn als größtes Säurefass der Erde. Er ist gefüllt mit einem Gemisch aus ätzender Salz- und Schwefelsäure, das bei einem Vulkanausbruch wie eine Fontäne nach oben schießt. Die Angst, erzählt Rudi, sei ein ständiger Begleiter: »Natürlich habe ich Angst. Der gefährliche Abstieg, die giftigen Dämpfe und die Gefahr, dass der Vulkan wieder ausbricht – das macht mir sogar große Angst. Aber nur so kann ich meine Familie durchbringen und gutes Geld verdienen. Auch wenn ich nicht mehr da bin, wird es ihnen gut gehen.«

Im Durchschnitt verdient ein Schwefelstecher umgerechnet sieben Euro pro Tag – dreimal soviel wie ein Reisbauer. Die Bevölkerung Javas ist sehr arm.

130 Millionen Menschen leben auf der Insel, die gerade mal ein Drittel so groß wie Deutschland ist. Dennoch gilt sie als die fortschrittlichste Indonesiens. Die niederländischen Kolonialherren haben die Plantagewirtschaft Anfang des 19. Jahrhunderts eingeführt. Seither floriert der Handel mit Zuckerrohr, Tee, Kautschuk, Kaffee und Chinin. Trotz der vergleichsweise starken Wirtschaft sind gut bezahlte Jobs auf Java rar.

Auch deshalb zieht es die armen Teufel aus den Orten rund um den Kawah Ijen seit fast 50 Jahren in den Krater. Manche sind erst seit Kurzem dabei und können sich nicht einmal die Tragekörbe leisten. Sie schlagen die gelben Brocken klein und packen sie in Säcke. Mit bis zu 100 Kilogramm Schwefel auf dem Rücken machen sich die Arbeiter dann auf den Weg. Zum Teil tragen sie das Doppelte ihres Körpergewichts. Insgesamt schleppen die Männer acht Tonnen Schwefel ins Tal – jeden Tag. Ein Großteil wird in Fabriken am Fuße des Vulkans zum Bleichen von Zucker verwendet. Den Rest bringen LKW in die nahe gelegene Stadt Surabaya. Chemie- und Pharmazie-Unternehmen stellen daraus Medikamente, Dünger, Streichhölzer oder Autobatterien her. Da Schwefel Abfallprodukt der Erdölindustrie ist, könnten die Firmen den Rohstoff auch billig importieren. Die Minenarbeiter im Vulkanschlund zu beschäftigen, ist allerdings noch günstiger.

MEIN VERSUCH, die übliche Ladung hochzustemmen, scheitert kläglich. Stattdessen trage ich ein Drittel des normalen Gewichts. Dennoch erscheint mir der Gedanke, aufzugeben, immer attraktiver. Mit Blick auf die anderen reiße ich mich zusammen. Ihre Körbe sind viel praller gefüllt, die Arbeiter sind wesentlich kleiner als ich, manche klettern barfuß an mir vorbei. Keiner der Männer ist versichert. Es gibt kein Krankengeld. Nicht mal einen Arbeitsvertrag. Und doch tun sie sich das an. Für einen bestimmten Moment: Ankunft an der Wiegestation. Gezahlt wird pro Kilogramm. Die meisten bringen es auf 70–90. Ich quetsche mich mit letzter

Kraft durch das Spalier aus Schwefelstechern. Die gelben Brocken wippen mit jedem Schritt auf meiner Schulter. Alle blicken gebannt auf die Waage, die bei mir gerade mal 26 Kilogramm anzeigt. Mein Verdienst: Umgerechnet nicht mal zwei Euro. Die Karriere als Schwefelstecher sollte ich wohl besser nicht antreten. Prompt ernte ich den freundlich gemeinten Spott der Kollegen: »Dafür bekommst du hier nicht mal zwei Schachteln Zigaretten.« Rudi hingegen hat es heute auf 87 Kilo gebracht. Manchmal macht er den Trip sogar zweimal am Tag. In seinem Dorf wird er als Held gefeiert. Seine Frau und die drei Kinder leben in einem eigenen kleinen Haus. Ein Privileg,

das sich die wenigsten leisten können und eines, für das Rudi einen sehr hohen Preis zahlt. Das ganz große Geld verdienen natürlich die Firmen, die den gelben Rohstoff von den Arbeitern kaufen und weiterverarbeiten. Die Nachfrage steigt jedes Jahr. Und so werden die Schwefelminen vom Kawah Ijen auch weiterhin Familien absichern und das Leben vieler Väter vorzeitig beenden.

BENJAMIN DANIEL

ist freier Journalist. Er studierte Politikwissenschaften und Amerikanistik in Mainz. Seit 2011 arbeitet er als Redakteur, Reporter und CvD in der Hauptredaktion Politik und Zeitgeschehen des ZDF und reist u.a. für das »auslandsjournal« um die Welt.

BENJAMIN DANIEL MIT 26 KILO SCHWEFEL, FÜR DIE ER 2 EURO ERHÄLT

PROF.DR.
ULRICH WALTER
WELTRAUM

ABGESCHNITTEN VON DER WELT

KENNEDY SPACE CENTER, FLORIDA/USA, Shuttle Launch Pad 39A, 26. April 1993, 9:50h EST (Eastern Standard Time, Standardzeit an der Ostküste der USA). Da liege ich nun, auf dem Rücken, die Beine angewinkelt nach oben, etwa 60 Meter über der Erde im Middeck unserer Columbia, eine der amerikanischen Raumfähren, die uns sieben Astronauten in wenigen Sekunden in den Weltraum bringen soll. Dies ist der Ort und der Zeitpunkt, auf den ich jahrelang hingearbeitet habe. Ich schließe das Visier und ... höre nichts mehr! Nur noch den aufs Notwendigste reduzierten, stakkatoartigen Funkverkehr des Air-to-Ground kann ich wahrnehmen. Man ist wie von der Außenwelt abgeschnitten. Man hört nichts mehr und im Middeck, wo mein Platz beim Start ist, sieht man auch nichts, bis auf die Schubladenwand vor, beziehungsweise über einem, auf die man dauernd starren muss und von der man hofft, dass sie beim Start nicht zufälligerweise eine ihrer Schubladen entlässt.

Doch dann der Start! Sechs Sekunden vor dem Abheben werden die drei Flüssigkeitstriebwerke am Shuttle gezündet. Die drücken die Spitze des Shuttles nach vorn, weil die Bolzen, die das System noch am Boden halten, an den beiden weißen, einige Meter abgesetzten Feststoffboostern angebracht sind. In diesen 6 Sekunden schwingen die Astronauten wie in einer Schiffsschaukel zunächst etwa 1,5 Meter nach vorn – was man deutlich spürt – und dann wieder zurück. Dabei vibriert und schüttelt das Shuttle dermaßen, dass es einem durch Mark und Bein geht, genauso wie bei einem Erdbeben. Ich, der drinnen sitze, höre nichts von dem überwältigenden Gedonner, das draußen den Zuschauern das Zwerchfell beben lässt (das IMAX-Kino übertreibt hier etwas) und vom hellen, peitschenden Krachen der Feststoffbooster (das ich andererseits im IMAX vermisse). Und dann hört man über Funk nur: »SRB Ignition – Lift-Off!«. Das Shuttle hat abgehoben ... und was spürt man? Von 3g, der berüchtigten starken Beschleunigung von der dreifachen Stärke der Erdanziehung, keine Spur! Der Schub der Antriebe, immerhin zweimal 1.200 Tonnen Schub der beiden Feststoffraketen plus dreimal 185 Tonnen Schub der drei Flüssigkeitsantriebe, übersteigt die 2.000 Tonnen

DER START IST EIN RITT WIE MIT 100 SACHEN ÜBER KOPFSTEINPFLASTER.

des ganzen Systems zwar um großzügige 50 Prozent; aber die Beschleunigung ist nicht stärker als die bei einem Flugzeugstart.

Die Feststoffraketen sind jetzt die Arbeitspferde, die das Shuttle durch die Wolkendecke drücken und ihre Urgewalt bestimmt das Erlebnis der ersten zwei Minuten des Aufstiegs. Ihr leicht ungleichmäßiges Abbrennen, bedingt durch eine inhomogene Verteilung des Treibstoffes, versetzt dem Shuttle schnelle, starke Beschleunigungsschläge, die es durch und durch erschüttern und zu unregelmäßigem Schwingen anregen. Alles an Bord des Shuttles wird gnadenlos durchgeschüttelt. Es ist ein Ritt wie mit 100 Sachen über Kopfsteinpflaster – und es herrscht schweigende Stille. Nur ganz wenige Worte werden zwischen der Missionskontrolle und dem Commander gewechselt. Jeder der Beteiligten weiß, dass dies der mit Abstand kritischste Moment der ganzen Mission ist. Wenn jetzt etwas Unvorhergesehenes passiert, gibt es absolut keine Rettung. Auch die vielen Verbesserungen nach der Challenger-Katastrophe haben daran nichts geändert. Feststoffraketen sind wie Silvesterraketen – sie lassen sich nicht abschalten. Selbst ein Absprengen der Booster würde nichts helfen! Ihre Schubkraft ist so enorm, dass der hohe Luftwiderstand beim plötzlich ausbleibenden Schub dem ganzen Shuttlesystem einen solchen Schlag versetzen und das gesamte Shuttle auseinander brechen würde! Sollte sich also, wie damals bei Challenger, der Feuerstrahl eines porös gewordenen Boosters wie ein Schneidbrenner in den externen Tank brennen – es ließe sich damals wie heute nichts dagegen tun. In diesen zwei Minuten ist die Besatzung dem Shuttle auf Gedeih und Verderb ausgeliefert. Daher diese schweigende Stille.

AB JETZT KEIN ZURÜCK MEHR

Die Beschleunigung, die Kraft, mit der man in den Sitz gepresst wird, hat zwischenzeitlich in dem Maße langsam zugenommen, in dem das Shuttlesystem um den abgebrannten Treibstoff leichter geworden ist. Kurz vor dem Abschlussbrand der Feststoffbooster, genau zwei Minuten nach dem Abheben, sind 1,8g erreicht. Der Schub der ausgebrannten Booster geht schnell auf Null zurück und gleich darauf werden sie abgesprengt. Ist das vorüber, geht eine Art Aufatmen durch das Shuttle. Der eine oder andere kann sich ein »Yeahhh …« nicht unterdrücken und jeder denkt ge-

DER ASTRONAUT
ULRICH WALTER
BEI SEINER
D-2 MISSION
MIT DEM
SPACESHUTTLE
COLUMBIA

nauso: Die Gefahr ist vorbei! Die Probleme, die jetzt noch auftreten könnten, lassen sich alle irgendwie meistern, sie wären nicht mehr so lebensbedrohlich. Nach diesem befreienden Schubloch, in dem die Booster abgesprengt wurden, erzeugen nur noch die Flüssigkeitsantriebe den Schub. Ihr Abbrand ist wesentlich gleichmäßiger als der der Booster. Man hat außerdem schon die dichten, turbulenteren Bereiche der Atmosphäre verlassen. Es sind kaum mehr Vibrationen zu spüren. Die ganze harmonische Kraft der Antriebe äußert sich jetzt ausschließlich in dem stetig zunehmenden Andruck in den Sitz. Nach 4 Minuten 20 Sekunden kommt der »Negative Return Call« (Was bedeutet, dass im Ernstfall eine Rückkehr nach Kennedy Space Center und eine dortige Landung nicht mehr möglich wäre) von der Missionskontrolle Houston. Nach insgesamt 7½ Minuten, wenn der riesige, rostrote externe Tank zu 90 Prozent entleert und das Shuttlesystem weniger als 200 Tonnen leicht geworden ist, erst dann hat der Andruck durch den Schub der drei Flüssigkeitsantriebe auf 3g zugenommen, sodass man sich zwingen muss zu atmen, weil es einfach angenehmer ist, nicht zu atmen – trotz Atemnot –, als durch die Atmung den Brustkorb mitsamt dem schweren Anzug nach oben zu stemmen. Die Antriebe werden nun gedrosselt und es geht noch 60 Sekunden bei diesen 3g weiter. Dann, kurz bevor der Tank vollkommen entleert ist, lässt der Commander wissen: »In 10 seconds we have MECO« und innerhalb nur weniger Sekunden fährt er den vollen Schub auf Null herunter. Genauso plötzlich entlädt sich der Andruck von 3g in die Schwerelosigkeit – ich bin im Weltraum! Hier im Weltraum ist man sofort eingefangen von der Schwerelosigkeit, einem Gefühl, das es auf der Erde in dieser Form nie gibt. Zunächst macht sich diese neue Erfahrung bei etwa 70 Prozent aller Raumfahrer gar nicht wohltuend bemerkbar, sie leiden deswegen

vielmehr an der Weltraumkrankheit. Man merkt es auch selbst: Bei jeder schnellen Drehung des Körpers, bei jeder schnellen Kopfbewegung wird einem mulmig. Als erste Gegenmaßnahme ziehen viele unwillkürlich den Kopf zwischen die Schulter, was die Kopfbewegungen stark einschränkt. Das mildert, verhindert jedoch nicht grundsätzlich den Gang des letzten Essens nach oben. Zurückhalten macht die Sache nur noch langwieriger. Ein Griff zur Tüte in der Brusttasche und einmal den Dingen freien Lauf lassen. Bei vielen gesellen sich noch Kopfschmerzen, Rückenschmerzen, anhaltendes Unwohlsein dazu. Die, bei denen absolut nichts mehr geht, lassen sich von ihrem Kollegen eine Spritze mit Phenagran setzen, von ihrem Commander vorläufig »arbeitsunfähig schreiben« und suchen sich zum Auskurieren der Raumkrankheits-Symptome für die nächsten Stunden ein ruhiges Eckchen – am besten ihre Schlafkoje. Nun die gute Nachricht: Nach spätestens 36 Stunden ist alles vorbei und dann kann man die Schwerelosigkeit so richtig genießen. Schließt man nun in Ruhe die Augen und lässt sich langsam durch den Raum driften, die Arme und Beine in ganz lockerer Haltung leicht angewinkelt, dann gibt es nichts, was einen noch beeinflussen könnte und man kann sich vollkommen auf das eigene Empfinden konzentrieren.

ICH HATTE ZUNÄCHST DAS GEFÜHL, ALS WIEDERHOLE SICH EIN TRAUM.

SCHWERELOS

Ich hatte zunächst das Gefühl, als wiederhole sich ein Traum. In meiner Jugend träumte ich oft, ich liefe vor unserem Haus eine abschüssige Straße hinunter. Ich wurde leichter und leichter und irgendwann hob ich ab und schwebte. Ich flog nicht, ich schwebte und nirgendwo sonst hatte ich im täglichen Leben je dieses Gefühl. Und genau dieses Gefühl, das ich während des Traumes hatte, ist nahezu identisch zu dem in der Schwerelosigkeit. Es ist unter Psychologen bekannt, dass der Traum vom Laufen, Abheben und Schweben unter den Menschen sehr verbreitet ist. Ist also dieser Traum eine unbewusste Erfahrung der Schwerelosigkeit? Wie kann der

Körper etwas sehr Realistisches träumen, was er nie wirklich erfahren hat? Oder ist dieser Traum eine lustvolle Variante des Verstandes auf die kurze aber gefährliche Schwerelosigkeitserfahrung »Fallen« im Alltag? Was empfindet man im Zustand der Schwerelosigkeit? Zunächst fällt auf, dass etwas Wichtiges fehlt. In welchem Bezug zur Umgebung befinde ich mich gerade? Wo ist die Decke mit den Lampen und wo der Boden? Ich weiß es nicht mehr. Ich habe auch kein Gefühl mehr dafür – und ein Oben und Unten gibt es tatsächlich nicht mehr! Diese fehlende Beziehung ändert mein Empfinden radikal. Ich fühle mich nicht mehr in eine Welt eingebettet, die mich gerade noch umgab, sondern alles Sein reduziert sich nur noch auf mich. Wie kann es etwas anderes geben, zu dem ich keinerlei Beziehung mehr habe? Und selbst, wenn es da irgendwo etwas gibt, ist es dann nicht dasselbe, als wenn es das nicht gäbe? Ich habe das elementare Gefühl, allein zu sein. Ich bin die Welt – sonst nichts! Diese Hinwendung auf das Ich lässt einen nur noch mehr in sich hineinhorchen. Was hat sich an mir geändert? Mir fällt auf, dass nichts mehr belastet. Die Kleidung, die einen immer noch wärmt, schwebt wie eine Hülle um den eigenen Körper und liegt fast nirgendwo mehr auf. Auch sie ist schwerelos und liegt weder auf den Schultern noch sonstwo auf. Es ist so eigenartig und ungewöhnlich, dass man mit den Schultern ein wenig wackelt, um zu fühlen, ob die Kleidung noch da ist. Aber nicht nur die Last der Kleidung fehlt, auch die Last des eigenen Körpers ist verschwunden. Kein Körperdruck mehr auf die Fußsohlen beim Stehen oder auf den Allerwertesten beim Sitzen. Die Arme liegen nirgendwo auf wie sonst immer. Es ist schon eigenartig: Erst in dieser Situation, wo man absolut nichts mehr vom Körper verspürt, erkennt man umfassend, welche Belastungen der Körper auf der Erde wirklich hat, obwohl es doch genau umgekehrt sein sollte!

MAN HAT GELERNT, KONTINENTE AN IHREN FARBEN ZU ERKENNEN.

Erst nach dieser Erfahrung wird mir heute das kaum spürbare Herunterhängen der Wangen bewusst. Und jetzt dieses leichte Schmetterlingsgefühl in meiner Magengegend ist, wie ich heute weiß, das Ziehen der Eingeweide unter dem Einfluss der Erdschwere. In der Schwerelosigkeit ist einfach absolut nichts mehr davon da. Man ist im wahrsten Sinne des Wortes »vollkommen unbeschwert«.

Vollkommen unbeschwert? Woran merke ich dann eigentlich noch, ob ich einen Körper habe, wenn nicht an diesen äußeren Eindrücken? Und die eigene Antwort ist verblüffend: Es scheint so, als gäbe es ihn tatsächlich nicht mehr! Nichts, aber auch gar nichts, deutet mehr auf ihn hin. Eigenartig, ein Sein ohne Körper! Aber was ist denn dann noch das, was ich als mein Sein empfinde? Auf der Erde hatte ich meinen Körper und im Nachhinein erst merke ich, wie ich in der Erdschwere mein eigenes Sein doch nur über die Erfahrung des eigenen Körpers definierte. Ich wackle leicht mit den Schultern und tippe mit beiden Daumen auf die Zeigefinger. Jawohl, da ist er noch – da bin ich noch! Doch nun, ohne ihn, bin ich noch da? Natürlich bin ich noch da, ich spüre es, sonst könnte ich mir diese Frage nicht stellen! Aber genau das ist es! Das einzige, was mir bleibt, was mich ausmacht, ist das Denken. Ich denke, also bin ich! Das ist das Besondere an der Schwerelosigkeit: Sie reduziert, auf einen selbst, auf den Geist.

ERWARTUNGSVOLL SCHAUE ICH HINAUS und sehe ... Wasser! Nichts als tiefblaues Wasser! Meine tägliche Erfahrung, nach der die Erde praktisch nur aus Land besteht, wird zutiefst erschüttert. Zwei Drittel der Erdoberfläche sind Wasser und nicht Land! Hier begreife ich es wirklich. Wahrscheinlich ist es der Pazifische Ozean und dabei wird es für die nächste halbe Stunde, also die nächsten 15.000 Kilometer, auch bleiben. Das wenige, was man sieht, reicht aber vorerst zum Staunen. Strahlend weiße Wolkenformationen verschleiern kunstvoll das Blau des Meeres. Man könnte meinen, die Erde im Weltraum sei einer bayerischer Laune entsprungen: Die Wolken zusammen mit dem Meer bilden eine Komposition in den bayerischen Nationalfarben vor dem pechschwarzen Hintergrund des Alls. Aus der Entfernung von 300 Kilometern ist die Erde zwar noch nicht als ganze Kugel zu sehen, aber die Erdkrümmung läuft bei richtiger Anordnung der Fenster gerade am oberen Gesichtsfeld entlang. Jetzt sieht man auch erstmals, was es bedeutet, dass der Durchmesser der Erde zwar 12.750 Kilometer beträgt, die Atmosphäre aber nur etwa 20 Kilometer dünn ist. Bei diesem ins Auge springenden Größenvergleich erscheint unsere irdische Schutzhülle wie eine hauchdünne Reifschicht, so zerbrechlich, dass man glauben könnte, der geringste Windhauch genüge, sie einfach wegzufegen und jede Berührung, jede kleinste Beeinflussung hinterließe schwere Kratzer. Und in dieser gebrechlichen, zarten Schicht spielt sich all das ab, was wir Leben nennen. Das Leben, ein Balanceakt zwischen der mächtigen, undurchdringbaren Masse Erde und – ein Blick zur Seite – dem lebensfeindlichen Nichts des Alls! Der Mensch bewohnt nicht einmal die ganze Erde. Die Menschheit ist lediglich ein unscheinbarer Bazillus auf einer die Erde umspannenden Seifenblase, im unendlichen Meer des Universums.

UND DANN IST DA NOCH DER UNBESCHREIBLICH SCHÖNE BLICK AUF DIE ERDE.

Nach einigen Tagen kennt man jedoch dann »seine« Erde und man beginnt Zusammenhänge zu sehen, übergreifende Eigenschaften, wie man sie vorher nie erwartet hätte. Man hat beispielsweise gelernt, Kontinente an ihren Farben zu erkennen. Wann immer man hinunterschaut und Land sieht, weiß man, über welchem Erdteil man sich gerade befindet, denn jeder Erdteil hat seine charakteristische Farbe! Südamerika etwa ist dunkelgrün. Die Farbe des Regenwaldes dominiert diesen Kontinent. Afrika mit seiner ausgedehnten Wüste Sahara und den angrenzenden Steppen und Savannen präsentiert sich in einem ocker-braunem Ton. Australien: der gesamte

Kontinent ein tiefes Purpurrot! Indonesien mit seinen vielen Inseln, dessen Regenwald stets im Dunst liegt, ebenfalls ein dunkelgrünes Farbmeer. Europa? Im Süden noch ein freundliches hellbraun, ansonsten nur graugrün – sollten die ebenso trostlosen Wolken ausnahmsweise einmal den Blick auf den Boden freigeben. Selbst die Wolken, ein trostloses Grau. Und hier beginnt man erstmals, die einfache aber zutreffende astronautische Faustregel abzuleiten: Dort, wo der Mensch nicht leben kann, in den Eis- und Sandwüsten, ist die Welt wunderschön und dort, wo der Mensch lebt, leben kann, ist die Welt nicht oder auch nicht mehr so schön! Es ist darüber hinaus sehr befriedigend zu sehen, wie nichtig die anscheinend wichtigen menschlichen Probleme sind. Die Nachrichten im Fernsehen, voll von staatlichen und kriegerischen wie diplomatischen Auseinandersetzungen. Aus dem Weltraum hat die Erde ein ganz anderes Gesicht. Für sie zählt der Mensch nichts. Sie käme auch gut, vielleicht besser, ohne ihn aus. In ihrer stoischen Ruhe sind die Menschen für sie von der Bedeutung, die Bakterien für den Menschen haben. Staatliche Grenzen? Nichts dergleichen prägt die Erde. Was zählt, sind Länder und Kontinente. Zwei Ausnahmen vielleicht: Die schnurgerade Grenze zwischen Israel und Ägypten – sie verläuft sichtbar am östlichen Rande des Sinai, und die ebenso geradlinige Grenze zwischen Angola und Namibia, 200 Kilometer nördlich der Etosha-Pfanne in Südwest-Afrika. Hier wie dort ist es jedoch nicht die Grenze selbst, die erkennbar wird, sondern der krasse Gegensatz zwischen der ausgedehnten Landnutzung in den jeweils angrenzenden Staaten.

FASZINATION DER NACHT

Der Eintritt der dreiviertelstündigen Nacht mag für den Astronauten, der einfach nur die Erde betrachten will, im ersten Augenblick verschenkte Zeit sein. Wenig später, wenn sich seine Augen an die Dunkelheit gewöhnt haben, ist die Erde bei Nacht ein ganz besonderes Schauspiel. Da sind zunächst die abend-

INS ALL
MIT EINER
BESCHLEUNIGUNG
DER 3-FACHEN
STÄRKE DER
ERDANZIEHUNG

lichen Wärmegewitter, die sich bis in den irdischen Morgen hineinziehen. Das Lichterspiel der durch die Wolken gedämpften Blitze erinnert mich in zweifacher Hinsicht an das vom Flugzeug aus zu sehende Aufblitzen detonierender Bomben bei Nachtangriffen in alten Filmen des Zweiten Weltkriegs. Trotz ihrer zerstörerischen Wirkung geht von ihnen ein magisch-fesselnder Zauber aus. Ohne Zusammenhang blitzt es in schnellem Wechsel, mal hier, mal dort. Manchmal bildet sich aber ein Blitz, der bis zu hundert Kilometer weit durch die Wolken zuckt und dabei eine schlängelnde Spur zieht. Im Gegensatz zum Furcht erregenden Gewitter auf der Erde hinterlässt ein Gewitter, aus dem Weltraum betrachtet, einen eher gespenstischen Eindruck, denn ihm fehlt hier oben, genauso wie dem Bombenhagel vom Bomber aus betrachtet, eine sehr irdische Zutat – der Donner!

Sollten Außerirdische nach dem Augenschein je den Schluss ziehen, die Erde sei mit intelligenten Wesen bewohnt – wobei sich darüber streiten ließe, ob es wirklich Intelligenz auf der Erde gibt –, dann kommt ihnen diese Einsicht sicherlich, wenn es Nacht ist auf der Erde. Denn nachts, wenn nicht gerade Wolken die Sicht nehmen, bestimmt der Mensch das Bild der Erde. Diese grellen, scharf begrenzten Lichter der Städte, verbunden mit ihren Vorstädten durch die Spinnenfäden der Straßenlichter, sind ein markantes Zeichen für die Existenz höherer Wesen. Der Mensch hat sich die Nacht untertan gemacht. Nirgendwo sieht man dies deutlicher als aus dem All. Die Zivilisation präsentiert sich als verzweigtes Lymphsystem, welches das Land durchzieht und das Meer rändert, weil gerade Küsten von Menschen bevorzugt bewohnt werden.

MILCHSTRASSE. Dieses Wort erhält seine ureigenste Bedeutung im Weltraum zurück. Um die Pracht des Sternenhimmels in voller Schönheit genießen zu können, müssen die Lichter auf dem Flugdeck allerdings ganz heruntergefahren werden. Das Faszinierende dabei ist nicht nur die enorme Vielzahl von Sternen, die sich dabei offenbart, sondern ihre erbarmungslose Klarheit. Wie feinste Nadelstiche in einem von hinten beleuchteten Samtteppich, so unverrückbar festgenagelt wirken sie am Firmament. Kein Funkeln haucht ihnen scheinbares Leben ein. Ihr stummes Dasein drückt einfach nur die unendliche Stille des Universums aus.

So schön der Blick auf die Erde auch sein mag, den allergrößten Teil der Missionszeit hat man als Astronaut und insbesondere als Wissenschaftsastronaut eigentlich der Arbeit geopfert. Aber es ist wie immer mit der Erinnerung: Nur die schönen und eindringlichen Erlebnisse bleiben haften, die monotone Arbeit wird schnell vergessen und die Zeit vergeht im wahrsten Sinne des Wortes wie im Fluge.

ABSCHIED VOM ALL

Nach zehn arbeitsreichen, aber auch wunderbaren Missionstagen begebe ich mich zu meinem Sitz und bereite mich für den Wiedereintritt in die Erdschwere vor, indem ich wie beim Start die Checkliste durchlese, insbesondere die Cue-Card für den Notfall. Das gibt mir die Beruhigung, dass man alles fest im Griff hat. Zum Schluss noch eine Vorsichtsmaßnahme: Damit beim ersten Aufstehen nach der Landung der Kreislauf nicht gleich zusammenbricht, sind die Astronauten angehalten, die Flüssigkeitsmenge im Körper stark zu erhöhen. Dafür müssen mehrere Salztabletten geschluckt und jede Menge Wasser nachgetrunken werden. Das Salz bindet das Wasser im Körper und lässt es nicht gleich wieder von der Niere ausscheiden. Auf jeden Fall ist diese Prozedur wesentlich angenehmer als mehrere Liter Salzwasser trinken zu müssen. Wir sind nun fertig für den Wiedereintritt in die Erdatmosphäre. 75 Minuten oder eine halbe Erdumkreisung vor der Landung dreht der Commander zunächst das Shuttle so, dass es mit dem Schwanz voraus fliegt. Für uns ist dies vollkommen belanglos, ja, man merkt es nicht einmal, da es in der Schwerelosigkeit kein Oben und Unten gibt.

EXAKT EINE STUNDE vor der Landung werden die Orbitantriebe gegen die Flugrichtung für drei Minuten gezündet, wobei die Orbitgeschwindigkeit um lediglich 300 km/h verringert wird: Statt 28.000 km/h fliegen wir jetzt also nur noch 27.700 km/h schnell. Diese scheinbar belanglose Änderung reicht jedoch aus, um das Shuttle auf einer leicht elliptischen Umlaufbahn in tiefere Schichten der Erdatmosphäre zu bringen. Zwischenzeitlich hat der Commander das Shuttle wieder in die reguläre Fluglage gebracht und mit 35 Grad gegen die Flugrichtung angestellt. Das Shuttle verliert dabei zunehmend an Höhe und der Bordcomputer steuert in dieser Phase des Anfluges das Shuttle so, dass die Geschwindigkeit über die nächste halbe Stunde konstant 27.700 km/h bleiben wird. Der Luftwiderstand in diesen Höhen wird also ausschließlich dazu genutzt, die Flughöhe bei konstanter Geschwindigkeit abzubauen. Von dieser Anflugphase merkt man noch nicht viel. Die Luftwiderstandskräfte bleiben so gering, dass auch die entsprechenden Schwerekräfte noch unter 0,2g bleiben und da man mit den Gurten fest in den Sitz eingespannt ist, sind diese schwachen Kräfte noch nicht spürbar. Lediglich ein leicht zur Decke geworfener Gegenstand, zum Beispiel ein Kugelschreiber, lässt erkennen, wie tief

NACHTS BESTIMMT DER MENSCH DAS BILD DER ERDE.

man bereits in die Atmosphäre eingetaucht ist. Stößt er nicht mehr an die Decke, sondern kehrt er vorher seine Flugbahn langsam um, dann weiß man, es geht bergab.

NOCH 25 MINUTEN BIS ZUM TOUCHDOWN. Die Luftreibungskräfte haben stark zugenommen und bringen die Kacheln auf der Unterseite des Shuttle bei 1.500°C zum Glühen. Dabei wird die Luft so stark ionisiert, dass auch der Funkverkehr bis auf weiteres abbricht. Vom Temperaturanstieg merkt man im Anzug kaum etwas. Man schwitzt vielleicht vor Aufregung, weil nun das Shuttle deutlich schüttelt. Die Luftdichte ist in dieser Höhe von 120 Kilometern soweit angestiegen, dass sich das Shuttle aerodynamisch verhält und die Schwerkräfte so stark zugenommen haben, dass der Anti-g-Anzug (Der Anti-g-Anzug schützt durch den Druck von Luftpolstern auf Beine und Eingeweide vor einem Versacken des Blutes in den Unterkörper, und damit vor einer Blutunterversorgung, also einem Black-Out des Gehirns.) aufgeblasen werden muss. Dies ist der Zeitpunkt, wo der Commander die Steuerung des Shuttles übernimmt. Von diesem Punkt an reduziert er auch die Geschwindigkeit durch verschiedene Roll- und Kurvenmanöver. 12 Minuten vor Touchdown hat sich die Hitze an den Kacheln so weit verringert, dass der Funkverkehr wieder einsetzt. Das Shuttle ist jetzt in einer Höhe von 55 Kilometern und bei einer Geschwindigkeit von 12.000 km/h noch 900 Kilometer von der Landebahn der Edwards Air Force Base entfernt. Ich habe meinen Anti-g-Anzug nochmals kräftig aufgeblasen, weil die g-Belastung auf 1,3g zugenommen hat. Das ist nach der Schwerelosigkeit im Weltall ungewohnt anstrengend. Man hört, wie die Ansagen des Commanders immer gepresster hervorgestoßen werden, also auch er gegen die körperliche Schwäche ankämpft und ich bin froh, dass ich sitze und mein Gewicht nicht im Stehen halten muss.

900 KILOMETER VOR DER LANDEBAHN HAT DAS SHUTTLE EINE GESCHWINDIGKEIT VON 12.000 KM/H.

Noch fünf Minuten. Jetzt beginnt der eigentliche Anflug auf die Landebahn. Das Shuttle schießt in 25 Kilometern Entfernung und mit einer Geschwindigkeit von Mach 2,5 im schrägen Gegenanflug auf die Landebahn zu, führt dann ein vorher genau festgelegtes Kurvenmanöver durch, das es exakt auf die Richtung der Landebahn bringt. Der Commander braucht jetzt nur noch den Anstellwinkel des Shuttles so einzustellen, dass es im Gleitwinkel von 22°, für einen Piloten fast wie ein Stein, in Richtung Aufsetzpunkt fliegt. Die Geschwindigkeit hat sich weiter auf 700 km/h reduziert. 30 Sekunden vor dem Aufsetzen zieht der Commander die Nase des Shuttles nach oben, was den Gleitwinkel auf 1,5° reduziert und die Geschwindigkeit auf die Landegeschwindigkeit herabsetzt. Erst 15 Sekunden vor der Landung wird das Fahrwerk ausgefahren, weil die bisherige hohe Geschwindigkeit das Fahrwerk hätte abreißen können. Mit ziemlich genau 400 km/h setzt das Shuttle schließlich auf: Touchdown. Vom Aufsetzen hat man jedoch kaum etwas mitbekommen, so sanft hat der Commander das Shuttle gelandet. Nur durch das Herunterzählen der Höhe des Piloten war man im Bilde, wie weit es noch genau bis zum Aufsetzen ist. Der Commander hält die Nase des Shuttle jetzt nach dem Touchdown noch lange in den Fahrtwind, damit das Shuttle weiter an Fahrt verliert. Wenn das vordere Fahrwerk schließlich den Boden berührt, wird der Bremsfallschirm ausgefahren, dessen effektive Abbremsung des Shuttles man im Shuttle deutlich spürt. Genau eine Minute nach dem Aufsetzen ist das Shuttle zum Stillstand gekommen. Ich lehne mich entspannt zurück und weiß: Die Erde hat uns wieder!

ULRICH WALTER

Physiker, Astronaut und Ordinarius. 1987 wurde er ins Deutsche Astronautenteam berufen und nahm 1993 an der Shuttle-Mission D-2 teil. Seit 2003 leitet er den Lehrstuhl für Raumfahrttechnik an der Technischen Universität München. Er ist Autor von fünf Büchern und über 80 Fachartikeln und moderierte die Wissenschaftssendung MaxQ beim Bayerischen Fernsehen und andere Sendungen. Walter ist u.a. Träger des Bundesverdienstkreuzes und wurde zum Professor des Jahres in der Kategorie Ingenieurwissenschaften und Informatik gewählt.

GENAU EINE MINUTE NACH DEM AUFSETZEN IST DAS SHUTTLE ZUM STILSTAND GEKOMMEN. DIE ERDE HAT UNS WIEDER

IM NAMEN GOTTES
RELIGION: TROST UND LEBENSHILFE – ODER FESSEL UND UNTERDRÜCKUNG?

WENN DIE ZEIT STILL STEHT ATHOS
ULTRA ABGESCHOTTET JERUSALEM
TALIBAN GHAZNI
EXTREME MITTE PAKISTAN

EISERNES KREUZ
UND SCHÖPFKELLE ›
ZEUGEN VOM
ARCHAISCHEN
LEBEN AUF DEM
BERG ATHOS

MARIANTHI
MILONA
ATHOS

WENN DIE ZEIT STILL STEHT

ES DÜRFEN
KEINE FRAUEN
UND BARTLOSEN
DEN BERG ATHOS
BETRETEN.

ALS ER DAS ERSTE MAL seinen Fuß auf den gesegneten Boden des Hl. Berg Athos setzte, war es Herbst 1949 gewesen. Einen Tag zuvor war der griechische Bürgerkrieg offiziell beendet worden. Damals hieß Pater David noch Giorgos Logothetis, war 18 Jahre jung und hatte eigentlich nur die Absicht gehabt für eine kurze Weile unterzutauchen. Bis die Lage sich etwas normalisierte. So sprang er in der zerfledderten Uniform eines griechischen Widerstandskämpfers mit einer defekten Kalaschnikow an der rechten Schulter über den ca. zwei Meter hohen Stacheldrahtzaun. Damit verließ er die profane Welt und landete nach nur wenigen Sekunden auf der 1.000-jährigen orthodoxen Mönchsrepublik. Die sogenannte Athosgrenze befand sich damals wie heute außerhalb des kleinen Ortes Ouranoupoli, eines vergessenen Fischernests am westlichen Ufer des dritten geografischen Landfingers auf der nordgriechischen Halbinsel Halkidiki. Als die letzte weltliche Bastion vor der spirituellen Welt des Athos, so wird Ouranoupoli auch heute noch gesehen. Mit einer Mole, von der die Fähre täglich ihre Fahrt Richtung Athos beginnt.

PATER DAVID warf noch einen flüchtigen Blick auf das von der Sonne ausgeblichene Warnschild, auf dem der Satz: »Für Frauen ist der Zutritt verboten!« noch gut zu lesen war. Das Frauenverbot auf dem Berg Athos existiert seit der Gründerzeit der Mönchsrepublik. Offiziell seitdem das »Typikon«, die Vorschriftentafel des ersten Klosters »Megisti Lavra« um 998 n. Chr. verfasst wurde. Darin heißt es: »Es dürfen keine Frauen und keine Bartlosen den Berg Athos betreten«. Die genaueren Hintergründe des Frauenverbots sind bis heute ungeklärt. Umso erstaunlicher bleibt die Tatsache, dass es so lange schon existiert. Sicher hatte man bei der Gründung des ersten Klosters noch nicht ahnen können, dass so viele Klosteranlagen im Laufe der Jahrhunderte hinzukommen würden und dass irgendwann ein so großes Gebiet, die gesamte dritte Landzunge der Halkidiki, zur absoluten Sperrzone für Frauen erklärt werden würde. Vor Überschreitungen dieser Regel haben sich die Mönche in den vielen Jahrhunderten allerdings

**PATER DAVID
KAM ALS
GRIECHISCHER
WIDERSTANDS-
KÄMPFER
NACH ATHOS**

nicht schützen können. Entweder weil Frauen in
den Kriegswirren in den Klöstern um Schutz baten,
der ihnen auch gewährt wurde. Oder weil sie aus
purer Neugier unbemerkt und in Männerkleidung
in die Klosteranlagen gelangten. Nach ihrer Entlar-
vung mussten sie jedoch sofort in Begleitung der
Hafenpolizei den Athos wieder verlassen. In zeitge-
nössischen Reiseführern wird häufig von Strafmaß-
nahmen gegenüber den Frauen berichtet. Diese Information sowie die Berichte, wonach auf dem Athos
nicht einmal weibliche Haustiere zugelassen seien,
entsprechen längst nicht mehr der Wahrheit. Es ist
nur so, dass sich eine vermeintlich frauenfeindliche

Haltung der Mönche als Geschichte immer besser
verkauft. Die bis heute vorhandene Unzugänglich-
keit des Athos hat mit alten Schutzvorschriften zu
tun. Die Klöster haben sich immer wieder vor Fremd-
angriffen der Piraten zur Wehr setzen müssen.
Pater David haben solche Dinge nie ernsthaft berührt. Es war für ihn ja nichts weiter als ein Sprung
gewesen. Und schon befand er sich in Sicherheit.
Hier besaß er Immunität. Brauchte keine Angst
mehr vor einer Festnahme zu haben. Kein Gefängnis
drohte ihm. Kein weltliches Gericht, vor dem er hätte
gegen die anderen oder Seinesgleichen aussagen
müssen. Auf der Mönchsrepublik Athos herrscht eine

andere Gesetzgebung. Es ist ein souveräner Staat in Griechenland. Sogar mit eigener Zeitrechnung. Mit seinen 20 Klöstern, den Gutshöfen und den Einsiedeleien auf einem Gebiet von 336 Quadratkilometern, gilt es als der wichtigste Ort der orthodoxen Christenwelt. Was für Mohammedaner das Mekka, für Katholiken der Vatikan, für Juden die Stadt Bethlehem, das ist für die Orthodoxen der hl. Berg Athos. Pater David blickte damals, so weit das Auge reichte, nur auf Wald. Hörte schreiendes Wild. Folgte unbekannten Schotterwegen. Selbst seine eigenen Schritte verursachten merkwürdige Hallgeräusche. Dann fühlte er sich irrtümlicherweise immer verfolgt. Mal ging es rauf. Dann wieder steil den Berg hinunter. Es vergingen viele Stunden bis er auf das erste Kloster traf.

DAS »SIMANDRON« wurde gerade geschlagen. Dieser dumpf klingende Holzbalken gibt bis heute in den 20 Klöstern des Athos die Zeit an und ermuntert die Mönche zum Aufstehen. Es gibt den Auftakt für den Beginn der Liturgie und dem Gang zum Refektorium. Pater David verstand das alles damals noch nicht. Er folgte nur diesem mystischen Klang, weil es sich sagte, dort wo das herkommt, muss es Menschen geben, die ihm Schutz für die Nacht gewähren können. Ein warmes Zimmer und vielleicht sogar einen Teller Suppe. Aber das war nun schon mehr als 60 Jahre her. Seitdem sind viele Sommer und Winter vergangen. Aus dem Widerstandskämpfer von einst ist ein Mönch geworden. Pater David gehört zu den Wenigen, die den Athos nie wieder verlassen haben. Obwohl das inzwischen so leicht geworden ist. Früher da brauchte es eine sinnvolle Begründung, damit der Abt die Genehmigung dazu erteilen konnte. Heute sind viele seiner Brüder auch außerhalb des Athos unterwegs. In lukrativer Mission. Sie nehmen Gläubigen überall im Land die Beichte ab. Oder verkaufen

Athosprodukte: Wein, Olivenöl, Kräuterseifen, Salben, Tee, Ikonen, Gebetsamulette und Bücher. Und sie kommen ständig mit Frauen in Kontakt. Etwas, das sie keineswegs außerhalb des Athos ablehnen. Überhaupt gehören Frauen zu ihren besten Kunden. Das Geschäft mit dem Athos blüht. Seit dem Fall des Eisernen Vorhangs kann sich die Mönchsrepublik auch vor Pilgern aus den ehemaligen Ostblockstaaten kaum retten. Das bringt der Athosrepublik enorme Devisen. Und zwar steuerfrei. Bis heute brauchen die Mönche keine Steuern an den griechischen Staat zu zahlen. Und sie sind sogar in den Ruf gekommen heimlich Immobilien außerhalb des Athos lukrativ an ausländische Investoren zu veräußern. Alles unter dem Deckmantel, die Mönchsrepublik damit finanziell abzusichern. Rechtlich ist die Mönchsrepublik autonom. Das hat sie in den Jahren der osmanischen Oberherrschaft in Griechenland vor Plünderern beschützt. Überhaupt haben die Mönche schon immer durch clevere Abkommen mit den Besatzern ihre Immunität wahren können. Das galt auch für die Zeit des Zweiten Weltkriegs. Damals schlossen sie mit Adolf Hitler einen Pakt, der ihnen garantierte, dass kein deutscher Soldat Kriegsbeute vom Berg Athos mitnehmen konnte. Heute genießen Tausende Pilger den Vorzug der Steuerfreiheit, die beim Erwerb einer Ikone oder anderer Souvenirs steuerlich nicht belangt werden können.

ATHOS IST EIN SOUVERÄNER STAAT – SOGAR MIT EIGENER ZEITRECHNUNG.

Seit Ausbruch der Wirtschaftskrise ist jedoch eine heftige Debatte in der griechischen Gesellschaft darüber entflammt, ob die Mönche nicht endlich auch einmal beginnen sollten, Steuern an den griechischen Staat zu zahlen. Vor allem für ihren enormen Besitz außerhalb der Mönchsrepublik. Für Pater David ist der Mammon längst im Athos eingekehrt. Mit den großen Bauprojekten, den Restaurierungen der alten Klöster, den europäischen Fördergeldern, dem Bau von Straßen und den schnellen Autos, die heute über die schmalen

Schotterpisten preschen. Parallel dazu existiert zum Glück das alte Athos immer noch. Mönche, wie Pater David fühlen sich zur Rückkehr und Buße verpflichtet. Nicht nur um für ihr eigenes Seelenheil zu beten, sondern für das der ganzen Welt.

Je mehr die Athospilger mit den Jahren zunahmen, umso mehr zog sich Pater David zurück. Ist tiefer in den Athos vorgedrungen. Er lebt in keinem Kloster mehr. Die wurden ihm zu stark modernisiert. Mit komfortablen Unterkünften für die Gäste ausgestattet. Und mit Fernsehen und Internetzugang in einigen Mönchszellen versehen. Als prunkvolle Hotelanlagen bezeichnet Pater David sie manchmal in zynischem Unterton. Zu Recht! Denn wer einmal in die Büroräume eines Abts hineinschauen durfte, der ist geblendet von der luxuriösen Aufmachung.

IN KONTRAST DAZU lebt Pater David in einer »skiti«. Das ist ein klosterähnlicher Hof, der von nur wenigen Mönchen bewohnt wird. Die Mönchsbrüder in einer »skiti« brauchen sich nicht den täglichen, strengen Regelzeiten eines ordinären orthodoxen Klosters zu beugen, die vorwiegend aus Beten, Arbeiten, Fasten und Schlafen bestehen. Das alles machen sie auch, aber nach ihrem eigenen Rhythmus. Die Skiten auf dem Athos sind eben für solche Freigeister, wie Pater David es ist, entstanden. Für Männer, die ihr Leben zwar Gott widmen, ihre Seelen aber dem strengen Diktat eines stets gleich ablaufenden Lebensrhythmus nicht beugen mögen. Einmal Revolutionär, immer Revolutionär, so erklärt es Pater David seinen Gästen, die ihn in seiner bescheidenen, weitentlegenen Behausung aufsuchen, um ein, zwei Nächte mit ihm zu verbringen. Und um die Beichte abzulegen.

Meistens weil sie ihrer Frau fremd geworden sind oder jemanden finanziell betrogen haben. Mit seinen Formulierungen sorgt Pater David für manches Erstaunen. Auch schmunzelt er ständig über das ganze Gesicht. Und dem Betrachter wird klar: Orthodoxer Mönch zu sein, hat nichts Lebensverneinendes und Abstinenz ist ein Begriff, der weniger auf Verbote abzielt, sondern klar macht, wie viel noch erlaubt ist. Schuld wird selten als rein persönliche Angelegenheit betrachtet und Reue, ja Reue ist dafür da, dass alles wieder gut wird. Für Pater David ist Mönchsein eine Lebenshaltung, keine Liste aus Regeln, nach der man leben muss. Das ist ihm relativ bald klar geworden. Vielleicht war das ein Grund, warum er auf dem Athos geblieben ist. Aber es war nicht der Hauptgrund. Dieser lag woanders. Er hatte seine Liebste im Bürgerkrieg verloren. Ohne diese Frau konnte er sich kein normales Leben mehr vorstellen. Und dann waren alle diese Morde, die er im Namen seiner linken Gesinnung begangen hatte. Alle diese Seelen konnten nie mehr aus seinem Kopf verschwinden. Sie leben inzwischen friedlich mit ihm unter einem Dach. Das erste Mal hatte er Linderung bei einer Morgenliturgie empfunden. Die byzantinischen Gesänge in der Klosterkirche gehen über Stunden. Das half ihm dabei, die seelischen Wunden zu schließen, die Schwermut seines Herzens abzulegen, wieder einmal tief und befreit aufzuatmen, der eigenen Tat bewusst zu werden und Reue als Chance zur Wiedergutmachung zu sehen.

ER WOLLTE DEM LEBEN WIEDER ETWAS GEBEN, NICHT NUR ETWAS WEGNEHMEN.

So begann er allmählich wieder innere Stärke zu fühlen und das gelebte Leben mit Freude zu ertragen. Pater David entschied sich nach drei Jahren das Mönchsgelübde abzulegen. Mönch sein heißt für ihn, der Welt durch das tägliche Beten etwas zurückzugeben. Er hat es bis heute nicht bereut.

Seit über 60 Jahren steht er jede Nacht um zwei Uhr auf. Nach dem Gebet folgt er den Weg zu einem nahegelegenen Bergbach. Davon gibt es einige hier in den Höhen des eigentlichen ca. 2.033 Meter hohen Athosbergs an der Südostspitze der Halbinsel. Das eiskalte Wasser erweckt seine alten Lebensgeister. Die starke Naturlandschaft, die einzigartige Flora und Fauna, das alles vermittelt ihm den Eindruck, die Zeit sei stehen geblieben. Danach geht es zurück in seine Küche. Pater David ist für die Essenszubereitung zuständig. Heute gibt es geschmorten Oktopus mit wilden Kräutern. Dazu ein Glas Rotwein für jeden. Manchmal auch ein bisschen mehr. Fleisch ist in der Mönchsküche eigentlich nicht vorgesehen. Aber in den Wintermonaten begibt sich Pater David auf die Jagd. Auf Wildschweinjagd. Ein Chefkoch unterwegs im Namen Gottes. Als Mönch einer Skite fühlt er sich auch von den rigiden Speisevorgaben der Athosklöster freigestellt. An diesem Tag, erklärt Pater David, muss er zehn Münder stopfen und zehn Mägen besänftigen, damit sie sich in der Abendandacht wieder auf das Eigentliche besinnen können: Der inneren Reinigung des Geistes. Sechs Pilger werden heute erwartet und vier Glaubensbrüder, das macht zehn. Mehr Seelen kann er für die Nacht nicht unterbringen.

PATER DAVID stellt die kleinste Lebensgemeinschaft auf dem Athos. Denn in manchen Klöstern finden auch schon mal mehrere hundert Pilger eine Bleibe für die Nacht. Eigentlich ist es dort sehr schwer geworden, die spirituelle Kraft aufrechtzuerhalten. Bei Pater David ist sie noch spürbar. Wenn die Morgenandacht um drei Uhr beginnt und bis sieben Uhr geht, dann sind die tiefen Mönchsgesänge in der Lage, dich vom Boden abzuheben. Spiritualität in ihrer reinsten Form. Die Pilger fühlen sich von einer schweren Last befreit. Wenn sie anschließend den Mönchen in die »Trapeza«, dem Refektorium, folgen und dort ein Mönch während des Essens weiter predigt, dann spürt man sie, diese Einkehr in eine andere Welt. Ein Entzug, der schmerzlos bleibt. Eine Reinigung, die wirklich heilt. Das ist der Augenblick, wo Pater David an seine Mutter denkt. Sie hatte seine Entscheidung, Mönch zu werden, Zeit ihres Lebens nicht akzeptiert. Sie alle sind doch Kommunisten gewesen. Sich einer unsichtba-

SEIN LEBEN GANZ ALLEIN GOTT, DEM ALLMÄCHTIGEN ZU OPFERN? WOFÜR?

ren Macht hinzugeben? Ja, das wäre für kurze Zeit denkbar gewesen. Doch sein Leben ganz allein Gott, dem Allmächtigen zu opfern? Wofür? Für sie fühlte sich das so an, als habe ein unsichtbarer Feind ihr ihren Sohn genommen. »Zum Teufel«, pflegte sie immer in den Hörer hinein zu brüllen, wenn sie miteinander telefonierten, »als Frau darf ich deinen heiligen Athosboden nicht einmal betreten! Aber das Spiel ist wohl verloren«. Pater David war tatsächlich nicht mehr umzustimmen. Da halfen keine Bittbriefe, keine Hilferufe und keine Besuche seitens seiner männlichen Verwandtschaft mehr. Mit den Jahren beruhigte sich die Mutter ein wenig. »Pater David« hat sie ihn allerdings niemals rufen können. Sie hatte in der ersten Zeit bei den Mönchen im Kloster für Verwirrung gesorgt, als sie nach Giorgos Logothetis verlangte. Irgendwann wussten alle, wer damit gemeint war. Pater David hat nicht aufgehört, die Mutter in seine täglichen Gebete einzuschließen. Als sie noch lebte, bat er seinen Gott um ihre Gesundheit und dass er ihren Schmerz um den Verlust lindere. Heute geht es ihm mehr darum, dass ihre Seele ihren Frieden findet. – Als die Sonne an diesem Tag im Untergehen begriffen ist, sitzt Pater David auf einem Felsvorsprung und blickt über die Weite des Meeres. Zum ersten Mal seit langer Zeit ist er verängstigt. Morgen muss er den Athos verlassen. Eine Untersuchung im Krankenhaus in Thessaloniki ist unvermeidlich geworden. Dieses Mal wird er die Fähre nach Ouranoupoli nehmen. Um über den Zaun zu springen, dazu ist er schon zu alt.

MARIANTHI MILONA

studierte in Köln Germanistik, Anglistik, Mittel-und Neugriechische Philologie. Seit 1990 ist sie journalistisch tätig für regionale, nationale und internationale Radio- und Printmedien. Aufgrund ihres speziellen Fachbereichs Griechenland unternimmt sie ausgedehnte Recherchereisen in alle wichtige Gebiete des Landes. In ihrem letzten Buchprojekt: »Geschichte und Lebensweise auf dem Berg Athos« entführt sie uns in die über 1000 Jahre alte Mönchsrepublik auf der nordgriechischen Halbinsel Halkidiki.

DAS
DIONYSIOS
KLOSTER AM
BERG ATHOS

GEBET AN DER
KLAGEMAUER
WÄHREND DES
TISCHA BEAV
IN JERUSALEM
RECHTS
ORTHODOXE
JUNGEN AUF
DEM WEG IN
DIE SCHULE

VANESSA
SCHLESIER
JERUSALEM

ULTRA
ABGESCHOTTET

**DIE PARALLEL-
GESELLSCHAFT
DER ULTRA-
ORTHODOXEN
IN ISRAEL LEBT
WIE IM 19. JAHR-
HUNDERT.**

DIE ULTRAORTHODOXEN – ZU BESUCH IN EINER ABGESCHOTTETEN WELT Rachels siebenmonatiger Babybauch wird von dem langen schwarzen Kittel versteckt, den sie trägt. Sie schiebt eine neue Platte Süßkartoffel-Möhren-Auflauf in den Ofen und fasst sich danach in den schmerzenden Rücken. Es ist ihr fünfzehntes Kind, sie kennt das schon. Aber jetzt muss erstmal das Schabbat-Essen für morgen vorbereitet werden.

Es ist Donnerstag, früher Abend. Ich wurde von ihrem Mann Joelisch eingeladen, den Abend bei seiner Familie im streng religiösen Viertel Mea Schearim in Jerusalem zu verbringen. Es ist ein Besuch in einer anderen Welt. Heruntergekommene graue Häuser, schwarz gekleidete Menschen. Die Frauen tragen Perücke oder Kopftuch, die Männer lange Mäntel. Es ist eine seltene Gelegenheit, Einblick zu bekommen, in diese Parallelgesellschaft der Ultraorthodoxen in Israel, die wie im 19. Jahrhundert leben, abgeschottet in ihren Vierteln, während gleichzeitig ihr Einfluss mit ihrer Größe wächst. Zwar sind sie noch eine Minderheit in Israel, aber ihre Geburtenrate ist fast dreimal so hoch wie die der Säkularen. Wenn es so weitergeht, werden die Haredim, so werden sie auch genannt, in rund fünfzig Jahren ein Drittel der israelischen Bevölkerung ausmachen.

ETWA ZEHN PROZENT der Bevölkerung in Israel ist heute schon ultraorthodox. Sie leben in einer Welt, in der nur die Regeln Gottes etwas zählen. Rabbis sind die obersten Instanzen und die predigen Sittsamkeit. Die Rollenverteilung ist klar: Die Männer studieren den Tag über die heiligen Schriften. Die Frauen kümmern sich um Haushalt und Kinder. Sie reden jiddisch miteinander, die tausend Jahre alte Sprache der Juden Europas. Es hört sich ein bisschen an wie Schweizerdeutsch. »Kommen Se herein, kommen Se herein«, begrüßt mich Joelisch Kraus. Er ist eine respektierte Person im Viertel. Manche nennen ihn den »Sheriff von Mea Shearim«, einer, zu dem die Männer am Abend kommen und von Streitigkeiten und Problemen erzählen. Sie stehen dann auf dem kleinen Vorhof in Grüppchen zusammen und beraten, während drinnen seine Frau die Kinder ins Bett bringt oder kocht.

Zum Gespräch nehmen Joelisch, der Übersetzer und ich im Wohnzimmer Platz. Die zwei ältesten Töchter machen den Kleinen in der Küche Abendbrot. Es gibt Toast mit Ketchup und zerschnittene Oliven. Rachel hält sich während des Gesprächs im Hintergrund, sitzt auf einer Eckbank, an sie geschmiegt Kind Nummer Sechs, Schmuel (11,5) und Kind Nummer Sieben, Josef (9,5). Die beiden lesen in heiligen Schriften. Mehr gibt es hier nicht. Keinen Fernseher, keinen Computer, in der Ecke steht ein kleines Radio: »Auf dem gibt es nur religiöse Kanäle«, sagt Joelisch Kraus. Zu siebzehnt leben sie auf 50 Quadratmetern, mit zwei Zimmern. Im Schlafzimmer stehen vier

Betten. Nachts liegen 14 Kinder, wo immer Platz ist. Zu zweit, zu dritt im Bett, auf dem Sofa. »Jedes Kind ist ein Geschenk Gottes. Die Großen helfen. Ich habe sehr viel Unterstützung«, sagt Rachel und erklärt ihren Altersvorsorgeplan: »Ich habe jetzt viele Kinder und viel zu tun. Wenn ich alt bin, bekomme ich dafür ein Königreich.« Seitdem sie 19 Jahre alt ist, war Rachel fast jedes Jahr schwanger. Das älteste Kind ist 18, das jüngste ein Jahr alt. Das Aufregendste, was Joelischs Kinder je gesehen haben, waren Kühe auf einem Bauernhof. «Unsere Kinder machen keine Ausflüge. Deswegen vermissen sie es nicht«, sagt der Vater. Einmal hat er ihnen erlaubt auf einem Karussell zu reiten. »Darüber sprechen sie bis heute. Zwei Tage konnten sie danach nicht schlafen.« Das bereut der Vater ein bisschen. Mit diesem Einblick in eine andere Welt hat er ihren Wunsch nach mehr geweckt. »Seitdem fragen sie immer wieder, ob sie zum Karussell dürfen«, sagt Joelisch und schüttelt missbilligend den Kopf. Er will seine älteste Tochter jetzt bald verheiraten, aber der Staat erlaubt es ihm nicht. Sie ist 17 Jahre alt. Und wenn sie nicht will? »Sie wird verheiratet, auch wenn sie es nicht will«, sagt Joelisch. Je länger sie warten würde, desto schwieriger werde es für sie, einen Mann zu finden. Und wenn ihr der Mann nicht gefällt? »Sie hat ein Mitspracherecht.« Wenn sie den Mann nicht mag, suchen die Eltern ihr einen anderen. Der Sheriff trägt einen langen schwarzen Bart, eine weiße Kippa, sein Gesicht ist eingerahmt von zwei langen Schläfenlocken. Kein einziges Mal schaut er mir in die Augen. Die streng religiösen Juden wollen sich von jeder Versuchung fernhalten, Blicke, die Berührung einer Frau, die nicht Familienmitglied ist, gelten als unrein.

AUCH BEI DEN KLEINEN sind die Rollen schon verteilt: Die Söhne lernen in der Schule das heilige Buch, die Torah, ein bisschen Geschichte und Geographie. Den Töchtern wird früh gezeigt, was ihre Rolle ist: Hausarbeit, nähen. Der Unterricht findet getrennt statt. Ihre Sittenvorstellungen, eine Haredisierung der Gesellschaft, versuchen die Ultraorthodoxen Stück für Stück umzusetzen. Und das recht erfolgreich. Mit ihrer »Partei der sephardischen Tora-Wächter«, Schas genannt, waren sie in den vergangenen zwanzig Jahren an fast allen Regierungen beteiligt, entschieden über Kriege ebenso mit wie über die Uhrzeit, die gerne mal verschoben wurde, damit es früh morgens zum Gebet hell ist. In Jerusalem mussten Frauen von Werbeplakaten verschwinden, die Schwimmbecken in der Hauptstadt haben getrennte Öffnungszeiten für

»PARTEI DER SEPHARDISCHEN TORA-WÄCHTER« SIE WAR AN FAST ALLEN REGIERUNGEN BETEILIGT.

Männer und für Frauen, Synagogen und religiöse Schulen sind bereits nach Geschlechtern getrennt. Auch um die Geschlechtertrennung in den Bussen wurde massiv und teilweise gewalttätig gestritten, bis 2011 ein Gericht halbherzig urteilte, die Geschlechtertrennung sei nur dann legal, wenn sie freiwillig erfolgt.

Doch so homogen sie nach außen auftreten, die Ultraorthodoxen sind unterteilt in viele verschiedene Strömungen und Gesinnungen.
Während rund 60 Prozent der Haredim-Männer keiner Arbeit nachgehen, ihr Leben dem Torah-Studium widmen und vom Staat unterstützt werden, bekämpft Joelisch Kraus den Staat Israel indem er ihm seine Mitwirkung entzieht, ihn boykottiert. An seinem Balkon hing lange Zeit ein Banner mit der Aufschrift: »Der Zionismus ist der Holocaust des Judentum.«

»DU VERLIERST DEINEN GLAUBEN, wenn du von Menschen gemachte Gesetze folgst«, sagt er. Erst wenn Gott den Erlöser geschickt hat, bricht die Zeit der Juden im heiligen Land an, glaubt er. Wie bereits sein Vater, sein Großvater und sein Urgroßvater vor ihm. Seine Familie, ursprünglich aus Ungarn, ist in vierter Generation im heiligen Land, »lange bevor die Zionisten hier ankamen«, sagt er und ist sichtlich stolz. Kraus arbeitet, von 5 Uhr morgens bis 5 Uhr abends, in einem Restaurant. Er nimmt nichts an vom Staat oder der Stadt, nur Wasser und Strom, »anders geht es ja nicht«.
Denn der Staat Israel würde seine Menschenrechte nicht achten, wettert er weiter. Es ist sein Lieblingsthema, er kann gar nicht mehr aufhören. »Es gibt keine Geschlechter-Trennung in den Bussen, jetzt sollen wir auch noch zum Militär. Das Leben eines Haredim ist in Israel nicht möglich«, sagt er. »Wir brauchen kein Militär. Ich glaube nicht an das Militär, dass uns beschützt. Gott wird uns beschützen. Der Glaube ist nicht zum Verhandeln«, sagt er und spricht damit eine Frage an, über der schon Regierungskoalitionen in Israel zerbrochen sind.

Müssen junge jüdische Männer, die sich ganz dem Studium der Thora widmen wollen, zur Armee? Seit der Staatsgründung 1948 sind sie davon ausgenommen.

Doch mit der demografischen Entwicklung der letzten Jahre und dem rasanten Wachstum der Haredim, fordert mittlerweile die Mehrheit der Israelis eine Sozialreform, die die Lasten gleichmäßiger verteilt – und die eine gewisse Anzahl von Haredim durch den Militärdienst in die Gesellschaft integriert. Im März 2014 wurde ein Gesetz verabschiedet nach dem die Ultraorthodoxen von 2017 an eine Mindestanzahl junger Rekruten stellen müssen. Momentan müssen Männer drei Jahre zum Wehrdienst,

Frauen zwei Jahre lang. Die Ultraorthodoxen gingen zu zehntausenden gegen das Gesetz auf die Straße. Vor allen Dingen gegen den Abschnitt protestierten sie, in dem es heißt, dass Religionsschüler, die ihre Einberufung weiter verweigern, mit Gefängnis bestraft werden können.

Kraus lacht, während er sagt: »Wir gehen ins Gefängnis. Ich hoffe, sie haben dort viel Platz. Wir sind sehr viele.«

VANESSA SCHLESIER

gehört zum Investigativ-Team der WELT-Gruppe: Mit Leib und Seele Reporterin, am liebsten im Nahen Osten, und eigentlich überall dort, wo Unbekanntes wartet.

DIE SÖHNE
VON JOELISCH
UND RACHEL
KRAUS

SCHÜLER EINER
KORANSCHULE
IN PESHAWAR,
PAKISTAN

TALIBAN

Sein Bericht darüber, wie er sich und seine Leute finanziert, woher ihre Waffen stammen, ob sie wirklich täglich gegen die ausländischen Soldaten in Ghazni kämpfen und ihnen empfindliche Niederlagen beibringen, ist nicht überprüfbar. Selbst ortskundige Afghanen scheuen sich vor Reisen in die Provinz, der Aufstand gegen den afghanischen Staat und seine ausländischen Schutzmächte ist dort besonders bösartig. Aber anderes wird deutlich, während wir in einem kargen Büro im Zentrum von Kabul eine Tasse Tee nach der anderen miteinander trinken: Assadullah ist ein typischer Fußsoldat der Taliban. Keiner, der einen globalen Gotteskrieg kämpfen oder den Jihad auf fremdem Boden tragen will. Dass er viele Sätze zum Lobe Gottes mit »Bismillah i Rachman i Rahim« einleitet, auch die Unterhaltung einmal unterbricht, um im Nebenraum zu beten, ist nicht Indiz religiöser Besessenheit, nicht mal auffallender Frömmigkeit in Afghanistan, sondern Gewohnheit der Tradition.

ASSADULLAH STRAHLT die handfeste Gewissheit des erdverbundenen Bauern aus, der er eigentlich ist und wieder sein will. Wenn der Krieg vorbei ist. Der drahtige Paschtune stammt aus der Provinz Ghazni, im afghanischen Südosten Richtung Pakistan gelegen, Drehscheibe für Taliban und Al Qaeda. Mitte 30 ist Assadullah wohl, die tiefen Furchen, die sich in sein Gesicht eingegraben haben, zeugen nicht nur von den harten Lebensumständen auf dem Lande. Das Jahr seiner Geburt weiß er nicht, wohl aber, dass die Sowjets damals nach Afghanistan einmarschierten. Assadullahs Generation hat Frieden nie gekannt.

Inzwischen speist sie den Konflikt auch. Assadullah befehligt ein paar Dutzend Aufständische in Ghazni. Im Gegenzug für die Aussicht auf »Unkostenerstattung« ist er nach Kabul gekommen, um Auskunft darüber zu geben, wie er zu den Taliban gestoßen ist, warum er für sie kämpft und was ihn bei ihnen hält.

ZU HUNDERTEN ENTSTANDEN DIESE SCHULEN IM GRENZGEBIET UND IN DEN FLÜCHTLINGSLAGERN.

Als Taliban-Kommandeur tut Assadullah, was schon seine Vorfahren in ihrem Winkel des Landes jahrhundertelang getan haben, wenn ihre Kreise gestört wurden: zur Waffe greifen und die Eindringlinge vertreiben. Nur, dass Assadullah seine Gegner nicht im Rahmen von Stammesfehden, sondern von Glaubensfeindschaft definiert.

Barack Obama zum Beispiel, der sei König der Amerikaner und ein perfider Feind des Islam. Warum? »Im Koran heißt es: Juden und Christen sind erst zufrieden, wenn sie sich die Muslime untertan gemacht haben.« Dergleichen ist Assadullah als Schüler einer Madrassa in Pakistan eingeimpft worden, wohin seine Familie während des Bürgerkriegs geflüchtet war.

ZU HUNDERTEN entstanden diese Schulen damals im Grenzgebiet und in den Flüchtlingslagern. Oft wurden sie finanziert von Spendern in Saudi Arabien, die den Wahhabismus verbreiten wollten. Diese besonders rigide Form des puritanischen Islam befeuert bis heute den islamischen Imperialismus von Al Qaeda und seinen Ablegern. Der Furor der afghanischen Taliban ist dagegen einzig auf die Errichtung eines islamischen

Emirats in ihrer Heimat gerichtet. In den extremisti-
schen Madrassen Pakistans mischt der saudiarabische
Wahhabismus sich mit dem südasiatischen Deoban-
di-Islam. Auch diese sunnitische Glaubensschule will
die Rückkehr zu Verhältnissen, wie sie zu Lebzeiten
des Propheten Mohammed vor vierzehn Jahrhunderten herrschten. Ein angeblich »reiner Islam« ist damit
gemeint, »unverseucht« von modernen Einflüssen.

Bereits Ende des 19. Jahrhunderts kamen Muslime in
den Schulen der Deobandi zusammen, die sich gegen
die britische Kolonialherrschaft stemmten und die eine
wortwörtliche Auslegung des Islam wollten. Koran und
Sunna, die Worte und Taten des Propheten, sind den
Extremisten nach wie vor alleinige Richtschnur für die
menschliche Existenz, die keine Verbesserung oder
Interpretation benötigt. Das Prestige extremistischer
Mullahs beruht nicht auf Gelehrsamkeit, sondern auf
der rigorosen Anwendung dieser Version des Islam.
Solche Madrassen halten sich bis heute. Jungen
bekommen hier Kost und Logis, Koranunterricht
und auch Waffentraining. Weil der Besuch gratis ist,
schicken vor allem Flüchtlinge, Bauern, Unterprivile-
gierte ihre Kindern in die Obhut der halbgebildeten
Vorbeter, die die Schulen leiten.

Bis in die 1980er-Jahre hinein hätte kaum jemand für
möglich gehalten, dass sich ausgerechnet in Afghanistan religiöser Fanatismus breitmachen würde. Der Islam war dort vom toleranten Sufismus, der islamischen
Mystik, geprägt. Die sunnitische Mehrheit der Afghanen
hing dem Hanafismus, der liberalsten der vier sunniti-
schen Rechtsschulen, an. Juden, Hindus, Sikhs, Buddhis-
ten lebten relativ unbehelligt unter den Muslimen.

DOCH ANARCHIE UND KRIEG führten dazu, dass die
Taliban hier das radikalste Regime der muslimischen
Welt errichten konnten. Nachdem die afghanischen
Mudschaheddin, finanziert und mit Waffen versorgt
vor allem von den USA, die Sowjets vertrieben hatten,
überzogen sie das Land mit Gewalt. Obwohl sie sich
auf den Islam beriefen, lieferten sie sich Fehden mit
Rivalen, um die Herrschaft zu erlangen. Die marodie-
renden Banden zogen brandschatzend, vergewalti-
gend und mordend durch Afghanistan.
Die Taliban dagegen ließen sich scheinbar nicht von
ausländischem Geld oder Waffenlieferungen korrum-

**WEBSITE MIT
EINEM
BERICHT ÜBER
DEN TOD
VON MULLAH
OMAR** AM
**23.5.2011
IN KABUL**

pieren, bald galten die Koranschüler als Bollwerk der Tradition und der Stabilität in einer chaotischen Welt. Ihr Anführer Mullah Omar war kein gelehrter geistlicher Würdenträger, nicht mal sonderlich gebildet. Im Kampf gegen die Sowjets hatte er ein Auge verloren, unter den Taliban war er politisch unambitioniert. Genau deshalb wurde er bald an der Spitze der Bewegung berufen, die den Terror des Bürgerkriegs beenden sollte.

Als die Taliban in den 1990er-Jahren die Macht in Afghanistan eroberten, war Assadullah noch ein Knabe. In seinem Teil von Ghazni brachte die Herrschaft der Männer mit dem schwarzen Turban keine großen Veränderungen. Die Menschen hier waren ohnehin fromm, Frauen wurden immer schon in den Häusern weggeschlossen, Schulen hatte es noch nie gegeben, Fernsehen, Computer, Telefon kannten die Menschen höchstens vom Hörensagen und die rabiaten Strafen, die Taliban austeilten, unterschieden sich kaum von denen, die die Stammesältesten verhängten, die sich jahrhundertelang am Paschtunwali, dem Stammesrecht der Paschtunen orientierten.

OMAR UND SEINE LEUTE WOLLTEN DEN »WAHREN ISLAM« IN GANZ AFGHANISTAN VERANKERN.

UNTER MULLAH OMARS Führung hatten die Taliban sich in eine politische und militärische Bewegung verwandelt, die entgegen der Tradition des Propheten keinen Dissens und keine religiöse Vielfalt zuließ. Der Anarchie begegneten sie mit einer gnadenlosen Law-and-order-Politik. Und sie bauten ihren Staat auf den Grundfesten einer Sharia auf, die starke Züge des Paschtunwali trug. So wollten sie den »wahren Islam« in Afghanistan verankern.
Religiös verbrämte Rechtsprechung ist in der Taliban-Bewegung immanent. Die unbeirrte Anwendung der Sharia ersetzt ihr alle anderen grundlegenden Aufgaben des Staates. So mischen sich Religions- und Rechtsauffassung. Damit scheiterten sie 2001. Doch nach dem Einmarsch des Auslands entstand ein afghanischer Staat, der sich um seine Bürger nicht

kümmerte und dessen Elite sich in eine Kleptokratie verwandelte. Dass die USA sich im Kampf gegen den Terror mit berüchtigten Warlords und Milizführern verbündete, statt den Aufbau eines Rechtsstaats voranzutreiben, untergrub das Vertrauen der Afghanen in einen gerechten Staat weiter. So konnten die Taliban wieder Sympathisanten und Kämpfer gewinnen.

IN IHRER PROPAGANDA verknüpfen die Extremisten heute ihre Geschichte mit dem größeren Kampf der Umma, der weltweiten Gemeinschaft des Islam. Ihre Videos, die auf den Bazaren Afghanistans und Pakistans verkauft werden, zeigen beispielsweise amerikanische Soldaten im Irak oder israelische Soldaten, die junge Palästinenser gefangen nehmen. Dann die Parallele zu Afghanistan: Kämpfer der tadschikischen Nordallianz, Verbündete der USA, posieren mit ihren Waffen auf Leichen von Taliban. Oder: US-Spezialeinheiten schänden die Leichen von Taliban, indem sie sie verbrennen. Oder: Der Koran wird in den Kloaken von Guantanamo entweiht. Im Westen sind das Nachrichten von gestern, in Afghanistan ist das dagegen der Stoff, der noch nach Jahrzehnten wie frisch erlitten erzählt wird. So deutet auch Assadullah sich den Lauf der Welt in seiner persönlichen Version der islamischen Geschichte. Den amerikanisch geführten Einmarsch nach Afghanistan 2001 setzt er gleich mit den mittelalterlichen Kreuzzügen der Christen. Der Feldzug am Hindukusch ist für ihn nur die vorläufig letzte Station eines Kampfes, der mit der Gründung des Islam begann: »Nicht-Muslime waren schon immer gegen Muslime«, ist er überzeugt. »So wie sie dem Propheten die Knochen gebrochen haben, so sind sie stets gegen uns gewesen. Wir aber wollen unsere Tradition des Islam und der Sharia, nicht eure Demokratie.«

SABINA MATTHAY

studierte Angewandte Sprachwissenschaft in Saarbrücken, Exeter und Urbino. 2008 bis 2011 Südasienkorrespondentin des ARD-Hörfunks, Schwerpunkte der Berichterstattung Afghanistan, Pakistan, Indien, Sri Lanka.

DIE ZWEI
RIESIGEN
BUDDHA-
STATUEN VON
BAMIYAN
WURDEN
2001 VON
DEN TALIBAN
ZERSTÖRT

EXTREME MITTE

PAKISTAN ist ein Land, das bisweilen verzweifelt nach Helden sucht. Im Januar 2011 jedoch schienen weite Teile der Bevölkerung endlich mal wieder jemanden gefunden zu haben, auf den sie glaubten, stolz sein zu können: Rechtsanwälte ließen als Zeichen der Ehrerbietung Rosenblüten auf diesen Mann herabregnen. Im Nordwesten Pakistans gingen Studenten auf die Straße, um für ihn zu demonstrieren. Und als wir – ein vierköpfiges Journalisten-Team – uns in jenen Tagen auf den Weg zur Familie des Über-Nacht-zum-Superstar-Avancierten machten, fanden wir dessen Wohn-Viertel in der Armee-Stadt Rawalpindi feierlich geschmückt vor: als erwarte man hier sekündlich das Eintreffen einer Autokolonne, der es im Stile einer Siegesparade zuzujubeln gelte. Girlanden gleichende Spruchbänder hatten die Bewohner hier quer über die Straßen gespannt: »Wir preisen Deinen Mut, Mumtaz Qadri!« war darauf zu lesen. Was aber qualifizierte diesen Mann in den Augen so vieler dafür, in den Heldenstand erhoben zu werden? Die überraschende Antwort lautet: Mumtaz Qadri hatte einen Mord begangen.

Einen Mord, den die internationale und in Teilen auch die pakistanische Presse als abscheulich und feige brandmarken sollte – der jedoch gleichzeitig den Aufstieg des bis dahin unbekannten jungen Mannes zu einer Art »Rächer des Propheten« beförderte. Mumtaz Qadri war Polizist. In einer Elite-Einheit. Und als solcher dazu abgestellt, einen hochrangigen Politiker zu schützen. Den Gouverneur der pakistanischen Provinz Punjab, einen Mann namens Salman Taseer. Anstatt diesen Politiker jedoch zu bewachen, durchsiebte Qadri ihn am 4. Januar 2011 mit Kugeln. Weil Taseer – zumindest aus Sicht seines Leibwächters – ein paar unverzeihliche Sätze gesagt hatte.

Es gibt im pakistanischen Strafgesetzbuch einen sogenannten Blasphemie-Paragraphen – einen Absatz, der Gotteslästerung ahndet. Und zwar schwer: Lebenslänglich sieht er für jeden vor, der den heiligen Koran abschätzig behandelt. Auf Beleidigung des heiligen Propheten steht ebenfalls lebenslänglich – oder die Todesstrafe.
Salman Taseer jedoch hatte sich »erdreistet«, dieses Gesetz diskutieren zu wollen. Er hatte wiederholt darauf hingewiesen, dass es sich sehr leicht missbrauchen lasse – für persönliche Rachefeldzüge und für die Verfolgung religiöser Minderheiten. Er hatte deshalb dafür geworben, es umzuschreiben. In den Augen Mumtaz Qadris erfüllte dies bereits den Tatbestand der Gotteslästerung – und ohne einen Richterspruch abzuwarten, vollstreckte Qadri die Todesstrafe vorsichtshalber lieber selbst.

UM DES VERSUCHES WILLEN, die Psychologie des Attentäters wenigstens in Ansätzen zu ergründen, statteten wir – vier deutschsprachige Journalistinnen und Journalisten – kurz nach dem Mord dem Bruder des Todesschützen einen Besuch ab. In einem – bis auf die Spruchbänder – ziemlich unscheinbaren Viertel der Stadt Rawalpindi. Jener Metropole also, die gerne als die große Zwillings-Schwester der Hauptstadt Islamabad bezeichnet wird.
Wir waren gespannt, ob die Familie des Mannes, der sich nicht nur zum Richter, sondern auch gleich noch zum Henker aufgeschwungen hatte, möglicherweise doch einen Anflug von Reue für die kaltblütige Tat zeigen würde. Sekunden nach der Begrüßung war diese Frage geklärt: Dil Baseer, der Bruder Qadris,

empfing uns mit einem strahlenden Lächeln auf den Lippen und mit einem Stapel Flugblätter in der Hand. Die, erklärte uns Baseer, habe er selbst entworfen. Er forderte darin die Freiheit seines mittlerweile inhaftierten Bruders. Der sei, berichtete Baseer uns eifrig, mit sich völlig im Reinen. Er sei noch nie glücklicher gewesen als jetzt in seiner Zelle. Und dazu habe er ja auch allen Grund: »Nicht nur die Verwandtschaft ist stolz auf meinen Bruder. Nein, die ganze muslimische Welt ist stolz auf ihn!«

Unseren vorsichtigen Einwand, der Tod erscheine uns doch als eine ziemlich harsche Strafe für jemanden, der eine Diskussion über einen Strafrechts-Paragraphen habe anstoßen wollen, quittierte Baseer mit einem mitleidigen Kopfschütteln: Der Islam, erklärte er uns, sei eine sehr tolerante Religion. Aber wenn es um Gotteslästerung gehe, dann stünden darauf nun mal sehr hohe Strafen.

»WAS IMMER IN DIESER WELT GESCHIEHT, IST DER WILLE ALLAHS. Der Politiker hat einen Fehler gemacht, und Gott selbst war es, der ihn dafür bestraft hat!« Das Blasphemie-Gesetz, fügte er noch an, sei nun mal keines, das von Menschen gemacht sei, sondern es komme direkt von Gott.

Eine solche Auslegung macht natürlich all denen das Leben schwer – soweit man es ihnen überhaupt lässt – die versuchen, mit weltlichen Argumenten zu streiten. Das hatte auch Salman Taseer probiert. Etwa mit dem Hinweis, dass das Gesetz sich ja so leicht missbrauchen lasse.

Wenn sie sicher sein konnten, dass ihnen niemand zuhörte, hatten auch mir gegenüber immer wieder Einheimische ihr Leid geklagt: wer in Pakistan einen persönlichen Konkurrenten auf elegante Weise aus dem Weg räumen wolle, der müsse diesen schlicht der Blasphemie bezichtigen. In einem allgemeinen Klima der Hysterie könne der Verleumder fest darauf vertrauen, dass sich gerade auf unterer Ebene kaum ein Richter finden werde, der in so einer heiklen Frage einen Freispruch wage.

Wenn aber in diesem Land über bestimmte Dinge zu diskutieren lebensgefährlich ist, dann ist die sich demokratisch nennende Staatsordnung ernsthaft in Gefahr. Diese Warnung führen schon seit längerem einige mutige pakistanische Intellektuelle auf den Lippen. Für

FAMILIE UND UNTERSTÜTZER VON MUMTAZ QADRI IN RAWALPINDI

sie ist der Blasphemie-Paragraph nur eine hässliche Verästelung eines viel tiefer verwurzelten Problems: Pakistan ist ein Staat, der 1947 als »Heimstätte aller Muslime« gegründet wurde. In der Verfassung steht: die Oberhoheit über das Universum übt Allah aus. Also habe man es auf einmal – schon qua Grundgesetz – mit 2 Gewalten zu tun, beklagen Kritiker: Mit dem Staat. Und mit Gott. Wem also soll man nun glauben? Wenn die Taliban folglich behaupten: wir berufen uns auf Gott bei dem, was wir tun, wir müssen uns nicht an das Gesetz halten – wer wollte ihnen da widersprechen? Auf Gott berief sich auch Mumtaz Qadri.

Nun sind weder er noch dessen Bruder Taliban-Extremisten. Auch wenn es immer wieder auf uns westliche Journalisten maßgeschneiderte Sätze sind, die Dil Baseer von sich gibt – es ist davon auszugehen, dass er sie ernst meint. Genauso ernst wie die Lobeshymnen auf seinen Bruder. Diese Sätze lauten zum Beispiel: »Andere Religionen behandle ich mit Liebe und Respekt« oder »Ich habe nichts dagegen, wenn Frauen Jeans tragen.«

PAKISTAN IST EIN STAAT, DER 1947 ALS »HEIMSTÄTTE ALLER MUSLIME« GEGRÜNDET WURDE.

BASEER IST IMMOBILIEN-MAKLER. Er gehört, wie Qadri, zur pakistanischen Mittelschicht. Mehr noch: beide entstammen einer religiösen Bewegung, die eine lange Tradition hat in Pakistan und im Ruf steht, äußerst tolerant zu sein. »Barelwi« nennt sich diese Richtung des islamischen Glaubens – ihre Anhänger galten stets als ärgste Widersacher der fundamentalistischen Deoband-Schule. Die wiederum die islamistischen Taliban von Anfang an ideologisch unterfüttert hat. Im Fall des Taseer-Mordes aber waren es nun ausgerechnet mehrere hundert Barelwi-Gelehrte, die das Attentat priesen und dazu aufriefen, dem Begräbnis des »sündigen« Politikers fernzubleiben. Genau das aber scheint über die letzten Jahre und Jahrzehnte zu einem der größten Probleme Pakistans

geworden zu sein: dass die Mitte der Gesellschaft, die traditionell gemäßigten religiösen Gruppen, sich zunehmend radikalisierten. Jedenfalls dürften sich die »echten Extremisten« die Hände reiben, wie bereitwillig heute auch sogenannte »Moderate« ihre Positionen vertreten. Im Fall des selbsternannten Propheten-Rächers Qadri machte die so viel beschworene »schweigende Mehrheit« in Pakistan ihrem Namen alle Ehre – sie schwieg. Die Frage ist, ob sie nicht – während sie so vor sich hin schwieg – innerlich zustimmend mit dem Kopf nickte, als sie die Nachricht von dem Attentat vernahm.

Jedenfalls befanden sich damals – Anfang 2011 – die Liberalen, die brillanten Intellektuellen, die Pakistan durchaus vorzuweisen hat, in einer Art Schockstarre. Angesichts der Brutalität, mit der zweifelnde Stimmen mundtot gemacht wurden (und zwar für immer) – und angesichts der Gleichgültigkeit, mit der weite Teile der Bevölkerung dies hinnahmen. Wenn sie es nicht sogar lautstark feierten. Und der intellektuelle Nachwuchs? Schien nichts daran auszusetzen zu haben, dass der Polizist Qadri den Politiker Taseer umgebracht hatte: »Jeder von uns würde als Beschützer des Propheten auftreten und hätte vielleicht das selbe getan.« Sagte mir eine Studentin der Wirtschaftswissenschaften an der Punjab University in Lahore ins Mikrofon. Und selbst ein Jura-Student derselben Bildungseinrichtung vertraute mir an: Er sehe kein Problem darin, dass der Leibwächter das Gesetz in die eigenen Hände nahm und die Waffe gegen seinen Schützling richtete.

DIE ZERRISSENHEIT PAKISTANS trat nach dem Attentat immer offener zutage: Ja, es trauten sich in der Tat liberale Politiker zur Beerdigung Taseers, allerdings weder der Präsident noch der Premierminister. Ja, der Taseer-Mörder ist mittlerweile von einem Richter zum Tode verurteilt worden. Das geschieht allerdings auch weiterhin mit Menschen, die der Gotteslästerung bezichtigt werden. An den Blasphemie-Paragraphen wagte sich seitdem niemand mehr ernsthaft heran. Ja, Pakistan hat eine äußerst tolerante religiöse Tradition. Nur wurde die in den letzten Jahren und Jahrzehnten sorgsam zugeschüttet: Mittlerweile erscheint in Pakistan sogar die Mitte extrem. Und links davon kommt nicht mehr viel.

NUR WENIGE WOCHEN nach dem Mord an Salman Taseer wurde erneut ein Politiker erschossen: Pakistans Minister für Minderheiten, Shahbaz Bhatti. Auch er musste für seine Überzeugungen sterben: auch er war ein Kritiker des Blasphemie-Gesetzes. Auch er, selber Katholik, hatte oft darauf hingewiesen, dass diese Paragraphen wie Damokles-Schwerter über Pakistans religiösen Minderheiten schwebten. In der Tat wirkten viele Christen in Pakistan nach den Politiker-Morden paralysiert-verängstigt. »Bloß nicht auffallen«- diese Parole gaben viele Gemeinden ihren Mitgliedern mit auf den Weg. Was gar nicht so einfach ist, wenn man in seinem kleinen Heimatdorf zum Beten nun mal in die Kirche und nicht wie fast alle anderen in die Moschee läuft. Wobei das mit dem so viel diskutierten »Kulturkampf« herzlich wenig zu tun hat. Fast sämtliche Christen, mit denen ich damals sprach, berichteten mir: der Blasphemie-Paragraph werde fast ständig missbraucht, um mit dessen Hilfe Privat-Fehden auszutragen. Deren Ursprung sei aber im Grunde fast immer sozialer Natur. Nach dem Motto: »Wenn mein Nachbar erfolgreicher ist als ich, muss man ihm mal eine Lektion erteilen. Wie praktisch, dass er auch noch Christ ist, da wirkt das umso glaubwürdiger, wenn ich ihn der Gotteslästerung bezichtige«.

Mit anderen Worten: die Religion muss als Ausrede herhalten, wo es im Grunde um etwas völlig anderes geht. In Pakistan klagen Muslime Menschen derselben Glaubensrichtung viel öfter der Blasphemie an als Muslime das mit Christen tun. Und wenn es eine Minderheit in Pakistan gibt, die sich ständig ernsthafter Lebensgefahr ausgesetzt sieht, dann ist das die muslimische Minderheit der Schiiten. In großer Zahl attackierten den Taliban nahestehende Selbstmord-Attentäter in den vergangenen Jahren deren Moscheen und Prozessionen. Muslime morden Muslime – nach einem Kampf Orient vs. Okzident sieht das eher nicht aus. Religiös verbrämt

ist auch der Machthunger der radikalen Islamisten, der Taliban. Um ihre Ziele zu erreichen, versuchen sie, die Gesellschaft entlang religiöser Linien zu spalten. Bedenklich ist, dass sie dabei in letzter Zeit – wissentlich oder nicht - immer mehr Unterstützung von vermeintlich gemäßigten Kräften bekamen. Der pakistanische Arm der Taliban jedenfalls gratulierte dem Attentäter Qadri zu seinem Mord an Taseer mit den Worten: Der Mann sei so oder so bald dran gewesen - umso besser, wenn jemand anders sich darum gekümmert habe.

DIE RELIGION MUSS ALS AUSREDE HERHALTEN, WO ES IM GRUNDE UM ETWAS VÖLLIG ANDERES GEHT.

Dieser Mord kam – so lautet die bittere Diagnose – aus der Mitte der Gesellschaft: wurde verübt von einem vermeintlichen religiös moderaten Mittelständler. Wie aber soll das weitergehen, wenn selbst so jemand bereitwillig zum Handlanger der Extremisten wird? Jedenfalls trat nach dem Fall Mumtaz Qadri klar zutage, was warnende Stimmen bereits seit längerem beklagten: dass Pakistan sich seit Jahren schleichend islamisiere, die Bevölkerung insgesamt religiöser werde, der Atomstaat langsam aber sicher abzudriften drohe. Eine beängstigende Diagnose. Die Taliban, so befürchten gar ganz pessimistische Beobachter, müssten gar nicht mehr selbst nach der Macht greifen. Pakistans Gesellschaft bewege sich ohnehin auf sie zu. Das ist für das Land selbst keine gute Nachricht. Für die westlichen Verbündeten Pakistans ebenfalls nicht. Und für den Nachbarn Indien sowieso nicht - eine Aussöhnung der beiden Atomstaaten gilt als Voraussetzung dafür, dass in der gesamten Region und auch im von Kriegen zerrütteten Afghanistan Ruhe einkehren kann. Das wird so immer schwieriger. Die durchaus vorhandene Zivilgesellschaft – Journalisten, Anwälte, Geschäftsleute – die den Gegenpol zu den Islamisten bilden soll, hatte sich jedenfalls im Fall Qadri nicht nur als zu schweigsam, sondern in Wahrheit als zu schwach herausgestellt. Die zahlreichen Intellektuellen, mit denen ich in den Monaten danach sprach, zeigten

Symptome ernsthafter Sorge und Frustration angesichts des für sie erheblich schrumpfenden Raumes. Die bittere Ironie der Geschichte besteht allerdings darin, dass es der Westen selbst war, der die religiöse Saat einst säte: So waren es die Briten, die den Blasphemie-Paragraphen im Jahr 1860 auf den Subkontinent exportierten. Viel entscheidender jedoch war, dass in den 1980er Jahren für den Westen nur eins zählte: Die Sowjets sollten aus dem Nachbarland Afghanistan vertrieben werden. Um das zu erreichen, machte man mit dem pakistanischen Militärdiktator Zia ul-Haq gemeinsame Sache. Half diesem bei der Schaffung tausender Koranschulen. Bildete und rüstete sogenannte Gotteskrieger für den Guerilla-Kampf gegen die Kommunisten aus. Und züchtete sich damit, so ein oft benutztes Bild, Frankenstein-Monster in dermaßen großer Stückzahl heran, dass man sie heute nicht mehr los wird.

GENERAL ZIA war es übrigens auch, der den Blasphemie-Paragraphen entscheidend ergänzte und verschärfte. Dil Baseer hatte also Unrecht: dieses Gesetz kommt nicht von Gott – es ist von Menschen ersonnen, verfasst und verändert worden. Am Ende unseres Gesprächs drückte Mumtaz Qadris Bruder übrigens jedem von uns ein Flugblatt in die Hand und lud uns ein, sich so mit ihm fotografieren zu lassen. Das wäre ein schönes Facebook-Posting für ihn geworden: »Westliche Journalisten werben für die Freilassung von Attentäter Qadri!« Wir lehnten dankend ab. Was wir allerdings nicht verhindern konnten: einer von Baseers Angestellten heftete uns bei der Abfahrt einen Aufkleber selben Inhalts – »Lang lebe Mumtaz Qadri« - auf die Heckscheibe unseres Autos. Auch damit wollten wir uns nur ungerne blicken lassen. Drei Abbiegungen vom Wohnhaus unseres Interview-Partners entfernt machten wir uns also daran, die durchaus hartnäckige Werbebotschaft von der Scheibe zu kratzen. Mitten bei der Arbeit jedoch entfuhr unserem pakistanischen Freund und Übersetzer, Nadeem, ein unterdrückter Schrei

ES WAREN DIE BRITEN, DIE DEN BLASPHEMIE-PARAGRAPHEN IM JAHR 1860 EXPORTIERTEN.

des Entsetzens: »Auf dem Etikett befinden sich Koran-Verse«, zischte er uns ins Ohr. Es dauerte nicht lange, bis wir alle realisierten, dass bewusstes Zerkratzen von Koran-Versen in der Öffentlichkeit vermutlich ein noch schwerwiegenderes Delikt darstellte als das Anzweifeln des Blasphemie-Paragraphen. Uns verstohlen umblickend, verdrückten wir uns alle wieder in den Wagen.

DA ES NICHT SO EINFACH IST, in Rawalpindi eine verlassene Gasse ausfindig zu machen, entschieden wir uns dafür, uns einfach zum ohnehin anstehenden nächsten Interviewtermin zu begeben. Passenderweise führte der uns zu einem fundamentalistisch angehauchten muslimischen Geistlichen. Der uns nicht nur erklärte, warum er Blasphemie für ein strikt zu ahndendes Vergehen halte, sondern auch, dass jeder Vorstoß, den entsprechenden Paragraphen abzuändern, einen von Indien und den USA gesteuerten Versuch darstelle, sein Land und dessen religiöses Fundament zu schwächen. Uns brach ein wenig der Schweiß aus, als unser pakistanischer Mitarbeiter Nadeem im Anschluss irgendwie den Mut aufbrachte, ausgerechnet diesen Mann zu fragen, wie man die bereits beschädigten Koranverse auf unserer Heckscheibe sachgerecht entsorgen könne... Die beste Art, mit der heiligen Schrift umzugehen, sei es, die Schnipsel in fließendes Wasser zu geben, erklärte uns der Mullah. Oder aber: sie in ein reines Tuch zu wickeln und dann zu vergraben. Aber wir sollten uns mal keine Sorgen machen – er werde sich schon darum kümmern, beruhigte er uns. Worauf sich der Geistliche daran machte, uns tatkräftig beim Abkratzen des »Freiheit für Qadri«-Aufklebers nebst Koranversen von unserer Heckscheibe zu unterstützen.

KAI KÜSTNER _____

arbeitet als freier Autor und Auslandsreporter. Kai Küstner leitete 5 Jahre lang das ARD- Hörfunk-Studio Neu Delhi. In dieser Zeit führten ihn seine Reisen kreuz und quer durch Südasien - vor allem nach Afghanistan, Pakistan und Indien. Im Anschluss schickte der NDR, der Heimatsender des überzeugten Auslands-Korrespondenten, ihn ins WDR/NDR-Studio Brüssel. Seitdem lebt der geborene Hamburger mit seiner Familie in der belgischen Hauptstadt.

GRABSTÄTTE
EINES
ISLAMISCHEN
HERRSCHERS
AUS DEM
17. JAHRHUNDERT

HINTER MAUERN

SICHTBARE ODER UNSICHTBARE MAUERN: SIE SCHÜTZEN UND SIE TRENNEN MENSCHEN

SOMALISCHE
FLUCHTLINGE
IN DADAAB,
DEM GRÖSSTEN
FLÜCHTLINGS-
LAGER DER WELT

WOLFGANG
BAUER
DADAAB

FLUCHT
VERSUCH

DAS LEBEN hat sich bis hierhin zurückgezogen, wo es eigentlich keines mehr gibt, tief in die Wüste Kenias, die für Hunderttausende zur einzigen Hoffnung wurde. Die Menschen sind aus Somalia geflohen, weil zum dritten Mal in Folge der Regen ausblieb. Weil der Boden trocken fiel und es kein Grün mehr gibt. Ihre Tiere verendeten. Die Massen setzten sich bereits Ende 2010 in Bewegung, die Reicheren mieteten sich Lastwagen, die Armen gingen zu Fuß. Der Zug der Flüchtenden ist seither nicht mehr abgerissen. Ein Land evakuiert sich selbst, es entleert sich in die Nachbarstaaten, nach Äthiopien und eben nach Kenia. Dort, im unfruchtbaren Saumland zu Somalia, ist das größte Flüchtlingslager der Welt entstanden. Eiterblase des Nachbarstaates, der sich selbst zerfleischt. Jeden Tag wächst das Camp um 1.200 Einwohner, Dadaab, einst ein Dorf von Ziegenhirten, gilt heute mit einer halben Millionen Menschen als drittgrößte Stadt des Gastlandes. Sie ist auch sein größtes Gefängnis. Die kenianische Regierung fürchtet das Volk auf der Flucht und pfercht es auf 50 Quadratkilometern zusammen. Hier endet der Horizont somalischer Hoffnungen.

ER TASTET IM HALBSCHLAF nach ihr, greift um sich, von der Hitze des Nachmittags benommen. Die Knie hat Issak Aden zum Bauch gezogen. Die Finger des 55-Jährigen gleiten über das Laken, auf dem er liegt, aber sie fahren ins Leere. Sie fühlen nichts, was ihnen Halt gibt, tasten erst träge, dann hektisch, bis er sich verstört auf der Matratze hochreißt. Issak Aden blickt in den Krankenhaussaal. Es ist die zweite Woche, die er hier verbringt. Er sieht die Plastikschläuche und Beatmungsmaschinen an den Nachbarbetten, riecht den Durchfall und das Erbrochene der Kinder, das ihre Eltern fortwährend wegwischen. Es ist ganz still in diesem Saal. Die Kinder, die hier leben, schreien nicht. Issak Aden findet seine Tochter in einer Lakenfalte neben sich. Spürt die Brust des Kindes, die sich unter seiner Hand hebt und senkt. Ihre Wärme. Fardosa. »Das Paradies«. So heißt ihr Name übersetzt. Sieben Monate, 22 Tage. Er beugt sich herunter und sucht ihren Blick. Seit Wochen ringt sie mit dem Tod.

**IN DADAAB,
EINST EIN DORF
VON HIRTEN,
WOHNT
HEUTE EINE
HALBE MILLION
MENSCHEN.**

Hierhin hat es vor zwei Monaten der Viehhändler Issak Aden mit seiner Familie geschafft. Im Dadaab fand er Rettung und das Verderben.

Das Kind im Nachbarbett von Isaak Aden ist heute morgen gestorben, einfach so. Er war nur kurz draußen, um im Hof die Wäsche zu waschen, und als er zurückkam, atmete der Zweijährige nicht mehr. »Er lag da mit offenen Augen«, erzählt Aden. »Stabilisierungstrakt« steht auf der Doppeltür des Krankensaales. In ihm bekämpfen Mediziner ein Übel, das in Europa längst ausgerottet wurde. Den Hunger. »Nur dort kann man euch noch helfen«, wird im Lager den Eltern über das Zentralkrankenhaus gesagt. So tragen sie ihre Kinder hierher, das, was von ihnen übrig ist. Etwas Knochen, etwas Sehnen, weniger als sechs Kilogramm Muskelgewebe. Das bisschen Körper umschlossen von einer dünnen Haut, in die blutige Risse klaffen. In den vergangenen Monaten verwandelte die Dürre das Krankenhaus in eine Intensivstation für Kleinkinder. An den Türen haftet die deutsche Flagge, im Sommer war der Berliner Entwicklungshilfeminister da. Die »Gesellschaft für internationale Zusammenarbeit (GIZ)« finanziert das Spital zum Teil.

BLICK IN EINE
STATION DER
**INTERNATIONAL
RESCUE
COMMITTEE
(IRC) KLINIK**
IN HAGADERA,
DADAAB

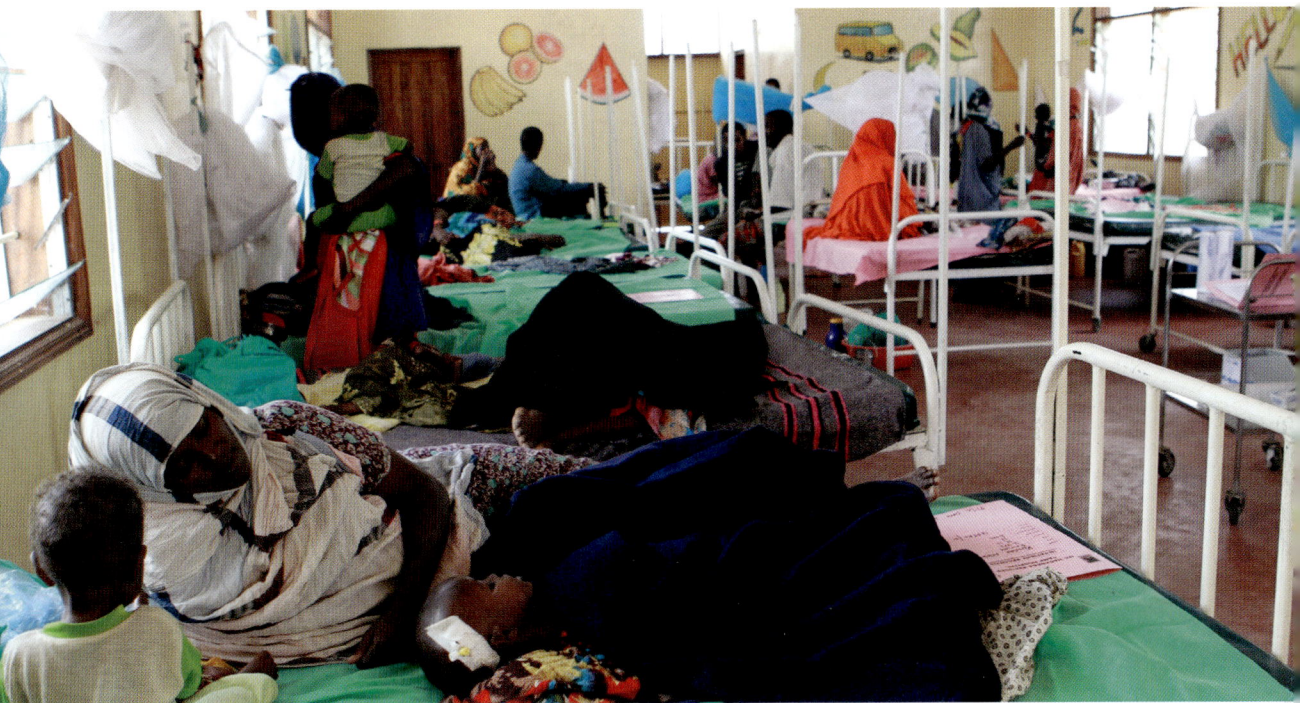

Die erwachsenen Patienten hat die Verwaltung in Zelte ausquartiert und die Kleinen auf die festen Gebäude verteilt. In ihnen ist die Hitze erträglicher. Die lebensbedrohlichsten Fälle kommen in den Zwölf-Betten-Trakt, wo Isaak Aden mit seiner Tochter liegt. Zwei Wege führen aus diesem Saal. Der eine ist am Westgiebel des Raumes, wo die Kinder morgens gewogen und das Milchpulver gemischt wird. Der andere, im Osten, liegt neben dem Büro, in der die Pfleger die Totenscheine verwahren. Ich, der Reporter, sitze jeden Tag am Bett von Isaak Aden. Oft fühle ich mich unnütz. »Bist du ein Arzt?«, fragt mich Aden. In seiner Heimat gibt es weder Ärzte noch Journalisten. Für anderthalb Wochen bin ich aus Deutschland angereist, um über eine Katastrophe zu berichten, die vergessen zu werden droht. Zu lange dauert sie schon für die Medien, die sich abgewendet haben. CNN, BBC, sie alle waren schon einmal da und kommen so bald nicht wieder. Der Tod in Dadaab hat seinen Nachrichtenwert verloren, das Unfassbare ist gewöhnlich geworden. »Du siehst es ihnen nicht an«, sagt der leitende Krankenpfleger Mohamed Shakur, 31. Er ist zur Spätvisite an die Betten getreten. »Du glaubst, alles ist ok, die Werte sind gut, dann drehst du ihnen den Rücken zu und sie sind tot.« Er arbeitet seit drei Jahren in der Kinderabteilung. Er lacht viel, wenn er unter Kollegen ist. Traurig wirkt er, glaubt er sich unbeobachtet. Shak rufen sie ihn, er hat zwei Kinder, die sechs Autostunden entfernt im Süden wohnen, alle acht Wochen kann er sie sehen. Er vermisst sie. Die Namen merkt sich Shakur nicht, zu kurz bleiben die Patienten. Da ist die Großmutter, erstes Bett, linke Reihe, die ihren dreieinhalbjährigen Enkel hütet. Ganz still auch er. Nur einmal am Tag hört man ihn, wenn die Alte ihn badet. Dann wimmert er und weint. Sie reibt die Seife über seine Haut, die in breiten Streifen blutig aufgeplatzt ist. Als sei Napalm auf ihn herabgefallen. Der Hunger ist wie das Aidsvirus, er attackiert den Körper in vielfältigen Formen. Unter dem Proteinmangel löst sich bei manchen Kindern die Haut auf, sie büßt ihre Elastizität ein. Shakur verschreibt Salbe. »Schau mal«, zeigt er auf hellrosa Wundränder, »es heilt schon.«

DIE WELT DES FLÜCHTLINGSLAGERS gliedert sich in drei Sektoren, die Camps Dagahaley, Hagadera und Ifo. Jedes von ihnen besitzt die Ausmaße einer Großstadt. 1991 war Dadaab nach dem Ausbruch des Bürgerkrieges für 70.000 Menschen angelegt worden. Nun verfestigt sich das Lager zur Stadt. Die erste Generation wohnt in Steinhäusern, sie unterhält Schulen und bildet sogar ihre eigenen Lehrer aus. Die nachkommenden Familien ließen sich in ihrer Nachbarschaft nieder. Wie Jahresringe der Not umschließen die neuen Quartiere die alten Kerne. Jede militärische Offensive der letzten Jahrzehnte findet in Dadaab in Elendsbehausungen ihre Entsprechung. Die Neuen leben in Zelten, eine Vielzahl an unterschiedlichen Modellen masert die Wüste. Wie Windpocken bedecken sie das Land. »Wenn so ein Kind zum ersten Mal wieder lacht«, sagt Shakur, »dann weisst du, es hat es überstanden.« Fardosas Fieber steigt. Lungenentzündung. Isaak Aden beträufelt sie mit einem nassen Lappen. Der nächste Morgen bricht an. Draußen aufflirrende Hitze. Seine Frau Muslima hat sich zu den beiden aufs Bett gelegt. »Wie war die Nacht«, fragt sie ihn. Die 35-Jährige hat erstmals seit Fardosas Einweisung nicht im Spital geschlafen. »Ich

muss mich um die anderen Kinder kümmern«, sagt sie. Muslima kann kochen, Isaak nicht. Ihre vier Jungs leben alleine im Flüchtlingslager, in dem Zelt, das der Familie vor zwei Monaten zugewiesen wurde. »Ich traue den Nachbarn nicht«, klagt Muslima. Die Jungs seien noch zu klein; beim Wasserholen am Brunnen würden sie weggestoßen. Muslima selber ist unterernährt, leidet unter Blutarmut, hat Grippe, doch nimmt sie jetzt jeden Tag zwei Stunden Fußmarsch in Kauf, um zwischen Fardosa und den Jungs zu pendeln. Sie redet viel, Isaak schweigt. Gleichermaßen erschöpft schlafen Mutter und Tochter nebeneinander ein. Da stirbt an diesem Tag das erste Kind, drei Betten von Fardosa entfernt.

ES IST KAUM ZUGEDECKT, als das zweite stirbt. Der Zweijährige ist seit acht Tagen im Saal. Über einen Plastikschlauch in der Nase bekommt er Sauerstoff. Der Krankenpfleger Shakur sucht schweigend nach einer Vene am Hals. Will ihm ein Kreislaufmittel verabreichen, schnell, doch findet er keine Vene. »Wir müssen es durchs Knochenmark geben«, sagt Shakur und setzt die Injektion am Knie. Das Kind zieht ruckartig die Luft ein. Die Mutter am Bettrand beginnt zu weinen, zieht den Schleier über die Augen. Shakur sticht in den Knochen, das Kind reagiert nicht auf den Schmerz. Es ringt um Atem, mit aufgerissenen Augen. Shakur lässt vom Knie ab, setzt zwei Fingerspitzen auf die Brust des Kleinen. »Ich kann keinen Puls mehr fühlen«, sagt er und massiert das Herz, das aufgehört hat zu schlagen. »Er ist tot«, flüstert die Mutter. Doch Shakur kämpft weiter, zählt bis zwei, drückt aufs Herz, zählt bis zwei, drückt wieder. Schweißperlen treten auf seine Stirn. Die Mutter will die Augen ihres Kindes zudrücken, Shakur schiebt ihr die Hand zur Seite. Er versucht es immer noch, wischt sich zwischendurch den Schweiß ab, dann hält er inne. Mit hängendem Kopf, die Arme auf den Bettrand aufgestützt. Fardosas Mutter ist aufgewacht. Sie beobachtet von ihrem Bett, wie Shakur den Beatmungsschlauch aus dem Jungen zieht. Er entfernt die Pflasterstreifen von Stirn und Wangen. Löst die Kanüle am Knie. Shakur meidet die Blicke der anderen Eltern. »Ich hab

DADAAB WAR 1991 NACH DEM BEGINN DES BÜRGERKRIEGES FÜR 70.000 MENSCHEN ANGELEGT WORDEN.

alles getan«, sagt er in den Saal hinein. Den Jungen bedeckt er mit einer Filzdecke. Nur der große Zeh ragt noch heraus. Dann verlässt er den Saal, für einige Stunden, und niemand weiß wohin. Fardosas Mutter geht zum Bett des Toten und zieht die Decke auch über den nackten Zeh.

ABENDS FLIESST DAS BLUT einer Ziege, die die Krankenpfleger schlachten. Sie feiern den Abschied einer Kollegin, sie hat gekündigt. Ich treffe mich mit Shakur auf dem Wohnareal der GIZ, von Wachposten und Stacheldraht gesichert. Ärzte und Pfleger arbeiten in Dadaab unter ständiger Entführungsgefahr. Shakur lächelt wieder. »Ich bin auf Amphetamin«, grient er. »Ein Scheiß-Tag.« Er kaut die Droge Khat, ein Bündel dunkelgrüner Blätter liegt vor ihm. »Ich hab mir das nach vier Monaten in Dadaab angewöhnt.« Die meisten sind auf Droge, zumindest nach Dienstende. Es steht zur Zeit nicht gut um die Stimmung in den Krankenhäusern. Immer wieder werden Streiks ausgerufen. Die Beschäftigten wollen mehr Geld und Urlaub. Acht Wochen Arbeit, fünf Tage frei, so ist etwa die Regel der GIZ. »Früher hatten wir acht Wochen Schicht und zwei Wochen frei«, klagen die Leute. Die Katastrophe, die dieses Jahr über Dadaab hereinbrach, zehrt an den Nerven aller. »Ich bin bei der Arbeit nur noch körperlich anwesend«, sagt ein Kollege von Shakur. Bis tief in die Nacht tanzen sie, um den Abschied der Kollegin zu feiern. Sie liegen sich in den Armen, um für einige Momente die Bilder des Tages zu vergessen. Heute ist Isaak Aden mit Fardosa abermals alleine. Sie hat in der Nacht eine Kanüle in die Kopfhaut gesetzt bekommen. Damit Shakur besser die Lungenentzündung bekämpfen kann. Stundenlang verweilt der Vater auf dem Bett und verscheucht die Fliegen über seiner Tochter. Bei ihrer Geburt hatte ihr seine Frau einen anderen Namen geben wollen. Sie favorisierte »ein Schiff, das Lasten trägt«. Und es ist die Sache der Mütter, die Namen der Kinder zu bestimmen. Aber Aden setzte sich durch, er wählte »Paradies«. Das Neue sollte das Alte beschwören, das Leben der Familie vor der Katastrophe. Er hatte sich hochgearbeitet, ehrgeizig, war als junger Mann in die Stadt Dinsoor gezogen, weg vom Vater, der Vieh züchtete im Busch. Er eröffnete einen Tee-Ausschank, sparte Geld, kaufte Ziegen, später

auch Kamele, lernte, sie zu Tiefpreisen zu kaufen und zu Höchstpreisen zu verkaufen. Die ganze Familie arbeitete ihm zu, er wurde wohlhabend, litt nie Not, überstand viele Dürren, ohne nach Kenia fliehen zu müssen. Ein kluger Kaufmann, der nie lesen und schreiben lernte. Die Mutter Fardosas wurde ihm zur Frau gegeben, da war er 35 Jahre alt. Die zweite Ehe für beide. Sie war im Alter von zehn Jahren verheiratet worden, lief dem Mann dann aber davon. »Fardosa soll es besser haben«, sagt sie. »Sie wird selber ihren Mann wählen.« Aber dann erkrankte Isaak Aden, lag zwei Jahre mit Fieber im Bett, wurde fast taub. Das Geschäft litt, und es war ihm nicht mehr viel geblieben, als in diesem Jahr die schwere Dürre über Dinsoor hereinbrach. Sie entschieden sich zu gehen, mit den letzten Ziegen als Wegzehrung.

FARDOSA ÜBERLEBTE alle Strapazen, alle Entbehrungen, drei Wochen Flucht, die Hitze, die Kämpfe an der Grenze, wo sich somalische Regierungstruppen gegenseitig beschossen. In der Nacht, um ihren Schlafplatz herum, entzündeten sie einen Kreis an Feuern. Das hielt die Löwen fern. Wenn sie den Schein von Taschenlampen sahen, versteckten sie sich, legten sich auf den Boden, fürchteten Banditen, die wie Geier die Fluchtwege der Hungernden säumen. Sie rauben, vergewaltigen und töten. Alles überstand die Familie mit ihrer Tochter, doch dann erreichten sie vor zwei Monaten das Lager. Masern bekamen sie hier und die Grippe. Unterschiedlichste Infektionskrankheiten befielen die Adens »Wir wussten bei uns zu Hause nicht, was Grippe ist«, sagt Isaak. Die ersten Wochen lag er krank in der Hütte, die er aus Ästen und aufgelesenen Plastiktüten gebaut hatte. Zu viele Menschen lagern auf zu engem Raum. Stecken sich gegenseitig an. Treten überall in Exkremente, weil die Frauen aus Angst vor Vergewaltigung ihre Notdurft direkt an der Hütte verrichten. Fardosa, die sie auf der Reise mit Ziegenmilch durchgebracht hatten und die gut ernährt ankam, weigerte sich jetzt, die Lebensmittel des Lagers zu essen. Das UN-Welternährungsprogramm (WFP) versorgt die Bewohner vor allem mit Weizenmehl und Mais. Das Essen wird verteilt in Ausgabezentren, die große Käfige sind und an Fütterungsanlagen aus der Massentierhaltung erinnern. Wie Rinder werden die Menschen durch die vergitterten Gänge geschleust. Ein genau durchdachtes System. 2.100 Kilokalorien für den Erwachsenen, 3.000 für das Kind. Doch Fardosa mochte den Mais nicht. Ihre Mutter schaffte es nicht, ihn an sie zu verfüttern. Fardosa ist Kamel- und Ziegenmilch gewöhnt, auch etwas Reis, aber all das gibt es im Lager nicht.

»DAS PROBLEM der Unternährung ist ein Camp-Management-Problem«, sagt die Ernährungsbeauftragte des GIZ-Krankenhaus Sarah Oteri. »Du kannst die Kinder nicht mit etwas versorgen, was sie nicht mögen.« Die Essensgewohnheiten der neuen Flüchtlinge unterschieden sich von denen der alten. Sie fordert die Ausgabe von Reisrationen. »Die Kleinen kommen bereits unterernährt ins Camp, aber bauen erst hier so richtig ab.« Dieses Problem haben die meisten Eltern, die im »Stabilisierungstrakt« des Krankenhauses um ihren Nachwuchs kämpfen. Ihre Kinder fallen durchs System. »Norto«, das Licht, ein zweieinhalbjähriger Junge, liegt seit diesem Mittag im Nachbarbett von Fardosa. Isaak sieht ratlos auf dessen Mutter. Sie kümmert sich nicht, lässt das Kind allein auf der Matratze. Geht im Hof spazieren. Sie streitet mit Shakur. Norto darf nur über die Magensonde ernährt werden, aber seine Mutter lässt ihn immer wieder Milch aus dem Becher trinken. »Das ist zuviel für ihn!«, sagt Shakur. »Er kann sterben. Das Herz schafft es nicht.« Heimlich reicht ihm die Mutter weiter den Becher. Es gibt Eltern, die den Sinn der Anweisungen des Personals nicht begreifen. Sie haben im Leben noch keine Spritze gesehen. Ein Beatmungsgerät ist für sie Magie. Andere Eltern töten die Kinder vorsätzlich, um ihnen Leiden zu ersparen. Ziehen die Beatmungsschläuche, pressen Nase und Mund zu. »Ich könnte denen manchmal ins Gesicht schlagen«, flucht Shakur. »Ich kämpfe um ihre Kinder, und die Eltern geben auf.« Der Junge reißt den Mund auf, als seine Mut-

ter wieder draußen unterwegs ist, ich trete an sein Bett. Norto, der sonst nur still auf dem Rücken lag, bewegt plötzlich hektisch seine Kiefer. Als wolle er Luft beißen. Es ist kein Pfleger im Raum, wie überhaupt selten einer da ist. Bei nur zwei Kräften für 46 Kinder in vier Krankensälen. Ich lege meine Hand auf seine Brust, sie glüht. »Er stirbt«, sagt Isaak. Ich laufe hinaus, um Shakur zu holen. Als der bei Norto eintrifft, ist er bereits tot. Allah gibt und Allah nimmt. Die Eltern trösten sich gegenseitig mit kargen Worten. Weine nicht, sagen sie einander. Zweifle nicht. Es ist Allahs Kind, und er hat es wieder zu sich gerufen. Weine nicht, sagen sie, und Allah wird dir vielleicht beim nächsten Mal ein noch besseres Kind schenken. Ein klügeres, ein kräftigeres. Frauen halten sich an den Händen. Männer werfen ihre Umhänge über die Köpfe, verstummen. Das Kind mit der Hungerhaut stirbt, in den Armen der Großmutter, trotz Einsatz des Beatmungsgerätes, das sein Vater zunächst abgelehnt hatte. 18 Kinder sterben in den anderthalb Wochen, die ich in diesem Krankentrakt verbringe, 18 Kinder von zwölf Millionen, die jedes Jahr weltweit verhungern. Am letzten Tag vor meiner Abreise erhöht Shakur für Fardosa die Drei-Stunden-Ration Milch auf 120 Milliliter, zehn mehr als gestern. Er hat die Kanüle an ihrem Kopf entfernt. Sie streckt ihren Arm aus, als ihre Mutter von draußen herein kommt, erschöpft, sich kaum noch auf den Beinen haltend. Die Nacht über hat Muslima das Grippefieber wachgehalten. Fardosa lacht, zum ersten Mal. Muslima legt sich neben sie, strahlt plötzlich, kitzelt ihr Mädchen, Mutter und Tochter lachen sich an. Isaak sieht ihnen zu, bis Fardosa ihren Kopf dreht und auch ihn anlacht. Er wendet sich ab. Er weint.

KLEINKINDER KOMMEN BEREITS UNTERERNÄHRT INS CAMP, ABER BAUEN ERST HIER SO RICHTIG AB.

WOLFGANG BAUER

im äußersten Norden und Süden Deutschlands aufgewachsen. Bundeswehr, Zeitsoldat, Kriegsdienstverweigerung. Abitur auf dem Abendgymnasium, währenddessen Fremdenführer, Postbote, Müllsortierer. Viel an der Universität Tübingen studiert, Islamwissenschaft, später Geographie und Geschichte, alles jedoch abgebrochen. Seit 1994 als freier Journalist tätig. Das Schreiben gelernt beim Schwäbischen Tagblatt (Tübingen). Mehrfach ausgezeichnet. Ressortunabhängiger Reporter bei der ZEIT. Wohnt im südwestdeutschen Reutlingen.

DAS MEDICINS
SANS FRON-
TIERS HOSPITAL
IN DAGAHALEY,
DADAAB

VANESSA
SCHLESIER
GAZASTREIFEN

ZWISCHEN FILTERKAFFEE & BOMBENANGRIFF

Andreas Haus halten. Beim Blick in den Vorgarten ist klar: Hier kann nur eine Deutsche leben. Wo sonst Geröll und achtlos weggeworfener Müll liegt, führt ein mit großen Steinen gesäumter Weg zum Haus.

Seit 1996 wohnt dort Andrea mit ihrem Ehemann Mahmud, zwei Töchtern und einem Sohn. Eine weitere Tochter ist bereits verheiratet und ausgezogen, ein Sohn lebt in Deutschland.

Die rotblonde Frau mit den grünen Augen hat sich 1976 in einer Kleinstadt im Osten Deutschlands in den palästinensischen Bauingenieur Mahmud verliebt. Sie heirateten und zogen erst in die Vereinigten Arabischen Emirate, dann zurück zu seiner Familie nach Gaza. »Hier sind wir wer«, sagt sie. »Ich habe in der DDR Betriebsökonomie studiert, mein Zeugnis war nach der Wende ziemlich wertlos.« In Gaza kommt ihr Mann hingegen aus einer geachteten Familie, arbeitete für die alte Fatah-Regierung. Er hat sich hochgearbeitet, mit gutem Gehalt. Alle fünf Kinder haben studiert. Mahmud wird noch immer von der palästinensischen Autonomiebehörde in Ramallah bezahlt, bis heute, obwohl sie seit sieben Jahren in Gaza nichts mehr zu sagen hat. Nach einem blutigen Bürgerkrieg zwischen Fatah und der radikalislamischen Hamas übernahm Hamas die Kontrolle über den Gazastreifen.

DER RASEN IST GEMÄHT. In dem Blumenbeet, das neben dem fein gekieselten Weg zum Haus hinführt, drehen sich kleine Windräder aus Plastik. Schäferhund Rex bellt aus dem Zwinger. Deutsches Kleinstadt-Idyll und das mitten im Kriegsgebiet. Mitten in Gaza. Nur wenige Kilometer außerhalb von Gaza-Stadt lebt Andrea. Zwischen Filterkaffee und Bombenangriffen.

Rund zehn deutsche Frauen, so schätzte es der Ein-Mann-Ableger des Goethe-Institutes, soll es im Frühjahr 2013 noch unter den 1,6 Millionen Menschen im Gaza-Streifen geben. Es gab einmal mehr, um die 30. Aber nach dem ersten großen Krieg 2008 haben viele das kleine Stück Land verlassen. Nur zwei Monate nach Ende des letzten Krieges im November 2012 mache ich mich auf die Suche nach denen, die geblieben sind. Mein Fahrer bringt mich zu einer Türkin, zu einer Ukrainerin, eineinhalb Tage lang zu jeder Ausländerin, von der er hört. Bis wir endlich vor

WÄHREND DES KRIEGES 2008 GING DIE FRONTLINIE DIREKT DURCH DEN GARTEN.

WIR SITZEN in ihrem Besucherzimmer, typisch arabisch, ein bisschen überladen, golden, plüschig. Andrea serviert deutschen Filterkaffee. Obwohl fremde Männer anwesend sind, trägt sie kein Kopftuch. »Nur wenn ich das Haus verlasse«, sagt die 57-Jährige. »Ich bin viele Jahre ohne Kopftuch aus dem Haus gegangen, auch in den Emiraten.« Als sie nach Gaza zog, haben die Leute angefangen schlecht zu reden. »Mein Ehemann musste sich einiges anhören.« Doch erst seitdem die Hamas an der Macht ist, hat sie sich entschlossen, draußen Kopftuch zu tragen. »Hamas ist sehr islamistisch eingestellt und ich wollte Probleme aus dem Weg gehen.« Sie lädt uns zu Kaffee und Kuchen ein. Es gibt Torte, mit Tortenguss. »Extra aus Deutschland eingeflogen.« Sie lacht als sie mein ungläubiges Gesicht sieht. Die Eltern schicken ihr regelmäßig Pakete aus Deutschland. »Ich versuche deutsche Traditionen aufrecht zu erhalten.« Die Frauen der Familie lieben Günther Jauch, die Töchter

schauen jeden Tag »Gute Zeiten, Schlechte Zeiten«.
»Man bleibt deutsch«, sagt Andrea. Die Kinder kennen
beides. Kopftuch und Knödel zu Weihnachten. »Natürlich
feiern wir Weihnachten. Aus traditionellen Gründen.
So bin ich aufgewachsen.«
Fast die ganze Familie versammelt sich um die Kaffee-
tafel im Garten. Es ist Freitag, der arabische Sonntag.
Der Tisch ist gedeckt, es gibt Erdbeer-Torte, deutschen
Filterkaffee, Schlagsahne.

WÄHREND DES KRIEGES 2008 ging die Frontlinie
direkt durch den Garten: Von rechts kam die israelische
Armee, links schossen radikale Islamisten. Vor dem Haus
ist Brachland, ein unbestellter Acker – Abschussrampe
für Raketen des islamischen Dschihad, einer islamistischen Splitter-Gruppe der Hamas. Weil so viele Raketen
vor ihrem Haus abgeschossen wurden, bombardierten
die Israelis die Gegend um ihr Haus schwer. »Man sitzt
irgendwann nur noch da und wartet auf den Tod«, sagt
Jasmin, Andreas zweitälteste Tochter, während sie Kaffee
einschenkt. Der Vater geht an das Tor und zeigt Rück-
stände von Explosionen. »Die Israelis haben unser Tor
aufgesprengt«, sagt er und gerät erneut außer sich. Drei
Tage besetzte die israelische Armee anschließend ihr
Haus. Die ganze Familie wurde in den Keller verbannt.
Der Sohn hat seitdem keine Haare mehr. Ob aufgrund
des Traumas oder der Phosphorbomben, keiner weiß es,
keiner kann ihm helfen. Er ist nicht zu dem Kaffeekränz-
chen gekommen, er mag sich Fremden nicht zeigen.
Den nächsten Krieg im November 2012 konnten die
Frauen nicht ertragen. Nach den ersten Luftangriffen
flohen sie nach Ägypten, das damals noch gute Beziehungen zu der aus der Muslimbrüderschaft entstande-
nen Hamas unterhielt. Die Grenze war offen. Andrea und
ihre Kinder besitzen auch die deutsche Staatsbürgerschaft, daher durften sie ausreisen. Für die meisten in
Gaza ist das unmöglich. Nur Verletzte oder Doppelstaat-
ler haben eine Chance, die zwei Grenzübergänge nach
Israel und Ägypten zu passieren.
Jasmin kommt nach der Mutter. Hellblaue Augen und
rotblondes Haar, blasse Haut, gleichförmige Gesichtszü-
ge. Die palästinensischen Männer machen ihr reihen-
weise den Hof, aber sie ist wählerisch. Sie hat schon einige Körbe verteilt, sie möchte jemand, der ihr die Welt
zeigen kann. Auch wenn sie gleichzeitig nicht aus Gaza
weg will. Denn sie könnte in Deutschland leben, dem
Gefängnis hier den Rücken kehren. »Aber meine Familie

ZUR KAFFEE-
TAFEL GIBT ES
DEUTSCHEN
FILTERKAFFEE,
ERDBEERTORTE
UND
SCHLAGSAHNE

ES IST NIRGEND-
WO MEHR SICHER
IN GAZA.
NICHT AUF DEM
LAND, NICHT IN
DER STADT

ist hier«, sagt sie, »und meine Patienten brauchen mich.«
Jasmin ist Psychologin. Sie hat in Gaza studiert und
kümmert sich um traumatisierte Kinder. Später nimmt
sie uns mit zu Maram, einer ihrer kleinen Patientinnen.
Zehn Jahre ist das Mädchen alt und hat schon drei Kriege erlebt. Den Bürgerkrieg zwischen Hamas und Fatah
2007, ein Jahr später die Bodenoffensive der israelischen
Armee, die zuvor mit 100 Luftangriffen in wenigen
Minuten den Gazastreifen in eine Schockstarre versetz-
te. Der letzte Krieg im November 2012 ist erst ein paar
Monate her. Sie schaut schüchtern unter ihrem Kopftuch
hervor, das immer wieder verrutscht. Irgendwann nimmt
sie es ab. Auch Maram hat keine Haare mehr. »Für ein

zehnjähriges Mädchen, das hübsch sein will, ist das die
Hölle«, sagt Jasmin und streichelt ihre Hand. Zwei Monate nach Ende des Krieges 2008 fielen sie ihr aus. Zwei
Monate, nachdem sie Zeuge wurde, wie es vor ihrem
Haus Phosphorbomben regnete. Zwei Monate, nachdem
sie dabei war als Vater und Bruder von den israelischen
Soldaten aus dem Haus geführt wurden, nachdem sie
die beiden in Unterwäsche mit verbundenen Augen vor
fremden Soldaten knien sah. Maram spricht darüber
nicht. Aber sie malt es. Eine Kinderseele in Gaza hat viel
zu verarbeiten.
»Und das Schlimme ist: Es bleibt ihnen keine Zeit. Wir
Erwachsenen schaffen es ja nicht, das Erlebte von einem

Krieg zum nächsten zu verarbeiten. Wie sollen es da die Kinder schaffen?« fragt Jasmin. In zwei Jahren gehe es mit Sicherheit wieder los, sagt sie leise. Sie sollte Recht behalten.

AM 8. JULI 2014 beginnt Israel mit der Militäroffensive als Reaktion auf den zunehmenden Raketenbeschuss der Hamas in den Wochen zuvor. Über facebook habe ich mit den Töchtern Kontakt gehalten. Mit der 24-jährigen Jasmin, die mittlerweile ihren Traumprinzen gefunden hat. Einen Ingenieur, auch Palästinenser, aber aus Jordanien. Er zeigt ihr die Welt. Deutschland, Frankreich, mittlerweile leben sie in Saudi-Arabien, bald ziehen sie nach Deutschland. Und mit Zara, der jüngsten Tochter, dem Sprachtalent der Familie. Akzentfrei deutsch, arabisch, englisch. Gerade lernt sie hebräisch. Sie sieht ein bisschen aus wie Schneewittchen, pechschwarze Locken, blasser Teint. Sie möchte irgendwann mal Diplomatin werden, erklärte sie mir. Damit sie endlich frei ist, reisen kann, wohin auch immer und wann sie möchte. Jasmin schreibt am 13. Juli, stellvertretend für ihre Schwester in Gaza. Die Familie sitzt seit Tagen im Dunkeln, es gibt keinen Strom mehr: »Es knallt die ganze Zeit über ihrem Haus. Jetzt auch vom Strand. Sie werden von allen Seiten angegriffen. Es ist nirgendswo mehr sicher in Gaza. Nicht auf dem Land, nicht in der Stadt.«

DIE FRAUEN WOLLEN RAUS, die Situation wird unerträglich. Vor Wochen schon haben sie die Ausreisegenehmigung beantragt, schon vor Beginn des Krieges. Es sind Sommerferien. Sie wollten die Großeltern in Ost-Deutschland besuchen. Aber die Botschaft brauche so lange, schreibt Jasmin. Die Grenze nach Ägypten ist zu, seitdem dort Abd al-Fattah as-Sisi Präsident ist, ein erklärter Feind der Muslimbrüder und damit der Hamas. Rund 300 deutsche Staatsbürger, heißt es in

MARAM IST ZEHN JAHRE ALT UND HAT SCHON DREI KRIEGE ERLEBT.

der deutschen Vertretung in Ramallah, befänden sich zur Zeit in Gaza. Es sind Sommerferien in Deutschland. Viele nach Deutschland ausgewanderten Palästinenser besuchen ihre Familien in Gaza. »Das Problem«, erklärt die Dame des Vertretungsbüros, »liegt darin, dass wir keine diplomatischen Beziehungen zur Hamas unterhalten. Die UN muss vermitteln. Das dauert. Aber wir arbeiten an einer Lösung.« »Ich hoffe nur, dass Mama rauskommt, bevor die Bodenoffensive reinkommt«, schreibt Jasmin abends. Der Horror von 2008, die Soldaten in ihrem Haus, es scheint, als sei es gestern gewesen. Zwei Tage später meldet Jasmin sich sehr aufgeregt: »Zara möchte mit dir dringend sprechen. Sie wurden bedroht und geschlagen.« Am Telefon überschlägt sich Zaras Stimme. »Bitte sag jemand, was mit uns geschieht. Wir haben Papiere, Vanessa, alle Papiere, die man braucht. Und die ägyptischen Grenzbeamten haben uns geschlagen, uns mit der Pistole bedroht und uns zurückgeschleudert auf die palästinensische Seite. Du musst der Welt sagen, was mit uns geschieht.« Sie weint. Seit sieben Uhr morgens haben ihre Mutter und sie in der glühend heißen Nahost-Sonne am ägyptischen Grenzübergang gewartet. Ohne sich setzen zu können. Es ist jetzt fünf Uhr nachmittags. Ich verspreche ihr, dem Fernsehen Bescheid zu sagen. Dann bricht die Verbindung ab. Trotz der Erlebnisse des Vortages machen sich Zara und ihre Mutter Andrea am 16. Juli um sieben Uhr morgens wieder auf den Weg zur ägyptischen Grenze. Um 14 Uhr schreibt Jasmin: »Hi Vanessa. Mama und Zara sind über die Raffah-Grenze und jetzt unterwegs nach Kairo.« Es ist die Rettung in ein neues Leben. Andrea, ihr Mann und die jüngste Tochter Zara werden nicht mehr in den Gazastreifen zurückkehren. Ihre Zukunft liegt in Deutschland. »In Gaza gibt es kein Leben mehr für uns.«

VANESSA SCHLESIER

gehört zum Investigativ-Team der WELT-Gruppe: Mit Leib und Seele Reporterin, am liebsten im Nahen Osten, und eigentlich überall dort, wo Unbekanntes wartet.

40 HEKTAR AUS DEM
MEER GESTAMPFT –
MONACOS STADTTEIL
FONTVIELLE RECHTS
ODEON TURM MIT DER
TEUERSTEN WOHNUNG
DER WELT

MANFRED
WEBER
MONACO

HÄSSLICHER WOHNEN

Fürst Rainier ließ einmal 40 Hektar aus dem Meer stampfen und auf die aufgeschüttete Zone baute er den neuen Stadtteil Fontvieille. Um dies Milliardärsbiotop zu beschützen, braucht es nicht einmal 500 Polizisten (einer pro 60 Einwohner - Weltrekord) und hundert Überwachungskameras. Der Wohlstand gründet auf das Wohlwollen Frankreichs. Damit in dem Bonsai-Staat nichts anbrennt, hat der große Bruder vorgesorgt. Der Ministerpräsident Monacos wird grundsätzlich von Frankreich vorgeschlagen – und Monaco muss einen der französischen Kandidaten abnicken. Das letzte Mal kam es 1963 zu einer Machtprobe. »Um Monaco von der Umwelt abzuschneiden genügen zwei Einbahnstraße-Schilder.«, sagte General de Gaulle - nicht ohne Hintergedanken. Der General ließ im gleichen Jahr die französischen Zufahrtsstraßen blockieren und richtete Zollstationen ein. Kurzzeitig stellte er den aufmüpfigen Monegassen sogar den Strom ab.

DISNEYLAND FÜR MULTIMILLIONÄRE
Nein, schön ist es nicht, das Paradies. Auf der Größe von nicht einmal 20 Fußballplätzen drängt sich im Fürstentum Monaco ein Hochhaus ans andere. Vom Meer aus gesehen sieht der Zwergstaat aus wie eine Wand aus Sozialbauten, die sich gegen die Gezeiten stemmen. Nirgends auf der Welt gibt es eine solche Ballung von Zement.

Hier gibt es von allem zu viel oder zu wenig: Zu viele Ausländer (82 Prozent der Bevölkerung), zu wenige Monegassen (7.000), zu viele Banken (mehr als 50) mit zu viel Geld (60 Milliarden Einlagen). Zu viele Menschen (mit 16.500 Reichen pro Quadratkilometer eine der dichtbesiedelsten Zonen der Welt). Bauplätze hingegen gibt es seit den 80er-Jahren nicht mehr. Eingepfercht zwischen den Felsen und Meer muss jeder zusätzliche Quadratmeter dem Meer abgerungen werden. Der verstorbene

ES GIBT WESENTLICH MEHR MILLIONÄRE IN MONACO ALS MONEGASSEN.

Natürlich ging es dabei, wie immer in Monaco, um Geld, viel Geld. 15.000 Franzosen wohnten damals in Monaco und konnten, völlig legal, dem französischen Fiskus eine Nase drehen. Da das auch noch ausgesprochen reiche Franzosen waren, wollte General de Gaulle ein und für alle Mal Schluss machen mit dem staatlich organisierten Steuerbetrug beim Nachbarn. Seither sind die monegassischen Franzosen trotz ihres ungewöhnlichen Wohnsitzes steuerpflichtig wie ihre Landsleute außerhalb der Millionen-Mauer Monaco. Alle anderen Nationalitäten dürfen sich weiter wie im Paradies fühlen: Null Steuern auf Einkommen, auf Vermögen und Kapitaleinkünfte.

WIE STELLT MAN DAS AN? Man muss nicht Monegasse werden, um den Finanzämtern der Welt Millionen vorzuenthalten. Das Zauberwort heißt »Resident«. Wer einen Wohnsitz im Paradies hat, darf auch hier versteuern (bzw. nicht versteuern). Vorzuweisen sind:
▸ Vorstrafen-Register und Versicherung, dass noch nie ermittelt wurde
▸ Genehmigung eines Handelsgeschäfts, Hinterlegung von 400.000 Euro.

- eine Wohnung in Monaco
- einen Banknachweis, dass man ausreichend finanzielle Mittel besitzt, um seinen Lebensunterhalt zu bestreiten. Und »ausreichend« dürfte in Monaco ziemlich viel sein.

Die wichtigste Eintrittskarte ist das Appartement. Auf dem teuersten Immobilienmarkt der Welt kostet sogar eine bessere Studentenbude von 25 Quadratmetern schnell 1,5 Millionen.

Der deutsche Fiskus gehört definitiv nicht zum Monaco-Fanclub. »In Monaco wohnen« bedeutet für ihn, dass der Millionär effektiv 183 Tage des Jahres, mehr als die Hälfte, psychische Präsenz im Paradies zeigt. Boris Becker etwa wies die Justiz nach, dass er von 1991 bis 1993 öfter in Deutschland war – und dass er deshalb Steuern geprellt hat. Kralshüter des großangelegten Geldverstecks ist Fürst Albert. Ein bis zur Harmlosigkeit freundlicher, früher professioneller Junggeselle. 230 Frauen soll er vor der Ehe gehabt haben, versichert die Regenbogen-Presse. Wäre er nicht hinter der Mauer der monegassischen Milliarden auf die Welt gekommen, er wäre wohl Profisportler geworden – auch wenn sich der Erfolg als Bobfahrer bei den Olympischen Spielen in Grenzen hielt. Nun kann er sportliches Talent trotzdem noch brauchen: Er muss täglich den großen Spagat schaffen zwischen real existierendem Steuerparadies und den Forderungen nach Kontrolle. Angesichts der zunehmenden Allergie der EU gegen Steuerparadiese muss Albert beteuern: »Monaco bietet volle Mithilfe bei der Suche nach Steuerflüchtlingen«. Doch das Wort ist geduldig, zumal, wenn ein großer Teil der Staatseinkünfte aus dem Bankengeschäft kommt.

60 MILLIARDEN liegen, gut geschützt, in monegassischen Geldhäusern. Die Banker sind sehr geübt im konzentrierten Wegschauen. Beständig weigert sich das Fürstentum, die Kunden zentralisiert zu erfassen. Aber nur so könnten Ermittler schnell einen Überblick bekommen. Und dann wäre ein automatisierter Austausch von Daten nutzbringend.

Nur durch die laxen Banker war möglich, dass im Jahr 2000 eine der größten Geldwäsche-Aktionen aller Zeiten durchging.
175 Millionen Mafia-Dollars passierten die monegassischen Banken, unbeanstandet. Ein anderer Weg zur Steuererleichterung ist, einen monegassischen Staatsbürger als Strohmann für seine Firma zu bezahlen. Der hat dann das Recht, sich auf seine »Schweigepflicht« zu berufen.

NIRGENDS WIRD SO VIEL CHAMPAGNER GETRUNKEN WIE IN MONACO.

Doch das stört natürlich nur die, die außerhalb des Bollwerks Monaco stehen. Die Insassen des Luxus-Flaggschiffs Monaco haben einen anderen Kampf zu führen : »Spieglein, Spieglein, an der Wand, wer ist der reichste im Bonsai-Land ?« Wahrscheinlich zeigt sich das im Laufe des Jahres 2014, wenn das teuerste Appartement der Welt verkauft wird. Der Odeon-Turm beherbergt auf 49 Etagen im Obergeschoss ein besonderes Schnäppchen : Eine 3300 Quadratmeter große Edel-Wohnzone, Außenpool und Rutschbahn inbegriffen. Rund 300 Millionen soll das Schmuckstück kosten (es erstreckt sich immerhin über fünf Stockwerke). Fahrer und Privat-Concierges sind ebenfalls inbegriffen. Bekannt wurde das Hochhaus, weil der Quadratmeter-Preis von 91.000 Euro einen absoluten Weltrekord darstellt. Überboten wird der nur noch durch ein anderes Superlativ: Nirgends auf Gottes Erden werden so viele Champagnerflaschen geköpft wie in Alberts Reich.

MANFRED WEBER-LAMBERDIÈRE

war 16 Jahre Korrespondent des Focus Magazins in Paris. Seit 2014 Freelance (weiterhin für Focus-Online) als Journalist und vor allem Buchautor (zwei Bücher über den Koch-Guru Ferran Adrià, von denen das erste in vier Sprachen übersetzt wurde - Portugiesisch, Französisch, Kastillianisch, Katalanisch, Koreanisch). Manfred Weber-Lamberdière ist Vater von drei Kindern.

MARIO
SCHMIDT
NORDKOREA

DER
ISOLIERTESTE
STAAT
DER WELT

**NORDKOREA,
ABSURDES
THEATER,
SCHRECKLICH
UND VERDAMMT
TRAURIG.**

ANKUNFT, FLUGHAFEN PJÖNGJANG, wenige Maschinen landen hier. Auch wenn Nordkorea für Touristen zugänglicher geworden ist, es ist immer noch weitestgehend abgeschottet von der Außenwelt: kein Internet, Handys nur fürs Inland, Propaganda-Fernsehen. Hinter den grimmigen Soldaten an der Passkontrolle warten die Aufpasser, die jeder ausländischen Gruppe nicht von der Seite weichen. Auch im Hotel sperrt das Regime Augen und in der Nacht wohl zumindest die Ohren auf. Auf meine Frage beim Frühstück, ob ich geschnarcht hätte, erntete ich jedes Mal ein verschämtes Lächeln unserer ständigen Begleiter. Nordkorea, eine Zeitreise, absurdes Theater, auf den ersten Blick unwirklich, doch dann bald nur noch schrecklich und traurig. Das diabolische Trio ist allgegenwärtig, in den Wohnungen, den Köpfen, den Straßen, als Statuen, auf Bildern oder durch Parolen mitten in der Landschaft: Kim Il-Sung, der Staatsgründer, Kim Jong-Il, dessen toter Sohn, und Kim Jong-Un, der herrschende dritte Spross in der Diktatorenriege.

STADTRUNDGANG durch Pjöngjang, eine Hütte im Park umgeben von farblosen Plattenbauten: Das Geburtshaus von Kim Il-Sung, er ist lange tot, aber noch im Amt als ewiger Staatspräsident. Die Angestellte der Pilgerstätte, Kim Un Hui, lässt die erste Propagandasalve los: »Wir sehnen uns so stark nach Kim Il-Sung. Er soll immer in unserer Nähe sein, deshalb haben wir auch ein Foto von ihm und seinem Sohn in der Wohnung. Kim Il-Sung ist unser Vater, das wird Ihnen jeder in Korea sagen. Da er auch mein Vater ist, trage ich immer einen Anstecker mit seinem Bild.« Weiter zum »Haus der Botanik«, zur Kimilsungia, einer Orchidee, und der Kimjongilia, einer Begonie. Was die Nordkoreaner hier lernen, erklärt eine der Angestellten: »Wenn ich die Blumen sehe, bin ich stolz, dass wir so große Männer als Führer haben. Dass Ausländer die Blumen nach ihnen benannt haben, zeigt doch, wie sehr sie in anderen Länder geschätzt werden.« Tatsächlich wünschen sich die meisten Länder den jungen Diktator vor dem internationalen Strafgerichtshof.
Jeder Nordkoreaner preist die Führung in blumigsten Worten. Was bleibt ihnen übrig? Gehirnwäsche von

klein an. Totale Überwachung, in jeder Nachbarschaft sitzen Spitzel, die täglich Buch führen über Auffälligkeiten, über Besuche, den eigenen Bezirk darf kein Bürger ohne Genehmigung verlassen. Kritik ist lebensgefährlich in einem Land, in dem ganze Familien die Vergehen eines Einzelnen büßen müssen, Sippenhaft, sogar Kinder landen so im Arbeitslager, über 100.000 Menschen werden dort unter grausamsten Bedingungen gefangen gehalten. Im Land verschwinden Menschen plötzlich und werden nie wieder gesehen. Es gibt öffentliche Hinrichtungen, Zwangsarbeit, in den Lagern sterben Menschen vor Erschöpfung oder durch Folter. Auch wenn es in

Nordkorea niemand aussprechen kann, ist sie doch allgegenwärtig: die Angst vor dem Regime. Jeder Besuch in Nordkorea ist daher beklemmend, auch wenn Ausländer nur einen winzigen, oft geschönten Teil des Alltags sehen dürfen.

Ein Bericht der Vereinten Nationen zur Menschenrechtslage spricht von unaussprechlichen Gräueltaten: Ein geflohener ehemaliger Inhaftierter habe geschildert, dass die Wächter in einem Straflager eine junge Mutter gezwungen hätten, ihr Neugeborenes zu ertränken. Andere Opfer hätten UN-Vertretern davon berichtet, dass Menschen gefoltert worden seien, weil sie ausländische Seifenopern im Fernsehen angeschaut hätten. Die Bevölkerung leide unter einem System der Nachbarschaftsüberwachung, das davon lebe, sich gegenseitig zu denunzieren. »Die Schwere, das enorme Ausmaß und die Art und Weise der in diesem Staat begangenen Verbrechen sind in der heutigen Welt beispiellos«, heißt es in dem Bericht.

DAS VOLK WIRD IN EINEM PERMANENTEN KRIEGSZUSTAND GEHALTEN. Die Propaganda gaukelt den Menschen vor, die USA wollten das Land überfallen. Bis heute müssen die Nordkoreaner glauben, dass der Süden den Bürgerkrieg 1950 begonnen habe. Es war der Staatsgründer Kim Il-Sung, der den Überfall startete, nach drei Jahren waren mehr als vier Millionen Menschen tot, alles lag in Trümmern, und der 38. Breitengrad wurde zum letzten Eisernen Vorhang und zur gefährlichsten Grenze der Welt – und ganz Nordkorea zum Gefängnis. Was außerhalb von Nordkorea vor sich geht, wissen die wenigsten, dass Nordkorea nicht das von der Propaganda beschriebene Arbeiterparadies ist, haben mittlerweile wohl viele der 25 Millionen Einwohner begriffen. Nordkoreas Regime kann das Land nicht mehr komplett abschotten. Über die Grenze zu China kommen Informationen ins Land, auch ausländische DVDs.

Die 23-jährige Eun Hee ist deshalb über den Grenzfluss nach China geflohen. Sie will weiter, 7.000 Kilometer, über Vietnam, Thailand nach Südkorea, in die Freiheit. China schickt nordkoreanische Flüchtlinge zurück. Einmal wurde sie schon gefasst und saß Monate im nordkoreanischen Arbeitslager: »In einer Nachbarzelle traten die Aufseher einer Hochschwangeren mit voller Wucht in den Bauch, weil sie ein Kind von einem Chinesen in sich hatte. Ich glaube nicht, dass das Baby das überlebt hat. Ich habe mich gefragt, warum ist gerade unser Leben so hart? Hätte

ich ein Messer gehabt, hätte ich mir die Pulsadern aufgeschnitten. Wenn ich durchkomme, bin ich frei. Da drüben, das war doch kein Leben.«

Zurück in der Propagandawelt von Pjöngjang, Besuch im Theater, die Revolutionsoper »Meer aus Blut« steht mal wieder auf dem Programm. Es geht darin um den Widerstandskampf gegen die Kolonialmacht Japan. Der Staatsgründer hat den Text angeblich selbst geschrieben, sein Sohn Kim Jong-Il die Musik ausgewählt. Zwar sind die Japaner seit gut 70 Jahren weg. Die Erinnerung an die Unterdrückung von damals wird in der Staatspropaganda aber weiterhin täglich wachgehalten. Vor allem der zweite Kim ließ sich auch noch als Künstler verehren. Ein Schauspieler sagt nach der Vorführung: »Wir können den Genossen Kim Jong-Il mit dem Himmel vergleichen. Dank seiner Fürsorge sind wir Künstler so weit gekommen. Er ist der Lehrer des Volkes und ein Genie der Kunst.« Wahnsinn in Zahlen: Kim Jong-Il hat den Künstlern gut 12.000 Instruktionen für den richtigen Weg hinterlassen. Seine große Liebe galt dem Film, vor allem Hollywood, für Nordkoreaner gibt es auch unter seinem Sohn bis heute nur propagandistischen Stumpfsinn.

DIE KIMS haben eine eigene Ideologie, »Juche«, Selbständigkeit, eine Mischung aus Führerkult und Stalinismus. Doch eigentlich geht es nur um den Machterhalt, um jeden Preis. Der jüngste Kim gibt sich moderner, erfreut die Elite mit Kirmes, Schwimmbad und Eisbahn, aber der junge »Marschall« setzt das Terrorregime mit der gleichen Härte fort wie die beiden Vorgänger. Auch Christen werden brutal verfolgt. Dafür gibt es die Propaganda-Kirche Bongso. Der Pastor Son Myo Hon erklärte uns, dass für ihn Staatsgründer Kim Il-Sung auch ein Gott sei, der den Nordkoreanern geholfen habe, das Land zu entwickeln. Auf den Hinweis, dass die Bibel doch nur einen Gott kenne, antwortet er: »Der Gott der Bibel sei vielleicht ein bisschen eifersüchtig gewesen.« Alles runtergewirtschaftet, dennoch schafft es das Regime, die Bevölkerung beschäftigt zu halten: Mar-

DIE PROPAGANDA GAUKELT DEN MENSCHEN VOR, DIE USA WOLLTEN DAS LAND ÜBERFALLEN.

schieren, Jubeln, Heulen auf Kommando, auch nachts. Oder Tanzen und Turnen wie beim Massenspektakel »Arirang«, 100.000 Mitwirkende, eine Propagandashow, bei der etwa 20.000 Schüler über Wochen jeden Abend mit wechselnden Farbtafeln in der Hand zu lebendigen Kulissen im Stadion werden. Auf dem Platz turnen und tanzen Zehntausende mit verblüffender Synchronisation und huldigen den Kims.

NORDKOREANER sind aus der Zeit gefallen. Flüchtlinge, die es bis nach Südkorea schaffen, wissen nicht, wie sie ein Konto eröffnen sollen, die Schüler hängen ihren gleichaltrigen südkoreanischen Klassenkameraden um Jahre hinterher, Erwachsene finden oft im harten Wettbewerb nur Hilfsarbeiten und halten sich mit staatlicher Hilfe über Wasser.

Wenn wir für Dreharbeiten Pjöngjang verlassen durften, fühlten wir uns zwischen Ochsenkarren und Dörfern in die 1960er-Jahre zurückversetzt. Die Autobahn war leer, nur Soldaten joggten uns mal auf der Fahrbahn entgegen. Die Reisfelder voller Menschen, das ganze Land muss helfen, weil Benzin und Maschinen fehlen. Aus Angst vor weiteren Hungersnöten ist jeder mögliche Quadratmeter bepflanzt, Bäume sind selten, alles abgeholzt. An der Grenze zum Süden arbeiten Nordkoreaner für südkoreanische Firmen im Industriepark Kaesong. Ein kapitalistischer Funke ist nicht übergesprungen auf den Rest des Landes, Kaesong ist abgeriegelt, es ist eine Geldquelle für das Regime, das weiter an Atombomben bastelt und sich ansonsten unter anderem mit Waffenverkäufen finanziert. Dass die Grenze zu Südkorea unüberwindbar ist, keine Briefe durchgehen, liegt am Norden, dabei warten auf beiden Seiten immer noch Zehntausende auf Nachricht von den Angehörigen, viele sind längst gestorben, ohne dass sich ihr Traum vom Wiedersehen erfüllt hätte. Familientreffen erlaubt der Norden selten.

AUCH VIDEOSCHALTEN finden kaum und dann nur für wenige statt. Den 95-jährigen Lie Chang-Hwa lernen wir in Südkorea beim Roten Kreuz kennen. Im Krieg floh er in den Süden, als er seine Kinder nachholen

wollte, war die Grenze dicht. Dann tauchen seine Kinder auf dem Monitor auf, zugeschaltet aus Pjöngjang, beide längst über 60. »Seid ihr meine Kinder?«, fragt der Vater. »Ja, Vater, grüß‘ dich«, antwortet die Tochter in Nordkorea. »Es ist alles meine Schuld«, sagt Lie Chang-hwa. »Ich bitte um Vergebung, dass ich euch nicht rechtzeitig geholt habe.« Und als die Zeit nach zwei Stunden abgelaufen ist, gehen der Vater und seine Kinder in Nordkorea wieder auseinander – diesmal wohl für immer.

WIE ERTRAGEN DIE MENSCHEN DIESES LEBEN? Sie kennen nichts anderes, sie laufen mit, die Gehirnwäsche hat sicher auch treue Anhänger geschaffen. Von Flüchtlingen wissen wir, dass die Themen der normalen Menschen kaum andere sind als unsere: Sie wollen keinen Ärger, Eltern wünschen sich, dass es den Kindern gut geht, sie fleißig sind, Jugendliche suchen nach der Liebe, Familien hoffen auf genug zu essen, auf Wohlstand. Die, die den Alltag nicht mehr ertragen, versuchen zu fliehen, zunächst nach China, mehrere Zehntausend Nordkoreaner leben in der Grenzregion, Frauen werden oft gezwungen, Chinesen zu heiraten oder Prostituierte zu werden. Etwa 25.000 Nordkoreaner haben es bis Südkorea geschafft.

Wann bricht das Regime zusammen? Das kann kann morgen sein oder noch lange dauern. Das Land sitzt hochgerüstet im Schützengraben auf Atombomben. Nicht einmal die USA wagen einen Krieg, zu unkalkulierbar ist der Gegenschlag. Und ein Umsturz? Von wem? Nordkoreas Zukunft ist nicht vorhersehbar. Im Land selbst spricht man von der Ewigkeit des Kim-Regimes: Denn schließlich könne man die Sonne ja auch nicht vom Himmel holen.

MARIO SCHMIDT

war von 2004 bis 2010 Leiter des Ostasienbüros der ARD in Tokio. Für Tagesschau, Tagesthemen und den Weltspiegel reiste er regelmäßig auf die koreanische Halbinsel für Reportagen aus Nordkorea und Berichte über das Leben der Überläufer in Südkorea. Der 45jährige leitet beim Norddeutschen Rundfunk in Hamburg die Reporterredaktion »ARD-Zulieferung«.

DER REICHTUM AUS 1001 NACHT

DOHA - Aufgeregt starren die jungen Männer auf den zerknautschten Geländewagen. Mehrmals hatte der sich in der Sanddüne überschlagen. Einige laufen auf die Unfallstelle zu, ziehen den Fahrer aus dem Wagen und sammeln die aus dem Fenster geflogene Brieftasche und das Mobiltelefon ein. »Alles in Ordnung, der Fahrer ist unverletzt«, schreit ein junger Mann den Zuschauern zu. Erleichtert klettern sie zurück auf die Autodächer und Motorhauben, knabbern weiter an Kartoffelchips, Keksen und Sandwiches. In nur wenigen Sekunden wird der Wagen zuerst auf die Reifen gedreht, dann abgeschleppt. Für den Fahrer ist der Tag gelaufen. Dass er soeben einen teuren Wagen geschrottet hat, ist ihm nicht anzusehen, er lacht. Verärgert ist er nur darüber, dass er nicht mehr antreten kann. Inzwischen lässt der nächste Fahrer seinen Motor aufheulen, düst auf die Sanddüne zu. Die Zuschauer klatschen, feuern ihn an. Kurz vor dem Dünenkamm dreht er das

Lenkrad herum. Fast kippt der Wagen auf die Seite, doch er bekommt ihn noch unter Kontrolle. Langsam lässt er ihn die Düne heruntergleiten. Sofort stellt er sich erneut an die imaginäre Startlinie. So geht es den ganzen Nachmittag – jedes Wochenende. Es ist Freitag, arabisches Wochenende, kurz nach dem Mittagsgebet. Der Verkehr Richtung Wüste hält sich in Grenzen. In klimatisierten Geländewagen geht es auf staubigen Straßen vorbei an aus dem Boden gezogene gläserne Wolkenkratzer, an cremefarbene Villenfassaden und futuristischen Museen bis nach Sealine, einem Ort im Süden des Landes. Eine knappe halbe Stunde von Doha entfernt wird an einer Sammelstelle Luft aus den Reifen gelassen, dann geht es in die Wüste. Dort brettern junge Männer in Autos mit frisierten Motoren und Schalldämpfern ohne Helm oder Sicherheitsgurt, sondern in Flip-Flops und bodenlangen Hemdkleidern quer über bis zu 40 Meter hohe Sanddünen. Aus Spaß. Genannt wird die beliebte Freizeitbeschäftigung Dune Bashing. Oft werden dabei sündhaft teure Autos zu Schrott gefahren, die Fahrer verletzt. Doch das ist den Hobbyrennfahrern egal, dann kaufen sie eben neue Autos. Geld spielt bei den Katarern keine Rolle.

FRÜHER WAR DAS ANDERS. Vor dem Ölboom verdienten sich die Katarer ihr Geld mit Perlentauchen. Damals war Doha nicht mehr als ein Dorf mit Beduinenzelten und analphabetischen Nomaden. Dann wurde Erdöl entdeckt. Nachdem die Briten das Emirat 1971 in die Unabhängigkeit entließen, ging alles sehr schnell. Innerhalb kürzester Zeit wurde das Emirat in die Moderne katapultiert. Heute ist Katar wegen seiner Öl-und Gasvorkommen eines der reichsten Länder der Welt. Das Emirat besitzt die weltweit drittgrößten Gasreserven, ist der größte Exporteur von verflüssigtem Erdgas. Das Pro-Kopf-Einkommen liegt bei rund 100.000 Dollar im Jahr. Der Wohlstand ist auf Generationen hinaus gesichert. Allerdings nur der, der Katarer. Die sind in ihrem eigenen Land die Minderheit: Katar ist ein Zwergstaat. Nur rund zehn Prozent der etwa 2.2 Millionen Einwohner sind Katarer. Der Rest Arbeitsmigranten aus dem Ausland - vor allem aus Indien, Nepal, Pakis-

DAS PRO-KOPF-EINKOMMEN LIEGT BEI RUND 100.000 DOLLAR IM JAHR.

tan. In der Wüste aber sind die Einheimischen unter sich. Auch leben sie in eigenen Stadtvierteln, heiraten untereinander. Die katarische Staatsbürgerschaft kann nicht beantragt werden: Katarer ist man nur durch Geburt. Mehr als eine längere Aufenthaltsgenehmigung bekommen die ausländischen Arbeitnehmer nicht – egal wie lange sie in dem Wüstenstaat leben. Haben sie das Rentenalter erreicht, müssen sie das Land verlassen. Tätig sind die Arbeitsmigranten hauptsächlich im Bausektor. Im Scheichtum am persischen Golf wird seit Jahren gebaut. Überall thronen dutzende Baukräne über riesengroße Baugruben in denen neue Luxusvillen, Luxushotels und noch mehr Einkaufszentren entstehen. Aber auch Schulen, Geschäftszentren und Museen. Der Wüstenstaat tut viel um weniger abhängig von fossilen Brennstoffen zu werden, sucht daher immer wieder neue wirtschaftliche Chancen. Und die findet er. Inzwischen mischt Katar überall mit, investiert rund um den Globus in ausländische Unternehmen – auch in Deutschland. VW, Hochtief, Siemens, die Deutsche Bank - überall besitzt Katar Anteile. Eine ihrer größten Investitionen: Die Ausrichtung der Fußball-Weltmeisterschaft 2022. Auch wenn sie von negativen Schlagzeilen über Ausbeutung und Missbrauch der Arbeitsmigranten und Korruptionsvorwürfen überschattet wird, Katar wird das erste arabische und muslemische Land sein, in dem das Sport-Großereignis stattfinden wird. Und für die Fußball-WM ist ihnen nichts zu teuer. Etwa 150 Milliarden Dollar wollen die Scheichs bis zum Start in acht Jahren investieren. Vielleicht mehr.

LUXURIÖSE JACHTEN IM HAFEN IN DOHA
DER WOHLSTAND IST AUF GENERATIONEN HINAUS GESICHERT

AN LAND GEZOGEN hatte die WM der ehemaligen Emir, Scheich Hamad Bin Khalifa al Thani. Der hatte seinen Vater 1995 in einem unblutigen Putsch entmachtet. Er setzte alles daran den Wüstenstaat zu modernisieren und auf die internationale Weltkarte zu setzen. Mit Hilfe von Al Jazeera, dem arabischen Nachrichtensender, den er Mitte der 90er Jahre gründete, gelang ihm das. Heute spielt Katar eine zunehmend einflussreiche Rolle unter den arabischen Staaten im Mittelmeerraum, ist einer der wichtigsten Akteure in internationalen Beziehungen. Innenpolitisch schüttete der Golfmonarch die vom Staatshaushalt verzeichneten Überschüsse in Milliardenhöhe über Entwicklungsprojekte wieder aus, verschaffte der Bevölkerung somit einen besseren Standard und

der Jugend bessere Bildungsmöglichkeiten. Seine Ehefrau, Scheicha Moza bint Nasser Al Missned liess einflussreiche kulturelle und wissenschaftliche Institute errichten. Zudem setzte sie sich für die Rechte der Frauen und die Bildung ein. Sie stampfte eine Bildungsstadt aus dem Boden, siedelte dort renommierte internationale Universitäten an. Sommer 2013 dankte der Emir plötzlich ab, übergab die Macht seinem Sohn Scheich Tamim um die jüngere Generation zu fördern. Doch die ist anderweitig beschäftigt. Das schlichte Leben aus der Vorölzeit kennt die Generation von heute nicht. Sie wachsen in grenzenlosem Reichtum auf, wohnen in Villen, haben Maseratis,

Jet-Skies und Jachten und kaufen ihre Kleidung in Designerläden. Hart für ihren Lebensunterhalt arbeiten müssen die Katarer nicht wirklich, denn der Staat sorgt für sie: Staatliche Schulen und Universitäten sind kostenlos. Diverse private Schulen inzwischen auch. Alle, auch die Ausländer, genießen Steuerfreiheit, zahlen nur niedrige Beiträge in das Sozialversicherungssystem. Auch Strom und Wasser sind kostenlos. Zudem bekommt jeder Katarer nach der Hochzeit ein Stück Land und einen zinsfreien Kredit um sich ein Haus zu bauen. Hart arbeiten, das tun die anderen, die Ausländer. Die monopolisieren inzwischen den Arbeitsmarkt. Das soll sich mit dem Katarisierungsprogramm ändern. Durch Ausbildung und Training sollen die Einheimischen vorbereitet werden um auf dem Markt mithalten zu können.

DOCH DIE AUSLÄNDER sind ihnen um vieles voraus. Sie sind ehrgeiziger, motivierter, besser ausgebildet. Viele Katarer haben keinen Hochschulabschluss und das, obwohl der Staat so einiges tut um vor allem den männlichen Nachwuchs an die Universitäten zu locken. Sie vergeben Stipendien und Sponsorenverträge, halten Arbeitsplätze frei. Doch vergeblich. Die Universitätsbank drücken tun vor allem die Frauen. Laut einem Forschungsinstitut sind allein an der Katar Universität 80 Prozent der 8.000 Studierenden weiblich. Der Grund: Hauptsächlich Desinteresse, aber auch, weil die Männer auch ohne Hochschulabschluss an gut bezahlte Arbeitsstellen in den Ministerien, beim Militär, der Polizei oder im Familienunternehmen kommen. Katarische Frauen nicht. Ihre Beschäftigungsquote liegt bei unter 30 Prozent. In den Führungspositionen sind sie ebenfalls unterrepräsentiert und in der Beratenden Versammlung sitzt nur eine Frau. Zudem verdienen Frauen weitaus weniger als Männer, auch mit Hochschulabschluss. Doch das soll sich ändern. Das verspricht die von der Herr-

80 PROZENT DER 8.000 STUDIERENDEN IN DER UNIVERSITÄT VON KATAR SIND WEIBLICH.

scherfamilie vorgestellte Nationale Vision 2030. Ziele sind den von Migranten dominierten Arbeitsmarkt zu nationalisieren, wirtschaftliche und soziale Gerechtigkeit zu erreichen und das Land bis 2030 zu einer nachhaltigen wissensbasierten Wirtschaft zu machen. Doch trotz der wirtschaftlichen Vorzüge werden auch in Katar kritische Stimmen lauter. Sie fordern Transparenz, politische Mitbestimmung, Reformen. Bisher sind die Revolutionen, wie die in den Nachbarländern allerdings ausgeblieben. Und das, obwohl der Golfstaat eine absolute Monarchie ist, die Herrscherfamilie die Macht seit über 150 Jahren fest in der Hand hat und Kritik am Herrscherclan nicht erlaubt ist. Es existieren weder Parteien noch eine Zivilgesellschaft. Trotzdem ist das Land stabil- zumindest bis heute. »Menschen rebellieren nicht, weil es Trend ist, sondern weil sie unglücklich sind. In Katar aber sind die Menschen glücklich«, sagt Khalifa Saleh.

DER KATARER ist Leiter der Innovation bei Vodafone und Gründer und CEO der Website Iloveqatar.net. Er trägt ein elegantes, blütenweißes Gewand und auf dem Kopf die Ghutra, das traditionelle Tuch der Beduinen. Der 30-Jährige hat in Großbritannien Jura studiert, war 2011 Entrepreneur des Jahres. Mit 40 Jahren will er in Rente gehen, sein Leben genießen. Bis dahin will er mit seiner Website die Katarer zur Meinungsbildung- und vertretung motivieren, ihren Stimmen über gesellschaftliche Themen Gehör verschaffen. Natürlich gebe es noch vieles zu tun, sagt er. »Aber wir müssen Geduld haben. Was Katar in den letzten zehn Jahren erreicht hat, ist unglaublich«, sagt Saleh. »Andere Länder brauchten dafür 100 Jahre. Nicht Katar«.

KARIN EL MINAWI,

in Hamburg geboren und aufgewachsen, lebte über 20 Jahre in Kairo und war lange Jahre Assistentin der Nahost-Korrespondenten der Süddeutschen Zeitung. Heute ist sie freischaffende Journalistin und Autorin und pendelt zwischen Berlin und dem Nahen Osten.

DIE ALTSTADT
MASHEIREB
VON DOHA
MIT BLICK AUF
DIE MOSCHEE

ALEXANDER
SMOLTCZYK
VATIKAN

GOD'S OWN
COUNTRY

DER VATIKAN IST DIE EINZIGE UND LETZTE ABSOLUTE MONARCHIE IN EUROPA.

RUSSLAND MAG GRÖSSER SEIN, ganz gewiss sogar. Aber auch mächtiger? Es gibt Historiker, die dem damaligen Vatikan-Staatschef einen nicht unwesentlichen Verdienst am Zerfall des Sowjetreichs nach 1989 zusprechen, und die Sowjetunion war weitaus größer als Russland.

Nordkorea mag abgeschotteter sein. Aber der Vatikanstaat hat höhere Mauern, an einer Stelle sind sie 20 Meter hoch; und in Teilen von Michelangelo Buonarotti persönlich entworfen. Venezuela und die Republik Kongo sind Paradiese für das Verbrechen. Aber die Kriminalitätsrate, also die Zahl der Vergehen umgerechnet auf die Einwohnerzahl, ist in der »Città del Vaticano« deutlich höher. Gut, das sind meistens Taschendiebstähle auf dem Petersplatz, aber dennoch: Unter allen abstrusen und extremen Staaten rangiert der Vatikan ganz vorne. Er ist schlicht einmalig. Das Nationalstädtchen Vatikan ist mit 44 Hektar kleiner als die US-Botschaft in Bagdad, aber immerhin größer als das Berliner Kanzleramt. Schon wer sich dem Vatikan nähert, muss aufpassen, nicht aus Versehen hineinzutreten. Die Staatsgrenze verläuft unmerklich auf der Via di Porta Angelica, der Petersplatz gehört hoheitlich zum Vatikan, hat aber exterritorialen Charakter, weil ihn jeder ohne Grenzkontrollen betreten kann. Wo man sich tatsächlich befindet, lässt sich nur an den Kanaldeckeln ablesen. SPQR ist römisch, SCV vatikanisch. Der genaue Grenzverlauf war bis zum Jahr 2009 zwischen Kirchenstaat und der Republik Italien umstritten, ein keilförmiger Streifen am Außenrand der Kolonnaden war in den Konkordats-Akten missverständlich verzeichnet worden.

ES IST EIN STAAT DER EXTREME. Der Vatikan ist die einzige und letzte absolute Monarchie in Europa. Der Artikel 1 der 2001 erlassenen Verfassung verfügt, dass der Papst »als Oberhaupt des Vatikanstaates die Fülle der gesetzgebenden, ausführenden und richterlichen Gewalt« besitzt. Hier hat nur einer das Sagen. Der Vatikan ist der einzige Staat, der komplett als Weltkulturerbe eingetragen ist. Der einzige, dessen CO_2-Bilanz ausgeglichen ist, obwohl er das Kyoto-Protokoll nie unterschrieben hat. Der einzige,

dessen offizielle Amtssprache seit weit mehr als tausend Jahren kein Schwein mehr spricht. Hinter den Mauern des Vatikans leben proportional mehr Singles als in Manhattan, es soll vergleichbar viele Gays geben, dennoch wechselt die Kleidermode nur alle zwei-, dreihundert Jahre. Es gibt kein Kino in diesem Staat, kein Restaurant und nur ein Fernsehprogramm. Der Fun-Faktor liegt unterhalb der Nachweisgrenze, der Nationalfeiertag wechselt alle paar Jahre, je nach dem Geburtstag des jeweils Herrschenden. Dennoch würden vermutlich die meisten Italiener ihre Staatsbürgerschaft gegen die des Vatikans eintauschen: Die Steuerquote liegt bei Null und sämtliche Kranken- und Altersleistungen sind gratis. Dieser komplett eingemauerte und von Alpenländlern in lustigen Pumphosen bewachte Staat erstreckt sich von 19 Metern Meereshöhe bis zur Spitze von 77 Metern in den Gärten. Er misst 1.045 Meter in der Länge und 850 Meter in der Breite. Der Obelisk auf dem Petersplatz hat die geographische Position 41°54' 07" Nord und 12°27'30" Ost. Der Vaticano-Hügel besteht aus fruchtbarem Vulkanboden, und so wird noch heute auf dem bewaldeten Höhenrücken im Westen ein wenig Gartenbau betrieben, ansonsten konzentriert sich das Wirtschaftsleben auf den dichtbebauten, flacheren Osten des Landes, wo Supermarkt, Tankstelle, Post und Druckereien zu finden sind. Viehzucht, Milchwirtschaft und Weinbau ist seit Kriegsende ausgelagert worden, so dass – mit Ausnahme einer kleineren Fischzucht im »Brunnen des Sakraments« neben der Casina di Pio IV. – der Großteil landwirtschaftlicher Produktion heute in der Exklave von Castelgandolfo anzutreffen ist, dem Sommersitz des Papstes. Übrigens gibt es mit dem »Campo Santo« auch eine Enklave im Winzstaat Vatikan, ein 5.000 Quadratmeter großes, vor allem aus Gräbern bestehendes Gebiet, dessen zuständiger Souverän seit gut zwei Jahrhunderten entschwunden ist: das »Heilige Römische Reich Deutscher Nation«. Das Areal ist völkerrechtlich italienisches Territorium unter vatikanischer Verwaltung.

VERKEHRSTECHNISCH ist der Staat Vatikanstadt gut erschlossen. Man erreicht ihn bequem mit der Metrolinie A (Haltestellen Ottaviano-San Pietro und Cipro-Musei Vaticani), dem Kraftfahrzeug (Tiefgarage an der Viale Vaticano), mit Hubschrauber, Kutsche, Straßenbahnlinie 19 oder, in begründeten Ausnahmefällen, auch mit der Eisenbahn. Das Schienennetz beträgt 1,2 Kilometer, wovon nur ein kleiner Teil auf dem Staatsgebiet liegt. Allerdings ist im Bahnhofsgebäude seit kurzem eine Luxusboutique untergebracht.

Die Kfz-Kennzeichen sind auch dem Außenstehenden rasch einprägsam. Ein Auto mit SCV ist ein Dienstwagen des »Status Civitatis Vaticanae«, wie der Staat Vatikanstadt amtlich heißt. (Ketzer übersetzen die Buchstaben auch mit »se cristo vedisse« – »wenn das Christus sähe«) Und wer nur CV hat, dem gehört der Wagen selbst. Das internationale Kennzeichen dagegen ist ein schlichtes V. Auf dem gesamten Staatsgebiet gilt Tempo 30. Da es allerdings weder Ampeln, noch Blitzanlagen, ja noch nicht einmal Geschwindigkeitskontrollen gibt, wird dieses Gebot grundsätzlich

nicht eingehalten. Die Luftflotte des Vatikans besteht aus einem weiß überlackierten Militärhubschrauber vom Typ Sikorsky H-3D Sea King. Aber wer wohnt hier, außer Franziskus und seinen Jüngern? Das Staatsvolk des Vatikans besteht aus 572 Bürgern, davon 56 Kardinäle, ein Papst, 298 Funktionäre des Heiligen Stuhls mit diplomatischem Status, diverse andere geistliche Würdenträger, 110 Schweizergarden und 41 Laien, davon 21 weiblichen Geschlechts. 321 Nichtbürger haben ebenfalls das Recht, im Vatikan zu wohnen. In den extraterritorialen Gebieten außerhalb der Mauer leben noch einmal etwa 3.100 Menschen, Seminaristen, Dozenten, Hausmeister, Mönche oder Nonnen. Weil manche Besitzer eines SCV-Passes außerhalb der Mauern Quartier genommen haben und die Nuntii sowieso im Ausland residieren, beträgt die Zahl der tatsächlich im Vatikan lebenden Menschen 467. Anders gesagt, mit einer Siedlungsdichte von 1082 Einwohnern pro Quadratkilometer ist der Vatikan einer der dichtestbesiedelten Staaten der Erde. In der weltweiten Liste liegt er auf dem siebten Platz, gleich hinter Bangladesch.

DAS STAATSVOLK DES VATIKANS BESTEHT AUS 572 BÜRGERN.

Was aber nicht viel heißen will. In Städten wie Herne oder Ottobrunn drängeln sich doppelt so viel Leute auf dem Platz. Die Geburtenrate liegt mit 0,0018 nur knapp über derjenigen der Antarktis. Seit 2005 wird durchschnittlich ein Kind pro Jahr geboren, allesamt von Offiziersfrauen der Schweizergarde. Jeden Morgen verschwinden scharenweise Angestellte hinter den Mauern des Vatikans, mit Citybag oder Aktentasche, und nicht alle tragen weiße Kragen oder Soutane. Es sind Angestellte der Post, Gärtner, Fahrer, Museumswärterinnen. Rund 4.500 Menschen gehen tagtäglich ihrer Arbeit im Vatikan nach. Allein in der Kurie, der Regierungszentrale der katholischen Kirche, arbeiten 2.704 Angestellte, davon 773 Geistliche, 331 Ordensleute und 1.600 Laien. Dabei ist der Vatikan kein Gottesstaat, anders als die Islamische Republik Iran. In der Verfassung des Staats Vatikanstadt kommt das Wort »Gott« kein einziges Mal vor. Staatsreligion ist hier nur de facto der Katholizismus. Laut Staatsbürgerschaftsgesetz von 1929 sind lediglich Kardinäle zu katholischem Glauben verpflichtet. Relativ gesehen gibt es hier mit 100 Prozent den höchsten Katholikenanteil weltweit, absolut gesehen jedoch mit 556 Gläubigen einen der niedrigsten. Lediglich in Tuvalu gibt es noch weniger Katholiken als im Vatikan. Die höchstrangige Protestantin ist eine Österreicherin und arbeitet in der Übersetzungsabteilung des Staatssekretariats. Weil sie keine vatikanische Staatsbürgerschaft hat, fällt sie allerdings aus der Statistik heraus.

DER STAAT VERFÜGT FÜR NOTFÄLLE über einen, wenn auch hochbetagten Exorzisten. Manche mögen das absonderlich finden, Vatikanbewohner nicht. Hier ist das Reden über die Hölle Tagesgespräch. Nirgendwo darf so entspannt über Höllenfeuer und Wiederauferstehung geredet werden wie hinter diesen Mauern. Jahrelang disputierten 30 vernunftbegabte Herren nur über die eine Frage: Was passiert eigentlich mit Kindern, die ungetauft sterben, was geschieht heilsgeschichtlich mit Tot- oder Frühgeburten und was mit jenen, die das unverschuldete Unglück hatten, vor Christi Geburt geboren zu sein? Nach Aktenlage müssten sie ohne das Sakrament der Taufe geradewegs zur Hölle fahren. Seit dem Mittelalter wurde über das Problem disputiert. Erst 2005 erklärte der Papst auf Anraten seines Think-tanks: »Es gibt Hoffnung, weil Gott die Rettung aller Menschen wünscht.« In die Hölle kommt nur, wer Verdammnis verdient hat. Gut, das im 21. Jahrhundert noch mal klargestellt zu haben.

Der Vatikan ist vermutlich auch einer der sehr wenigen Staaten, wo der Konsum und der Handel mit Drogen bis weit ins 21. Jahrhundert hinein völlig legal war. Denn das aus dem Jahr 1884 stammende Strafgesetz kannte diesen Straftatbestand nicht. Die Gesetzeslücke wurde erst im Jahr 2007 zum Problem, als ein Angestellter des Governorats, der Stadtverwaltung, mit 87 Gramm Koks erwischt wurde. Der Mann konnte nur wegen des »Verstoßes gegen die Prinzipien der Moral« belangt werden. Zur Jahreswende 2008 wurde das Strafrecht dann prompt verändert.

IN DER VERFASSUNG DES STAATS VATIKANSTADT KOMMT DAS WORT »GOTT« NICHT VOR

Die generelle Sicherheitslage ist ansonsten gut, schon allein aus dem Grund, weil jeder vierte Bewohner Uniform trägt. Seit Kriegsende hat es nur zwei Kapitalverbrechen gegeben, den Anschlag auf das Staatsoberhaupt 1981 und den Doppelmord am Oberst Esterhazy der Schweizer Garde und dessen Frau Gladys 1998. Für den Fall eines bewaffneten Angriffs auf den Vatikan tritt das Haager Abkommen vom Mai 1954 über den Schutz von Kulturgütern in Kraft. Danach ist das gesamte Staatsgebiet unter internationalen Schutz gestellt. Das heißt nicht, dass etwa die Nato einen Aggressor militärisch vertreiben würde. Aber die internationale Gemeinschaft müsste den Vatikan inventarisieren und möglichst viele Kulturgüter rechtzeitig in Sicherheit bringen.

ALS LETZTER KRIEGERISCHER ANGRIFF auf den Vatikan wurde im Herbst 1978 der Konflikt mit San Marino beschrieben. Die Postämter beider Zwergstaaten hatten gleichzeitig dasselbe Kunstwerk auf einer Briefmarke abbilden wollen, die »Auferstehung« des Bildhauers Pericle Fazzini. Da das Objekt im vatikanischen Audienzsaal steht, drohte der Kirchenstaat der Regierung San Marinos mit schwerwiegenden Gegenmaßnahmen. Nach mehreren hochrangigen Treffen konnte der Konflikt abgewendet werden. Die letzten Bomben fielen im März 1944 auf den Vatikan. Sie waren von einem britischen Flieger in den Gärten abgeworfen worden. Wie es hieß, aus Versehen.

ALEXANDER SMOLTCZYK

war Korrespondent in Paris, Rom und Abu Dhabi, für GEO reiste er zu den Korowai, seit 1997 ist er Reporter des SPIEGEL und hat bislang aus rund achtzig Ländern Reportagen geschrieben. Seine Arbeiten wurden mehrfach ausgezeichnet, darunter mit zwei Kisch-Preisen und einem Nannen-Preis. Zuletzt erschien das Kinderbuch »Päpste pupsen nicht«.

LEBENSLINIEN
ERFAHRUNGEN UND ERLEBNISSE, DIE LEBEN VERÄNDERN

KEIGO SAKAMOTO
KÜMMERT SICH
**UM DIE ALLEIN
GELASSEN TIERE** IN
DER TODESZONE

DAMIR
SAGOLJ
FUKUSHIMA

LEBEN
IN DER
TODESZONE

schnell vorbei. Aber für viele unglücklichen Seelen in der ansonsten wohlhabenden Präfektur Fukushima war der 11. März 2011 nur der Anfang dessen, was für mich einer der herzzerreißendsten Geschichten ist, von der ich jemals außerhalb des Elends der Entwicklungsländer berichtet habe.

Das Unvorstellbare geschah. Ein Atomkraftwerk, der Stolz von Fukushima wurde von einer Monsterwelle überflutet, die eine Serie von Katastrophen in Gang setzte, die bis heute nachwirken. Das Ergebnis ist katastrophal: Zweieinhalb Jahre später sieht Fukushima schlimmer aus denn je. Sobald die Regierung das Ausmaß der Zerstörung und die Bedrohung durch die Strahlung erkannte, wurden über 300.000 Menschen evakuiert. Städte und Dörfer wurden aufgegeben und Leben zerbrochen. Die Menschen standen unter Schock. Nur wenige wie Fumio Okubo wussten, dass das nichts war, was in einer Woche vorbei wäre.

Die Evakuierten fanden Zuflucht in Schulen, Sporthallen wurden zu Gemeinschaftszentren in der Präfektur, manchmal an Orten, an denen die Strahlungsbelastung höher war als in ihren eigentlichen Heimatorten. Im ersten Post-Tsunami-Chaos wurden solche Fehler gemacht. Iiate, offiziell eines der schönsten Dörfer in Japan, wurde als Schutzzone für Menschen aus der Nähe der zerstörten Atomanlage ausgewiesen. Dann wurde klar, dass die radioaktive Wolke nach Nord-Westen zog und dass Iiate stärker kontaminiert war als viele Orte, die näher am Atomkraftwerk lagen.

KURZ NACHDEM die Zwangsevakuierung im Fernsehen angekündigt wurde, zog Fumio Okubo seine besten Kleider an und seine Schwiegertochter servierte ihm seine Lieblingsspeise. Am Morgen war der 102 Jahre alte Mann tot. Er hatte sich vor dem Morgengrauen erhängt.

**MEHR ALS
300.000
MENSCHEN
WURDEN AUS
IHREN STÄDTEN
UND DÖRFERN
EVAKUIERT.**

Ein Seil aus Plastiktüten ist bestimmt kein Tanto-Messer. Auch war sein Tod nicht dramatisch, mit Öffentlichkeit und viel Blut überall, aber was dieser alte Bauer an diesem Morgen tat, erinnert an die Taten der Samurai vergangener Zeiten – in Ehren zu sterben. Okubo, der in Iitates geboren wurde und sein ganzes Leben zwischen Reisfeldern und Zedern verbracht hatte, wollte in seinem schönen Dorf sterben, hier und nirgendwo anders.

Für die meisten Menschen an der japanischen Ostküste – zumindest für die Überlebenden, die niemanden und nichts verloren hatten – war der eigentliche Schrecken des mächtigen Erdbebens und Tsunamis

Eine andere Ankündigung wurde gemacht und alle setzten sich wieder in Bewegung, dazu bestimmt, nie wieder zurückzukommen. Neben Fumio Okubo und ein paar anderen bürgerlichen Samurais wurden tausende Menschen über ganz Japan verstreut.

Jetzt hängen die verelendeten Städte von Fukushima und ihre Bewohner zwischen der Nach-Katastrophe und der schwindenden Hoffnung auf einen Wiederaufbau. Für viele sind zweieinhalb Jahre nicht lange genug, um die Vergangenheit zu begraben und weiterzumachen. Sie leben in der Schwebe – Überlebende, aber nicht so lebendig wie zuvor. Die Plastikwände und Wellblechdächer ihrer provisorischen Behausungen können sie schwerlich ein Heim nennen. Ihre eigentlichen Häuser sind tief in der gesperrten Zone. Die meisten werden nicht mehr dorthin zurückkehren und sie wissen es. Das Ausmaß der Verzweiflung und Depression zwischen diesen dünnen Wänden ist gewaltig. Hiroshi Masakura, ein ehemaliger Grundbesitzer aus Tomioka, lebt derzeit im Evakuierungszentrum in Iwaki südlich der Sperrzone. Ein Mann in den Sechzigern, mit einer kraftvollen Miene und einer sanften Stimme, lud mich in seine Behelfsunterkunft ein, um seine Frau kennenzulernen. Aber seine Frau Miyo ist tot, und alles was ich kennenlerne, sind kindliche Portraits von ihr, gezeichnet von Masakura.

ZUNÄCHST wurde die Familie nördlich ihres Dorfes Tomioka evakuiert und verbrachte mehrere Monate in einer Sporthalle, wo sie den Saal mit vielen anderen teilten. »Das war erträglich«, sagte Masakura. »Wir aßen alles das gleiche, wir waren zusammen. Menschen wie du und sogar ein paar Prominente besuchten uns.« Aber dann zogen sie in eine Siedlung von Fertighäusern in den Vororten von Iwaki. Die nackten Böden der Sporthallen und das bloße Überleben wurden ersetzt durch etwas, was wirkliches Leben simulieren sollte, aber es war nur ein trauriger Ersatz. Da begann die Qual über das, was für immer verschwunden war, wieder von vorne. Diejenigen, die ihre Heimat in Kriegen und Katastrophen verloren haben, kennen diesen Moment nur zu gut.
Sobald sie in eine winzige neue Wohnung umzogen, begann Frau Miyo unter Depressionen zu leiden. Drei Monate später wurde sie krank und mit Magenproblemen in eine Klinik gebracht. Vier Monate später war sie tot. Da zerbrach die Welt für den sonst so starken Masakura und er brach zusammen, als er mir das erzählte. Ich fragte, ob die Erkrankung seiner Frau mit der Depression zusammenhing. Er antwortete leise: »Ja.« Zwischen den kahlen Wänden seines provisorischen Heimes sind Bilder und Zeichnungen, ein Schrein für seine verstorbene Frau und ein riesiger neuer TV-Bildschirm. Es gibt nichts mehr aus seinem früheren Leben, als wäre es nur ein Traum gewesen. »Willst du mein Lied hören?«, fragte Masakura.
»Sayonara« und »Tomioka« sind die einzigen Worte, die ich von dem Lied, das ein alter Mann komponierte

und sang, verstand, aber der traurige Ton erzählte mir genau, um was es ging. Einer Übersetzung bedurfte es nicht und wie so oft zuvor fokussierte ich die Kamera, um meine eigenen düsteren Gedanken zu vertreiben. Offizielle Zahlen bestätigen meine Beobachtungen. Die Mainichi Zeitung berichtete Anfang des Monats, dass die Evakuierungs-Todesfälle in der Präfektur Fukushima die Zahl der bei der ursprünglichen Katastrophe Getöteten übertroffen haben. Über 1.600 Menschen starben in Fukushima aufgrund der Verschlechterung ihrer Gesundheit während der Zeit als Evakuierte oder weil die Krankenhäusern, in denen man sie behandelt hatte, geschlossen wurden. Andere begingen Selbstmord. Einige Evakuierte bewahren sich einen Funken Hoffnung oder sind bereit, trotz der Gefahr nach Hause zurückzukehren. Manche sind zu alt, um sich darum zu kümmern, was eine Langzeit-Strahlenbelastung für ihre Gesundheit bedeutet. Aber was werden sie tun? Alleine leben, vergessen und verlassen wie die armenseligen Menschen, die ich in der Sperrzone von Tschernobyl getroffen habe?

IRONISCHERWEISE waren viele Menschen, die aus Tschernobyl flüchten mussten, relativ schnell bereit, ein neues Leben zu beginnen. Sie begruben die Opfer zusammen mit allen Hoffnungen, je wieder zur Normalität zurückzukehren, dank der Brutalität des Lebens in dem kommunistischen Regime. Manche zogen nach Slavutich, eine Stadt, die für Evakuierte gebaut wurde, oder nach Kiew oder sogar noch weiter weg in die damalige Sowjetunion. Ein paar kletterten über den Zaun, ignorierten die Gesetze und zogen zurück in die Sperrzone. Aber die Menschen in Japan werden das nicht machen. Sie werden die Regeln beachten, tun, was ihnen gesagt wird, und für immer in ihren neuen Fertighäusern leiden. Nur sehr wenige werden ihren eigenen Weg gehen.
Einer von ihnen – ein Spinner für die einen, ein Held für die anderen – ist Keigo Sakamoto, ein Bauer und ehemaliger Pfleger für geistig Behinderte. Sakamoto sagte nein zur Evakuierung, blieb in der Sperrzone und

**MIEKO OKUBO
MIT DEM PORTRAIT
IHRES SCHWIEGER-
VATERS FUMIO
OKUBO, DER SICH
UMGEBRACHT HAT**

hat sich die Tiere zur Aufgabe gemacht. Er wagte sich in leere Städte und Dörfer und sammelte all die Hunde, Katzen, Hasen und Murmeltiere ein, die von ihren früheren Besitzern aufgegeben wurden, als die – teilweise nur mit ihren Brieftaschen – die Gegend verließen. Jetzt lebt Sakamoto mit über 500 Tieren auf seinem Hof in der Nähe von Naraha. Die Szene erinnert mehr an experimentelles Theater als an das moderne Japan. Es ist auch ein sehr lautes Theater, weil viele seiner Hunde in der Zeit, als sie alleine waren, verwilderten, bevor Sakamoto sie rettete. So als wollte er diese Beobachtung bestätigen, biss mich ein Hund, als ich an seiner kleinen Hütte vorbei ging.

»Es gibt hier keine Nachbarn«, sagt Sakamoto. »Ich bin hier der einzige, aber ich werde bleiben.« Von seinen zwanzig Hunden sind nur zwei freundlich zu Menschen. Einer heißt Atom, ein blitzgescheiter weißer Mischling. Er heißt so, weil er kurz vor der Katastrophe in Fukushima geboren wurde. Im Kontrast zu Sakamotos kakophonischem Theater erinnert die Szenerie in Fukushimas verlassenen Städten eher an Horror-Stummfilme. Es ist ein Horrorfilm ohne Menschen, wo die einzigen Gefahren halb zerstörte Gebäude, die zusammenbrechen könnten, und ein paar wilde Tiere sind. Zweimal trabte ein Keiler vor mein Auto und hielt an. Ich griff nach der Kamera, aber er rannte weg, bevor ich ihn fotografieren konnte. Die Strahlung ist immer noch eine Gefahr, aber jeder, mich eingeschlossen, trägt einen Geigerzähler um den Hals. Es gibt überall Straßensperren und Schilder warnen vor möglichen Strahlenherden. In der Tschernobyl-Sperrzone könnte eine Zombie-ähnliche Kreatur, von billigem Wodka und Einsamkeit verwirrt, hinter einem Busch vorspringen. Aber hier in Fukushima war alles in nahezu perfekter Ordnung. In den verlassenen Städten funktionierten die Ampeln und ein vereinzeltes Auto würde bei Rot halten. Nahe des Bahnhofs einer Geisterstadt namens Namie stand ein Getränkeautomat vor einem Ladenfenster, in dem sich unverteilte Zeitungen vom 12. März 2011 stapelten, und blinkte. Ich warf eine Münze hinein. Das Gerät machte das übliche Geräusch und gab mir einen Becher heißen Kaffee. Ich überlegte, wie viel Strom dieser Automat über die letzten zweieinhalb Jahre verbraucht haben mochte, um in dieser Geisterstadt ohne Bevölkerung jetzt meinen Kaffee heiß zu machen.

IN DEN VERLASSENEN STÄDTEN FUNKTIONIEREN DIE AMPELN UND GETRÄNKE-AUTOMATEN.

AUF DER ANDEREN SEITE der Bahngleise, an der Hauptstraße von Namie, traf ich ein älteres Ehepaar mit Masken über ihren Gesichtern und Plastiktüten über den Schuhen. Sie machten einen der seltenen autorisierten Besuche in ihrem Haus und der Konditorei der Familie. Das Hauptanliegen von Herrn und Frau Nagaoka war die Hygiene. Es gab überall Mausefallen über den Platz verteilt und das Paar nutzte seine Zeit, um die toten Mäuse herauszunehmen und die Fallen mit neuem Gift zu bestücken. Nachdem die Fallen und Schädlinge versorgt waren, begannen Zenjuro und seine Frau die Kühlschränke in ihrem Laden zu reinigen. Zu meiner Überraschung waren alle Kuchen noch da und in einem guten Zustand. Nakgaoka, der Besitzer, erklärte, dass der Strom seit der Katastrophe nie aus war. Es schien nicht, als sei das für ihn etwas Besonderes.

Ich fuhr tagelang durch verlassene Städte und Reisfelder, wo seltsame Dinge wuchsen – Plastiktüten voller kontaminierter Erde, das zertrümmerte Boot, das vom Tsunami ins Land getragen wurde, und eine weiterer Automat, der aus einem Feld zu wachsen schien.

Ich fuhr und fuhr durch mehrere parallele Welten Fukushimas, in denen sich apathische Menschen durch ungewöhnlich unheimliche Szenerien bewegten. Sicherheitspersonal blockierte die Straßen und ließen nur Personen mit Sondergenehmigungen passieren. Die Arbeiter, die an der verfallenen Atomanlage arbeiteten oder den Boden in der Sperrzone dekontaminierten, wurden mit Bussen durch ihre eigenen Welten transportiert, um ihre triste Arbeit zu erledigen. Ein paar ehemalige Bewohner suchten die Gegend ab, wo einst der Friedhof stand.

Ich fuhr weiter endlos auf gereinigten und reparierten Straßen, als ob das Leben morgen wieder zurückkäme. Mein Autoradio war offensichtlich nicht voll funktionsfähig und die einzige Station, die ich hereinbekam, spielte klassische Musik (in meiner Heimat Bosnien so genannte »ernste Musik«). Es war fast ein perfekter Soundtrack zur Landschaft. Obwohl mir oft Johnny Cash in den Sinn kam: »I felt the power of death over life. I hung my head, I hung my head.«

Fumio Okubo, ein moderner Samurai von Iitate, wusste das alles. Es wird eine Ewigkeit dauern, die Probleme von Fukushima in den Griff zu bekommen. Der alte Mann hatte einfach keine Zeit zu warten.

DAMIR SAGOLJ

wurde 1971 in Sarajevo geboren. Nach einem Semester Architekturstudium zog er und seine Familie nach Moskau, wo sein Vater als Korrespondent der wichtigsten bosnischen Zeitung arbeitete. Im Jugoslawienkrieg diente er in der bosnischen Armee und begann zu fotografieren. 1997 wurde er Reuters Chef-Fotograf in Bosnien. Er bereiste den Nahen und Mittleren Osten und nach 9/11 Afghanistan und Irak. Eines seiner Fotos wurde für den Pulitzer-Preis nominiert. Seine Bilder erscheinen u.a. in Time, Newsweek, Spiegel, Stern, New York Times. Momentan lebt er als Reuters Chef-Fotograf für Thailand und Indochina in Bangkok.

LIEBE AUF DEN ERSTEN KLICK

schaften. Natürlich musste SAL 9000 dafür einen Preis zahlen: 5.000 Yen, umgerechnet waren das rund 37 Euro. Aber da war noch ein anderer Preis. SAL 9000 würde seine Nene niemals umarmen können, deren angeblich so lieblichen Küsse niemals auf seinen Lippen spüren können. Auf ewig sollte diese Liebe zweidimensional bleiben. Nene Anegasaki war bloß der Hauptcharakter des Computerspiels Love Plus für die tragbare Konsole Nintendo DS. Bis heute ist SAL 9000 mit seiner wohl ehrlichen Liebe so etwas wie der Extremfall eines recht großen Kulturphänomens. Einige sagen sogar, so extrem sei er gar nicht. Schließlich könne er darüber reden: »Ich weiß, dass Nene ein Spiel ist und ich weiß auch, dass ich sie rechtlich gesehen gar nicht heiraten kann«, sagte er bei der Trauung. Aber ernst war es SAL 9000 trotzdem. Nichts also, wofür man sich schämen bräuchte. In der Tat sind Liebessimulationsvideospiele wie Love Plus in Japan extrem beliebt. Das war schon 2009 so, als Smartphones gerade erst auf den Markt kamen und tragbare Konsolen für Begeisterte wie SAL 9000 die einzige Möglichkeit boten, unterwegs zu zocken.

ENDE 2009 GING der Fall um die Welt: Ein unscheinbarer junger Mann aus Tokio hatte einen Bund fürs Leben geschlossen, die internationale Öffentlichkeit war außer sich. Auch in Japan ist die herkömmliche Ehe ein Auslaufmodell und SAL 9000, wie sich der damals 27-Jährige nannte, wollte der Idee dennoch treu bleiben. Aber es war nicht dieser Traditionalismus, der so sensationell schien, im Gegenteil. Es ging um seinen Partner. »Sie ist meine Traumfrau«, sagte der unscheinbare, schwarzhaarige Brillenträger am Rande der Trauung. »Sie wird nicht so schnell böse, wenn ich nicht gleich auf etwas reagiere. Na ja, sie wird schon böse, aber sie verzeiht mir schnell wieder.« Die Glückliche hieß Nene Anegasaki. Dass die in den Augen von SAL 9000 so makellos war, hatte einen einfachen Grund. Er hatte sie sich maßgeschneidert. Die langen, braunen Haare konnte er sich aussuchen, die unschuldige blauweiße Uniform mit kurzem Röckchen, den kurvigen Körperbau, auch einige Charaktereigen-

ER HATTE SIE SICH MASSGE-SCHNEIDERT – FÜR 5.000 YEN.

Heute werden auch durchschnittlich erfolgreiche Spieleapps von Zehntausenden Spielern auf die Handys geladen, wo sie sich in virtuelle Persönlichkeiten verlieben oder sich das zumindest vormachen. Es gibt die Spiele für Jungs, die Mädchen erobern, Mädchen, die Jungs verführen, und über homosexuelle Beziehungen. Anders als in den meisten Ländern, wo die romantische Liebe kaum als virtuelle, interaktive Welt vorstellbar scheint, gehört dieses Genre in Japan zu den beliebtesten der Videospielebranche.

AN EINER AMPEL in der Tokioter Innenstadt zeigt sich, dass SAL 9000 nicht allein ist. Mami Kajimura lächelt in sich hinein und geht selbstzufrieden los, als das Licht auf Grün umspringt. »Jetzt hat's geklappt«, sagt sie, rempelt die von der anderen Seite kommenden Fußgänger beinahe an, weil sie nur auf ihr Telefon schaut. »Aber es wurde auch Zeit. Am Ende haben wir uns geküsst. Er war so romantisch. Zuerst hat er ganz lange nach vorne geschaut und nach einem Moment Stille war es so weit. Ich war ehrlich gesagt etwas nervös.« Der charmante Herr auf dem Bildschirm hat pinkes, verzotteltes Haar, gelbliche Haut, sieht aus wie ein Zeichentrickcharakter.

»Ich liebe ihn trotzdem«, grinst Kajimura, ein bisschen auch über sich selbst.Mami Kajimura liebt den pink-haarigen Traumkerl auch deshalb, weil es die Regeln so vorschreibt. Seit sie sich das Spiel »My Boy« vor einigen Wochen auf ihr Smartphone geladen hat, ist es ihr Auftrag gewesen, diesen Mann zu erobern. Die erste Begegnung war noch holprig gelaufen. »Ich hatte nicht das richtige Outfit an.« Für 100 Yen kaufte sie mit ech-tem Geld eine modische Brille und ein hübsches Kleid, beim nächsten Date lief es besser. Später besorgte sie sich ein Fitnessgerät, um an ihrem Körper zu arbeiten. Wieder 100 Yen. Und dann musste sie noch die richtigen Worte finden. »Ich musste erst erfahren, was er über-haupt für ein Typ ist. Ich wusste nicht gleich, wie zärtlich und gleichzeitig zurückhaltend er sein kann.« Doch nun, wo Kajimura es geschafft hat, ist das Ganze auch schon wieder vorbei. Der Kuss war die Belohnung für geschick-tes Dating. Bald will sie sich das nächste Spiel besorgen.

WAS IST an dieser ausgedachten, gespielten Liebe so toll? Eine Erklärung könnte Einsamkeit sein. In Japan leben viele junge Menschen als Singles und deren Zahl steigt seit Jahren. Ende 2011 sorgte eine Befragung der Regierung für Aufsehen, nach der 61 Prozent der unver-heirateten Männer und die Hälfte der Frauen zwischen 18 und 34 Jahren keinen Partner hatten. Ein knappes Viertel aller sagte, sie seien auch nicht auf der Suche und ein ähnlicher Anteil aller Befragten zwischen 35 und 39 Jahren gab an, niemals Sex gehabt zu haben.

Für SAL 9000 könnte Nene Anegasaki ein Ersatz gewesen sein. Oder aber auch eine Art Ratgeber. Auf japanischen Bestsellerlisten stehen nicht selten Bücher ganz oben, die den Lesern die Lösungen zu verschiedenen Alltagsproble-men versprechen. »Wenn ich im Spiel abgeblitzt werde, weiß ich auch bei echten Situationen so ungefähr, was ich vermeiden sollte«, sagt Mami Kajimura. Auch die hübsche, schlanke 20-jährige ist Single, eigentlich aber auf der Suche. Dass sie in den Typen aus ihrem Handy verliebt ist, sei zwar übertrieben. »Ein bisschen stimmt es aber. So stelle ich mir den idealen Partner vor. Er ist zuvorkom-mend, charmant und treu.« Die Ratgeberfunktion haben Simulatiosspiele auch in anderen Bereichen. Viele Forma-te, die erst ab 18 Jahren freigegeben sind, zielen darauf ab, Frauen oder Männer ins Bett zu kriegen, beim guten Ende folgen Sexszenen. Im Tokioter Trendviertel Akihaba-ra gibt es für dieses Genre auch eigene Geschäfte, die sich

SAL 9000
MIT SEINER
GATTIN NENE
ANEGASAKI

nach diversen Subgenres sortieren. Mami Kajimura hat auch das schon ausprobiert. Im morgendlichen Berufsver-kehr, wo auch andere Menschen auf den Bildschirm ihres Handys schauen können, will sie es aber nicht spielen. »Und ich weiß auch nicht«, sagt sie, »ob es in meinem Privatleben wirklich helfen würde.« Einige Dinge müsse man schon im wahren Leben erfahren.

FELIX LILL

freier Journalist seit 2008. Lebt und schreibt in Tokio als Korres-pondent für Zeit Online und Die Zeit, Der Spiegel, Tagesspiegel, Die Presse, Neue Zürcher Zeitung. Österreichischer Sportjourna-listenpreis 2010, 2011, 2012. ÖZIV Medienpreis 2012 für Bericht-erstattung über Menschen mit Behinderung in der Wirtschaft.

EIN ARM
FÜR EIN LEBEN

ES GIBT MOMENTE IM LEBEN, die einen dazu zwingen, extreme Entscheidungen zu treffen. Entscheidungen, die so extrem sind, dass sie ein Leben in eine völlig andere Richtung katapultieren können. Einen solchen Moment erlebte der 27-jährige ehemalige Maschinenbaustudent und Hobbybergsteiger Aron Ralston, als am 26. April 2003 zu einer seiner vielen Rad- und Wandertouren aufbrach. Am Ende dieser Tour, die eigentlich nur einen Tag dauern sollte, hatte sich sein Leben extrem verändert. Extrem ist jedoch auch die schlichte Tatsache, dass er überhaupt noch lebte. Als Aron Ralston an diesem Samstag alleine seine Tour in der Nähe von Moab, Utah, begann, war alles wie immer. Er ist ein erfahrener Biker und Bergsteiger, war Mitglied einer Bergrettungsgruppe und hatte auch einige Klettererfahrungen in Canyons. Sein Ziel war diesmal der Horseshoe Canyon im Canyonlands Nationalpark in Utah. Diese Gegend ist nicht gerade überlaufen, was eigentlich kein Problem darstellte, denn Aron war es gewohnt, alleine zu

AM ENDE DIESER »TAGESTOUR« HATTE SICH ARONS LEBEN EXTREM VERÄNDERT.

wandern und zu klettern. Diesmal überkam ihn allerdings schon bald ein Gefühl von Einsamkeit und Verlassenheit, wie er es bisher nicht kannte. Ihm fiel ein, dass er zum ersten Mal vergessen hatte, jemandem Bescheid zu geben, wohin er gehen würde. Nur sehr wenige Wanderer verirren sich in diese Gegend, umso größer war der Zufall, dass er an diesem Tag zwei junge Frauen traf, mit denen er ein Stück des Weges gemeinsam ging. Sie verstanden sich auf Anhieb gut, aber trennten sich bald wieder, denn die Frauen wollten zurück und Aron noch weiter. Sie verabschiedeten sich, allerdings nicht, ohne sich für den nächsten Tag zu einer gemeinsamen Tour zu verabreden. Dazu sollte es jedoch nicht kommen.

Arons Route führte durch den Blue John Canyon. Als er in die enge Schlucht des achtzehn Meter tiefen Canyons hinabkletterte, löste sich ein Felsbrocken. Der Vorsprung, auf dem Aron stand, war zu schmal und die Schlucht zu eng, als dass er richtig ausweichen konnte, ohne abzustürzen. Der Felsbrocken schlägt seine linke Hand gegen die Wand, prallt zurück, trifft den rechten Unterarm und zerquetscht die rechte Hand und das Gelenk. Mit der Hand zwischen sich und der Wand rutscht der Fels noch einen Meter nach unten. Aron ist eingeklemmt. Alle Versuche, sich sofort zu befreien, scheitern. Alle heftigen Bewegungen und alles Rütteln an dem Felsblock führen nur dazu, dass dieser noch stärker auf das Handgelenk drückt. Was bleibt ist der Schmerz, die Verzweiflung und die Erkenntnis, dass niemand weiß, wo er ist. Der Proviant, geplant lediglich für eine Tageswanderung, ist bis auf zwei Burritos, eine Tafel Schokolade und einen Liter Wasser aufgebraucht. Nach einer knappen Stunde des Schocks beginnt Aron sich zu überlegen, wie er sich aus dieser bedrohlichen Lage befreien könnte. Mit seinem Multitoolmesser könnte er die Felswand so lange bearbeiten, bis seine Hand freigelegt ist. Mit Hilfe seiner Kletterseile und Gurte könnte er ein Seilzugsystem basteln und versuchen, den Stein anzuheben. Aron schätzt das Gewicht des Felsbrockens auf ungefähr 90 Kilogramm. Tatsächlich wiegt er über 360 Kilogramm. Und Aron zieht sogar in Erwägung, sich den Arm amputieren, um sich zu befreien. Alle diese Ideen verwirft er zunächst. Er versucht sich zu beruhigen und beginnt doch erst einmal damit, die Wand mit seinem Messer zu bearbeiten. Zwei Stunden Arbeit bringen keinen nennenswerten Erfolg. Eine Rettungsaktion würde frühestens in drei Tagen anlaufen, wenn seine Mitbewohner und seine Arbeitskollegen in dem Outdoorladen, in dem er arbeitet, seine Abwesenheit bemerken. Dass er bis Montag unterwegs sein wird, war klar. Vielleicht würden sich die zwei Wanderinnen von gestern wundern, dass er nicht zur verabredeten Tour erscheint. Aber sie würden sich wohl keine Sorgen machen, dazu kennen sie sich zu kurz. Nach einer Vermisstenanzeige würden noch einmal 24 Stunden vergehen, bevor die Polizei aktiv würde – Mittwoch. Bis sie recherchieren, wo er sein könnte, vielleicht sein Auto oder Fahrrad finden würden – Donnerstag, realistisch betrachtet wohl eher Freitag oder Samstag.

DAS STEINEKLOPFEN, das Aron ständig weiterbetreibt, auch um sich warm zu halten, macht kaum Fortschritte. Wenn es in diesem Tempo weiterginge, würde es wohl 150 Stunden dauern, bis seine Hand frei wäre. Aron bastelt sich aus seinem Klettergurt und den Seilen eine Sitzmöglichkeit, sodass er zwischen Sitzen und Stehen abwechseln kann. Er trinkt zum zweiten Mal von seinem Wasser. Ein halber Liter ist noch übrig. So vergeht die erste Nacht. Am Sonntag versucht Aron ein Seilzugsystem einzurichten, um den Felsbrocken zu bewegen. Er geht immer noch von 90 Kilogramm aus. Der Fels bewegt sich nicht. Die Gedanken an die Amputation kommen wieder. Er versucht, ein Tourniquetsystem mit Gurtbändern und Karabinern möglichst nah an seiner Hand anzubringen. Am Nachmittag beginnt Aron Ralston mit Videoaufzeichnungen für seine Familie und Freunde und diejenigen, die ihn finden werden. Er beschließt, sich den Arm nicht zu amputieren und auf Rettung zu warten. Am Montag hat sich die Situation nicht verändert. Aron wird schwächer, versucht noch einmal den Brocken zu bewegen und überdenkt den möglichen Weg aus dem Canyon, nachdem er sich den Arm amputiert hätte: durch den restlichen Canyon klettern, achtzehn Meter abseilen und dreizehn Kilometer zum Auto laufen – mit einem amputierten Arm. Am Dienstag versucht Aron eine Amputation. Er schneidet durch Haut und Fettschicht bis zum Knochen. Das Tourniquet funktioniert passabel, aber mit diesem Messer kann er den Knochen nicht durchtrennen. Zur gleichen Zeit geben seine Mitbewohner und sein Arbeitgeber eine Vermisstenanzeige bei der Polizei auf. Seine Mutter wird verständigt. Währenddessen wächst bei Aron die Unsicherheit. Am Mittwoch gerät er ins Delirium, durch

ARON RALSTON
MIT SEINER
ARMPROTHESE

lebt Trancezustände, fühlt Verzweiflung und Einsamkeit. Das letzte Wasser hat er am Dienstag getrunken, einen winzigen Schluck. Das letzte trockene Stück Burrito hat er mit seinem eigenen Urin heruntergespült. Er ritzt seine Initialen, sein Geburtsjahr und sein Ende in die Felswand: AR OKT 75 APR 03 RIP.

DIE SUCHE LÄUFT AN. Am Donnerstag, den 1. Mai, fünf Tage nach seinem Unfall, unternimmt Aron einen letzten Versuch den Felsbrocken mit einem anderen Stein zu zerschlagen – vergeblich. Dabei bemerkt er, dass seine eingeklemmte rechte Hand schon zu verfaulen begonnen hat. Aus Angst vor einer sich ausbreitenden

Fäulnis beschließt er einen letzten Versuch. Er will die Hand jetzt loswerden. Ihm kommt die rettende Idee, dass er sich die Unterarmknochen brechen muss. Er ärgert sich, dass sie ihm jetzt erst kommt. Er muss seinen Unterarm so weit biegen, bis beide Knochen brechen. Nach ein paar heftigen Bewegungen bricht der erste mit einem lauten Knall durch. Den zweiten bricht er gleich danach. Um nicht zu verbluten, legt er wieder sein Abbindesystem an und schneidet erneut durch Haut und Fleisch. Die Muskeln und Sehnen durchtrennt er einzeln, dann die Arterien. Für die dickste Sehne braucht er die Zange. Am Ende noch die Nerven, was am meisten Schmerzen bereitet. Genau eine Stunde nachdem er mit der Amputation begonnen hat, hat sich Aron Ralston befreit. Er umwickelt seinen Armstumpf mit einer Plastiktüte, packt seine Seile und die restlichen Sachen zusammen, macht noch ein Foto seiner zerquetschten Hand und macht sich auf den Weg aus dem Canyon. Nach fünf Tagen Feststecken beginnt jetzt ein Wettlauf gegen Dehydrierung, Verbluten und den Tod. Zum nächsten Abseilpunkt in 150 Metern Entfernung braucht er zwanzig Minuten. Die achtzehn Meter bis zur Talsohle seilt sich der erfahrene Bergsteiger mit einer Hand ab. Ein paar Meter weiter findet er eine Schlammlache, die seinen immensen Durst zunächst stillt. Er trinkt drei Liter, füllt sein Camel-Bag und seine Flasche und geht in Richtung seines Autos. Die Hitze und die Sonne beschleunigen die Dehydrierung. Nach sechs Kilometern findet er noch eine Pfütze. Um 14 Uhr bemerkt er drei Wanderer vor sich. Aron ist neun Kilometer weit gekommen. Er ruft und schreit. Die Wanderer werden auf ihn aufmerksam und gehen zu ihm hin. Aron erklärt wer er ist und seine Situation. Die Wanderer, ein holländisches Ehepaar mit ihrem Sohn, wissen Bescheid. Die Ranger haben sich in ihrer Suche auf dieses Gebiet konzentriert und Wanderer gebeten, aufmerksam zu sein. Zusammen gehen sie in Richtung Auto. Unterwegs steht ein Rettungshubschrauber bereit, der Aron ins Krankenhaus im nahen Moab

UM DIE DICKSTE SEHNE ZU ZERTRENNEN BRAUCHTE ER DIE ZANGE SEINES MULTITOOLS.

fliegt. Am Donnerstag den 1. Mai um 15:45 wird er auf dem Op-Tisch narkotisiert und operiert – 127 Stunden nach seinem Unfall.

127 STUNDEN heißt auch der Film, der nach der Geschichte von Aron Ralston und seiner unglaublichen Rettung gedreht wurde. Schon während er noch im Krankenhaus lag, war Aron auf den Titelseiten der weltweiten Presse. Er trat in vielen berühmten Fernsehshows auf und schrieb 2004 das Buch Between A Rock And A Hard Place (dt.: Im Canyon: Fünf Tage und Nächte bis zur schwierigsten Entscheidung meines Lebens), das ein Welterfolg wurde. Danny Boyle, der Oscar prämierte Regisseur von Slumdog Millionär drehte 2010 den Film, der Aron Ralston und seine Geschichte noch bekannter machen sollte. Auch dieser Film wurde ein Erfolg, der neben vielen anderen Preisen auch sechs Oscar-Nominierungen errang. Aron Ralston hat verschiedene Prothesen für seinen Arm u.a. eine mit einem Eispickel, mit der er sich seinen persönlichen Wunsch erfüllte, an dem er schon vor seinem Unfall arbeitete: Bis 2005 hat er als erster alle 59 4000er Colorados im Winter bestiegen. Heute arbeitet er als hochbezahlter Redner und Motivationstrainer. Auf die Frage, wie seine Entscheidung ausfiele, wenn er noch einmal wählen könnte, antwortete er: Gewissermaßen starb ich in diesem Canyon und begann danach ein neues Leben. […] Ich möchte nicht tauschen. Wenn ich den Arm behalten könnte ohne all diese Erfahrungen, die ich gemacht habe, würde ich mich dagegen entscheiden. Das ganze Ereignis war ein Segen für mich. […] Der Unfall hat Sinn gemacht, es war wie eine Vorbestimmung. Ich habe das gesucht, herausgefordert, und so wurde ich zu dem, der ich heute bin.«

FLORIAN HEINE

ist Fotograf und Kunsthistoriker. Er ist Autor mehrerer Bücher über Kunst, Fotografie und Architektur. Von ihm stammt das Drehbuch zur TV-Reihe »Das erste Mal – Wie Neues in die Kunst kam«, bei der er auch als Kunstexperte vor der Kamera stand. Als Fotograf arbeitet er in den Bereichen Kunst, Werbung und Industrie.

IN DIESER
SPALTE
ÄNDERTE SICH
DAS LEBEN
VON ARON
RALSTON

DAMIR
FRAS
JERRY GIVENS

MODERNE HENKER

Am 12. Oktober 1984, abends um 23 Uhr, drückt Jerry Givens zum ersten Mal auf einen bestimmten Knopf und beobachtet durch ein Fenster, wie sich Linwood Briley, ein Serienmörder, aufbäumt, als der Strom durch seinen Körper fließt. Dann ist es vorbei – und Givens ist selbst zum Killer geworden.

Fast 30 Jahre später sitzt der ehemalige Henker von Virginia in einem Restaurant in Richmond, ein wuchtiger Afro-Amerikaner mit Brille und weißlichem Bart. Er ist heute über 60 Jahre alt, verdient sein Geld als Lastwagenfahrer und singt im Kirchenchor. Wenn er erklären soll, wie er es ausgehalten hat, Menschen auf Knopfdruck zu töten, sagt er: »Hey, ich dachte mir damals: Jeder weiß, dass es die Todesstrafe auf Mord gibt. Also, warum begehen diese Leute die Verbrechen, wenn sie die Wahl haben? Das ist doch Selbstmord.«

JEDES MAL, wenn er hinter der Scheibe gesessen und auf den Knopf gedrückt hat, habe er sich an diesem Gedanken festgehalten, sagt er. Linwood Briley ist sein erster Todeskandidat. Ein Jahr später trifft es Brileys Bruder James, der ebenfalls mehrerer Morde für schuldig befunden wurde. 1993 sind es Syvasky Ponyer, der fünf Frauen getötet hat, und David Pruett, der gestand, die Frau seines besten Freundes vergewaltigt und ermordet zu haben. Insgesamt 62 Menschen wird Givens noch mit der Giftspritze und auf dem elektrischen Stuhl töten, bis er schließlich zu der Einsicht gelangt, dass die Todesstrafe abgeschafft werden muss.

ES IST EIN TRAUMATISCHES ERLEBNIS, das Jerry Givens zu seinem Beruf geführt hat. Ein Beruf, wie er sich grauenvoller kaum vorstellen lässt. Mit vierzehn wird er auf eine Party in Richmond eingeladen. Er habe dort ein Mädchen gesehen, das ihm gefallen habe, sagt er. »Doch ich war schüchtern.« Er überlegt gerade, ob und wie er das Mädchen zum Tanzen auffordern soll, als ein bewaffneter Mann in das Haus stürmt und um sich schießt. Das Mädchen stirbt. »Ich wollte ihr zu Hilfe kommen. Ich hatte ihr Blut an den Händen«, sagt Givens. Das Blut des Mädchens, das er gerne geliebt hätte. Jahre später, während seiner Arbeit als Henker, wird er sich an dieses Erlebnis immer wieder erinnern. »Ich habe es getan, weil einer es schließlich tun musste, weil es das Gesetz gab. Weil es das Gesetz so wollte«, sagt er leise. »Ich dachte, ich tue Gott einen Gefallen, wenn ich das Leben derer nehme, die Unschuldige getötet haben.«

62 MENSCHEN HAT GIVENS EXEKUTIERT, SEINE FRAU WUSSTE NICHTS DAVON.

Nie hat er mit jemandem über seine Arbeit im Todestrakt geredet, nicht einmal mit seiner Frau. Jahrelang führte er ein Doppelleben. »War das eine Lüge?«, fragt Givens im Restaurant und gibt sich die Antwort dann selbst: »Nein, das war es nicht. Aber ehrlich war es auch nicht, dass ich immer alles für mich behalten habe.«

AUSGERECHNET der Todeskandidat, den er nicht hinrichten muss, bringt Givens auf einen anderen Weg. Earl Washington Jr. wird 1984 zum Tode verurteilt, weil er gesteht, eine 19 Jahre alte Mutter von drei Kindern in der Stadt Culpeper in Virginia vergewaltigt und getötet zu haben. Doch Washington hat nur einen IQ von 69 und seine Schilderung der Tat passt nicht zu den

Ermittlungen der Polizei. Nach einem DNA-Test stellt sich 1993 heraus, dass Washington nicht der Täter ist. Er wird freigelassen.

Givens kommen auf einmal Zweifel, grundsätzliche Zweifel. »Ich habe mich gefragt, ob ich womöglich schon einmal einen Unschuldigen hingerichtet habe«, sagt der Mann, der seit einigen Jahren versucht, die Politik in Virginia zur Abschaffung zur Todesstrafe zu drängen. Er arbeitet weiter, bis er ein paar Jahre später, 1999, selbst zu einer vierjährigen Haftstrafe verurteilt wird, weil er ein Auto mit Drogengeld bezahlt haben soll und ins Gefängnis muss. Er sei unschuldig gewesen, sagt Givens, so unschuldig wie

Washington und andere Verurteilte vielleicht auch. Und er habe dort im Gefängnis viel Zeit zum Nachdenken gehabt. »Gott hat mich aufgeweckt«, sagt der tiefgläubige Baptist, »Jesus war unschuldig und ist hingerichtet worden. Das sollte doch ein Beispiel für uns alle sein.«

Jerry Givens sagt, er sei sich sicher, dass die Zweifler an der Todesstrafe sich langfristig durchsetzen würden. Die Sache sei doch ganz einfach: »Lebenslänglich ohne Chance auf Begnadigung, das ist die wahre Todesstrafe. Heute bringen wir die Leute doch einfach nur um.« Alles wäre anders, sagt er, wenn die Richter und die Geschworenen auch eigenhändig die Todesstrafe ausführen müssten: »Dann würden viel weniger Todesurteile gefällt werden. Denn dann müssten sich Richter auch fragen, ob sie ihren eigenen Sohn zum Tode verurteilen würden.« Soweit wird es wohl nie kommen. In den vergangenen Jahren hat sich in den USA die gesellschaftliche Haltung gegenüber der Strafform nicht grundsätzlich gewandelt. Meinungsumfragen haben ergeben, dass sich in den 32 Bundesstaaten, in denen es derzeit noch die Todesstrafe gibt, noch immer eine Mehrheit für deren Erhalt ausspricht. Aber die Mehrheit ist geringer geworden. Als etwa die Wahlberechtigten von Kalifornien über die Abschaffung der Todesstrafe abstimmen sollten, fiel das Ergebnis mit 53 Prozent Nein-Stimmen zu 47 Prozent Ja-Stimmen schon knapper aus als noch vor Jahren. Die Amerikaner sind nachdenklicher geworden. Das belegen Angaben des Death Penalty Information Centers, das für eine Abschaffung der Todesstrafe eintritt. Demnach hat auch die Zahl der Exekutionen abgenommen. 1999 wurden etwa noch 98 Urteile vollstreckt, im Jahr 2012 waren es 43, 2013 waren es 39.

DIE TODESSTRAFE TAUGT NICHT DAZU, MORDE ZU VERHINDERN.

DIE ARGUMENTE gegen die Todesstrafe sind seit Jahren dieselben: Sie sei ungerecht und rassistisch. Nach offiziellen Angaben sind nur 13 Prozent der Amerikaner Schwarze. Aber unter den zum Tode Verurteilten in den US-Gefängnissen machen Afro-Amerikaner 42 Prozent aus. In manchen Bundesstaaten sind es sogar bis zu 80 Prozent. Die Todesstrafe ist teuer, weil Todeskandidaten über Jahre hinweg in zahllosen Berufungsverfahren versuchen, der Hinrichtung zu entgehen, und dafür zahllose Rechtsanwälte beschäftigen. Nach einer aktuellen Studie könnte etwa der Bundesstaat Kalifornien, der ohnehin unter Geldmangel leidet, pro Jahr mindestens 170 Millionen US-Dollar sparen, wenn die Todesstrafe abgeschafft würde.
Das Hauptargument aber ist: Die Todesstrafe taugt nicht dazu, Morde zu verhindern. »Sie hat nicht

einen einzigen Menschen auf diesem Planeten davor bewahrt, Opfer eines Mordes zu werden«, sagt Kirk Bloodsworth: »Wir müssen endlich damit aufhören, uns zu töten.« Bloodsworth ist gewissermaßen der lebende Beweis für den Unsinn der Todesstrafe. Er ist der erste Todeskandidat, der in den USA nach einem DNA-Test aus dem Gefängnis in die Freiheit entlassen wurde. Es ist das Jahr 1993. »Ich saß seit genau acht Jahren, zehn Monaten und 19 Tagen im Knast, zwei Jahre davon im Todestrakt von Baltimore«, sagt Bloodsworth während des Gesprächs in einem Café in Annapolis, der Hauptstadt des Bundesstaates Maryland. Er wird zum Tode verurteilt, weil er 1984 ein neun Jahre altes Mädchen vergewaltigt und getötet haben soll. Bloodsworth beteuert seine Unschuld und kämpft jahrelang um einen DNA-Test. Dieser ist zunächst nicht möglich, weil die Vergleichsproben – Sperma auf der Unterwäsche des Opfers – verschwunden sind. Erst als das Beweisstück sich in einer Papiertüte wiederfindet, die über Jahre hinweg in einem Büro im Gerichtsgebäude gelegen hat, gelingt der Test. Bloodsworth wird aus der Haft entlassen und bekommt eine Entschädigung von 300.000 US-Dollar. Später bekennt sich ein Mann schuldig, das Mädchen getötet zu haben, der einige Jahre lang ebenfalls in dem gleichen Gefängnis inhaftiert war, in dem Bloodsworth saß. »Ich habe mit dem Typen sogar Gewichte gehoben«, sagt Bloodsworth.

Er ist 52 Jahre alt, ein kräftiger, muskulöser Mann. Das T-Shirt spannt über seinem Brustkorb. Vor der Verhaftung war er vier Jahre lang bei den Marines, und er war Diskus-Champion. »Das ist er, das war mein Held«, sagt Bloodsworth und zeigt ein Bild auf dem Handy, auf dem Wolfgang Schmidt, der frühere deutsche Diskuswerfer und Dritte bei der Europa-Meisterschaft von 1990, zu sehen ist. »Mensch«, sagt Bloodsworth und holt tief Luft, »ich könnte heute Krabbenfischer oder Diskustrainer sein.« Könnte. Wenn sein Leben anders verlaufen, wenn er nicht zu Unrecht des Mordes beschuldigt worden wäre und neun Jahre in der Todeszelle gesessen hätte. Aber er kann dieses Kapitel seines Lebens nicht einfach streichen, und so hat er daraus eine Aufgabe gemacht, ein Vermächtnis. Kirk Bloodsworth kämpft gegen die Todesstrafe. Er ist Mitglied der Lobby-Gruppe »Witness to Innocence« aus Philadelphia, die sich um die aus dem Todestrakt Freigekommenen kümmert. Mehr als 140 sind es bereits. »Wir werden siegen«, sagt Kirk Bloodsworth zum Abschied. Und er scheint damit recht zu haben. Wenige Tage nach dem Gespräch mit ihm schaffen die Abgeordneten des liberalen Ostküsten-Staates

Maryland die Todesstrafe ab. Ernsthafte Debatten werden derzeit auch in Colorado, Oregon, Kansas und Delaware geführt.

Jerry Givens, der frühere Henker, und Kirk Bloodsworth, der frühere Todeskandidat, haben sich den Kampf gegen die Todestrafe zur Lebensaufgabe gemacht. Es wird ein langer Weg. Noch in 32 Bundesstaaten der USA sind Exekutionen erlaubt.

DAMIR FRAS

ist Korrespondent von Berliner Zeitung, Kölner Stadt-Anzeiger und Frankfurter Rundschau in den USA. Er lebt mit seiner Familie in Washington, DC.

KIRK BLOODSWORTH, DER ERSTE TODES-KANDIDAT, DER NACH EINEM DNA-TEST ENTLASSEN WURDE

WALTHER
LUCKER

APA SHERPA

DER EISIGE JOB

APA SHERPA STIEG 21 MAL AUF DEN MOUNT EVEREST Auf seine vielleicht schönste, in jedem Fall jedoch ungefährlichste Tour, begab sich Apa Sherpa als alles vorbei war. Im Sommer 2012 durchquerte der Mann mit dem freundlichen Dauerlächeln sein Heimatland. Er machte sich im äußersten Osten Nepals auf, wo der Kangchendzönga, mit 8.586 Metern der dritthöchste Berg der Erde, die Grenze nach Sikkim markiert. Mehr als 120 Tage wanderte Apa Sherpa zu Füßen der acht Achttausender seines Landes. Vorbei am Makalu und am Cho Oyu, am Mount Everest und dem Lhotse, am Dhaulagiri, der Annapurna und dem Manaslu. Schließlich gelangte er in die touristisch einsamen Gegenden im Westen, wo das einstige Königreich Nepal an die indischen Bundesstaaten Uttar Pradesh und Westbengalen grenzt. Erstaunlich, Apa Sherpa bestieg auf seiner fast 2.000 Kilometer weiten Reise zu Fuß keinen einzigen Berg. Dabei hatte ihm in den Jahren zuvor gerade

APA SHERPAS LODGE STEHT NEBEN DEM HAUS VON TENZING NORGAY, DEM PIONIER.

das Besteigen des höchsten aller Gipfel dieser Welt Popularität, Ruhm, Auszeichnungen und Eintragungen im Guiness-Buch der Rekorde eingebracht.

Apa wurde unter dem Namen Lhakpa Tenzing Sherpa in Thame geboren, einem kleinen Nest im Solo Khumbu, gut drei Gehstunden vom Hauptort Namche Bazar und ein paar Tagesetappen vom Mount Everest entfernt. Viel gab es nie in Thame. Viel gibt es dort auch heute noch nicht. Überall abseits der ausgetrampelten Trekkingpfade zum Everest sind die Menschen meist arm. Thame ist eine stille Streusiedlung mit typischen, im tibetischen Stil erbauten Sherpahäusern, einem fast 400 Jahre alten Kloster und einem modernen Wasserkraftwerk. In der eher trockenen Krume gedeihen angesichts einer Höhe von über 3.800 Metern geradezu unglaubliche gute Kartoffeln. Und irgendwie muss dieser Flecken Erde unter der wuchtigen Nordwand des Kongde Ri (6.187 m) ein ganz besonderer Nährboden sein. Denn nirgendwo anders gibt es so viele und vor allem so erfolgreiche Everest-Besteiger wie in Thame. Allein in der »Everest Summiteer Lodge« von Apa Sherpa hängen 21 Zertifikate des nepalischen Tourismusministeriums.

In Thame wuchs einst auch Tenzing Norgay auf, bevor er, kaum 19-jährig, nach Darjiling zog und schließlich 1953 zusammen mit dem Neuseeländer Edmund Hillary den Mount Everest zum ersten Mal bestieg. Er verhalf dem Volk der Sherpa zu Weltruhm und sie wurden unersetzbare Begleiter und Helfer der westlichen Expeditionsgruppen. Ohne sie wäre der moderne Tourismus am Everest bis heute noch nicht möglich. Gleich neben Tenzing Norgays Haus steht heute die Lodge von Apa Sherpa.

BEVOR APA 2012 auf seine lange Wanderung ging, hatte er den höchsten Berg 21-mal bestiegen. So oft wie kein anderer je zuvor. Nur ein paar Steinwürfe weg wohnt Apas Bruder Ang Rita, der den Everest bis 1996 zehnmal bestieg. Nicht weit entfernt lebt die nächste Sherpa-Generation: Kami Rita war 19-mal auf dem Gipfel, sein Bruder Lhakpa Rita 16-mal. Diese fünf Männer, alle aus demselben Dorf, standen bis 2013 insgesamt 67-mal auf dem Everest-Gipfel in 8.848 Meter Höhe. Doch keiner von ihnen ist je zu seinem Vergnügen dort hinauf gestiegen. Es ist ein gefährlicher Arbeitsplatz in den Flanken der höchsten Verwerfung unserer Erde. Vielleicht einer der unwirtlichsten der Welt. Auf jeden Fall einer der undankbarsten. Schon immer verunglückten Sherpa am Everest, wenn sie Expeditionen begleiteten. 1921, als der Brite George Mallory erstmals den Gipfel zu erreichen versuchte, starben sieben Sherpa bei einem Lawinenunglück. Zurück blieben trauernde Familien, ein unbestiegener Berg und Abenteurer, die ein Jahr später wieder kamen. 2014 im April kamen 16 Sherpa ums Leben. Am oberen Ende des Khumbu-Eisfalls, einem gigantischen Gletscher mit einer Fließgeschwindigkeit von über einem Meter am Tag, war eine Lawine niedergegangen und hatte die Männer unter sich begraben, während sie dabei waren, einen Pfad für Bergtouristen anzulegen. »Ein Arbeitsunfall«, sagte Reinhold Messer gleichermaßen lakonisch wie treffend. Nepals Regierung bot den Familien eine Entschädigung von kaum 300 Euro. Ein Hohn sei das, schimpften die einheimischen Helfer, traten in den Ausstand und ließen schließlich 32 Expeditionsgruppen mit über 700 Teilnehmern auf dem Gletscher des Everest sitzen. Schon die Tatsache als solche geriet zum weltweiten Medienereignis und erstmals wurde die Rolle der Sherpa ausgeleuchtet.

APA SHERPA WAR **21 MAL AUF DEM** HÖCHSTEN BERG DER WELT

ICH HÄTTE VIEL LIEBER STUDIERT UND WÄRE ARZT GEWORDEN.

Apa war zwölf Jahre alt, als er begann, für ein paar lumpige Dollar Lasten von Bergsteiger- und Trekking-Gruppen in Richtung Basislager unter dem Mount Everest zu schleppen. 50 Kilogramm und mehr waren bald keine Seltenheit mehr. Der Vater war früh gestorben, die Mutter allein kaum in der Lage, die Familie zu ernähren. Eine Schule gab es nicht in Thame. Apa musste als Träger arbeiten, ob er wollte oder nicht. »Ich hätte viel lieber studiert und wäre Arzt geworden«, sagt er. Stattdessen machte er Karriere am Mount Everest, in Eis und Schnee, bedroht von Steinschlag und Lawinen, von unfassbar wuchtigen Höhenstürmen und Temperaturen jenseits von 30 Grad unter dem Gefrierpunkt. Sherpa sind gesuchte und wichtige Arbeitskräfte am Everest. Und sie sind inzwischen hoch dotiert in einem der zehn ärmsten Länder der Welt. Manche bringen es auf 30.000 Dollar in einer Saison, fast das 30-fache dessen, was ein Lehrer im fernen Kathmandu im Jahr verdient.

In jedem Frühjahr zwischen Ende März und Ende Mai fallen ganze Horden adrenalinsüchtiger Abenteuerjunkies im Basislager des Everest ein. Sie bilden sich ein, unbedingt den höchsten Berg der Erde besteigen zu müssen. Koste es, was es wolle, und wenn es das eigene Leben ist. Zum Höhepunkt der Saison drängen sich dort im Mai bisweilen über 1.200 Männer und Frauen – auf der Suche nach einem zweifelhaften und vor allem sehr gefährlichen Urlaubsvergnügen. Männer wie Apa Sherpa sind ihre Animateure, vergessene

Helden im Schatten ihrer reichen Klientel. Bergführer allenfalls im weitesten Sinne, weil ohne Autorität und selten wirklich ernst genommen, wenn es darum geht, harte Entscheidungen am Berg zu treffen. Auch ihre westlichen Kunden sind selten echte, voll ausgebildete und verantwortungsbewusste, vor allem aber erfahrenen Bergsteiger. Sie wirken zwischen den riesigen Eis-Seracs viel mehr wie äußerst unsichere Kantonisten, und manch einer von ihnen weiß nicht einmal, wie man Steigeisen anlegt. Die Teilnehmer an kommerziell organisierten Expeditionen zahlen zwischen 35.000 und 85.000 Dollar für den Kick am Everest, je nach Ausstattung und Komfort. Doch kaum jemand unter den westlichen Kunden ist in der Lage, den Gipfel allein und ohne fremde Hilfe zu erreichen. Mehr als 95 Prozent aller Anwärter benötigen künstlichen Flaschensauerstoff für ihre Aufstiegsversuche.

DIESER FLASCHENSAUERSTOFF stutzt den Everest im Empfinden der Bergsteiger auf einen kleinen Siebentausender, denn sie können besser atmen, klarer denken, erhöhen ihre Gesamtkondition und vor allem kühlt ihr Körper nicht so schnell aus. Überdies wird für sie eine ausgetretene, oft knietiefe Spur angelegt, in der man nicht einmal vom Weg abkommen kann. Die Fixseile beginnen schon gleich hinter dem Basislager. Und sie enden, einem durchgehenden Geländer nicht ganz unähnlich, erst am Gipfel. Der Mount Everest ist so gesehen auf seiner Südseite zu einem Klettersteig verkommen. Das Abenteuer von früher wurde auf Massentourismus gestutzt. Es ist längst Teil der Absprache, wer auf dem Highway der modernen Sehnsüchte die wirkliche Arbeit zu leisten hat. Den Sauerstoff schleppen natürlich die Sherpa. Sie treten auch die Spur und verlegen die Seile. Ohne Männer wie Apa, Kami oder Lhakpa geht am Everest längst gar nichts. Mehr als 400 Sherpa mit unterschiedlichen Aufgaben finden jedes Jahr Lohn und Brot am Everest. Einige von ihnen verlegen im gefährlichen

EINE EXPEDITION KOSTET ZWISCHEN 35.000 UND 80.000 $ PRO PERSON.

Khumbu-Eisbruch am Fuß des Berges Aluminium-Leitern über gähnend tiefen Gletscherspalten. Andere spannen jene Seile in den steilen Flanken, an denen sich dann, ächzend, stöhnend und nach Luft schnappend, von Schmerzen gepeinigte und mit Dopingmitteln wie Viagra vollgepumpte Everest-Aspiranten Meter um Meter von einem Hochlager zum nächsten schleppen. Den gruseligsten und unappetitlichsten Job unter den Sherpa haben die sogenannten Shit-Porter. Sie transportieren in blauen Plastiktonnen die Exkremente der Bergsteiger vom Basislager weg. Hin in eine einsame Gegend bei Gorak Shep, wo niemand die tonnenschweren Hinterlassenschaften sehen kann.

EINIGE WENIGE, die Stärksten, Besten und Erfahrensten, wie Apa beispielsweise, werden auf der langen Leiter der Hierarchie irgendwann Gipfel-Sherpa. Sie begleiten die Expeditionsteilnehmer dann bis ganz hinauf. Ihr Job ist der gefährlichste von allen. Wenn am Südsattel, dem tiefsten Punkt zwischen Mount Everest und dem benachbarten Lhotse, in fast genau 8.000 Meter Höhe der Gipfelanstieg beginnt, riskieren die Sherpa regelmäßig ihr Leben für andere. Die Everest-Anwärter brechen am Südsattel meist nach nur wenigen Stunden Rast gegen 22 Uhr auf und hoffen, bis zum nächsten Nachmittag gegen 16 Uhr lebend wieder bei den Zelten zurück zu sein. Ihre einzige Lebensversicherung sind Männer wie Apa Sherpa, Lhakpa oder Kami, deren Familien daheim und bange auf die Rückkehr der Männer warten.

Wahrscheinlich kam Apa 1959 zur Welt. Ganz genau weiß man das nicht, weil es keine Aufzeichnungen über seine Geburt gibt. 1988 im Sommer heiratete er in Thame Yang Chi. Zwei Jahre später stand Apa an der Seite des Neuseeländers Rob Hall und Peter Hillary, dem Sohn von Sir Edmund Hillary, zum ersten Mal auf dem Gipfel des Everest. In der Folge wurde Rob Hall einer seiner besten Freunde und bald gehörten die besten Höhenbergsteiger der Welt zu diesem Freundeskreis. Apa war praktisch einer von ihnen.

Binnen drei Jahren bestieg er den Gipfel fünf Mal. Im Frühjahr 1995 erreichte er den Everest zusammen mit Ang Rita. Es war das erste Mal, dass Brüder zusammen auf dem höchsten Punkt der Erde ankamen. Als Rob Hall im Katastrophenjahr 1996 knapp unterhalb des Gipfels an Erschöpfung starb, war Apa daheim in Thame. Hall hatte ihn zwar inständig gebeten, seine kommerziell organisierte Expedition als Sirdar, also als Leiter der Sherpa-Gruppe zu begleiten. Doch Apa entsprach dem Wunsch seiner Frau Yang Chi: »Wir haben damals gerade unsere Lodge in Thame gebaut und meine Frau bat mich darum, in diesem Jahr nicht auf den Berg zu steigen und besser unser Haus zu voll-

enden. Ich hatte wohl Glück gehabt, aber Robs Tod war schrecklich für mich«. In einer der größten Everest-Katastrophen gerieten in jener Nacht vom 10. auf den 11. Mai mehr als 30 Bergsteiger in Gipfelnähe in einen verheerenden Höhensturm. Acht von ihnen, darunter auch Apas Freunde, die professionellen Bergführer Rob Hall und Scott Fischer kamen dabei ums Leben.

DAS KURIOSUM am Everest ist die Tatsache, dass der Gipfel im Frühjahr nur während einer sehr kurzen Schönwetterperiode bestiegen werden kann, die selten länger als fünf Tage anhält. Meist öffnet sich dieses Wetterfenster Mitte, Ende Mai. 2012 und 2013 warteten mehr als 1.200 Bergsteiger im Basislager darauf, dass sich unmittelbar vor dem Einbruch des regen- und schneereichen Monsuns die verheerenden Höhenstürme beruhigten, sich also unter hundert Stundenkilometer abschwächten, und dass die Temperaturen bei -20 Grad einigermaßen erträglich wurden. Wegen der extrem guten, computeroptimierten Prognosen sind diese Wetterfenster im Himalaya inzwischen fast auf die Stunde genau vorhersagbar. »Das sorgt dafür, dass alle Expeditionsgruppen nahezu zeitgleich auf den Everest wollen«, erklärt Apa Sherpa. Im Gipfelbereich kommt es deshalb seit Jahren immer wieder zu gefährlichen Staus, wenn am Hillary-Step, einem zwölf Meter hohen Fels- und Firnriegel, die einzige Kletterstelle der gesamten Südroute, die einen hinauf und die anderen schon wieder hinunter wollen.

MEHR ALS VIER STUNDEN flehte dort 2012 ein Koreaner die aufwärts drängenden Bergsteiger an, sie mögen ihn doch bitte absteigen lassen. Als er völlig entkräftet endlich hinunter torkeln durfte, kollabierte er am Fuß des Steps und starb kurz darauf. Das ist die Phase, in der Apa und seine Kollegen längst schon vollkommen machtlos sind. Niemand, der 85.000 Dollar für den Everest gezahlt und längst begriffen hat, dass es nur diesen einen einzigen Gipfelversuch geben wird, lässt sich so kurz vor dem Ziel von einem Sherpa sagen, dass es wegen zunehmender Entkräftung und der damit verbundenen Lebensgefahr, wohl besser wäre umzukehren. Brechen ihre Klienten jedoch zusammen, sind sie von den Sherpa meist kaum noch zu retten. Nur wer in der Lage ist, selbstständig zu gehen, kommt lebendig von diesem Berg wieder hinunter. In einer ebenso unverständlichen wie bewundernswerten Vasallentreue hat so mancher Sherpa neben seinem Kunden verharrt, bis der nach Stunden sein Leben aushauchte. Erst dann sind die Sherpa – dem Tod inzwischen selbst näher als dem Leben – mühsam dorthin zurück gekehrt, von

wo sie aufgebrochen sind, um wildfremde Menschen auf einem der skurrilsten und unberechenbarsten Abenteuer unserer Zeit zu begleiten.

Am 11. Mai 2011, zwanzig Jahre und einen Tag nach dem er zum ersten Mal den Gipfel des Everest erreicht hatte, stieg Apa Sherpa zum letzten Mal auf das Dach der Welt. Danach beendete er seine grandiose Karriere. »Es ist genug. Ich habe 21-mal mein Leben an diesem Berg riskiert, für mein Heimatland und für die Mitglieder der Expeditionen. Ich hatte großes Glück, dass ich das überlebt habe. Dafür bin ich den Göttern dankbar«, erklärte der gläubige Buddhist bei seinem Abschied. Ein Jahr später brach er zu seiner vielleicht schönsten, sicherlich jedoch ungefährlichsten Tour auf. Und wie schon beim letzten Mal auf dem Everest-Gipfel, so hielt er auch bei der langen Wanderung durch Nepal immer wieder die Fahne seines bettelarmen Landes hoch.

In jedem Dorf, in dem er übernachtete oder zu Mittag aß, wurde er nicht müde, vor den Gefahren der Erderwärmung zu warnen und dazu aufzurufen, den Klimawandel zu stoppen. Apa Sherpa, der kleine Mann aus Thame mit dem ewig freundlichen Lächeln, wurde mit Ehrungen überhäuft und lebt seit 2006 mit seiner Frau und vier Kindern in Draper, im US-Bundesstaat Utah. Er verkauft in einem Outdoor-Laden Sportartikel. Der nepalische Volksheld, den daheim in Kathmandu jedes Kind kennt, ist in Amerika nur einer von vielen. Doch das stört Apa nicht im Geringsten. Ihm ist es wichtiger, dass seine Kinder jene Ausbildung genießen können, die ihm selbst nicht ermöglicht war, – und dass sie nur ja nicht auf den Mount Everest steigen müssen...

ICH HATTE GROSSES GLÜCK, DASS ICH DAS ÜBERLEBT HABE. DAFÜR BIN ICH DEN GÖTTERN DANKBAR.

WALTHER LÜCKER

Journalist, Buchautor und Bergsteiger. Freiberufler und Redakteur bei der »Frankfurter Rundschau«. Lebt heute in Südtirol. Begleitete Hans Kammerlander auf diversen Expeditionen. Koautor von vier Büchern des Südtiroler Extrembergsteigers.

PAUL WATSON

DER PIRAT

Sein Bart und sein Haar sind schlohweiß, ein Kapitän wie aus dem Bilderbuch, wild und verwegen, aber auch sanft. Er spricht seiner Crew – meist junge, freiwillige Öko-Idealisten – Mut zu, wenn sie ausläuft, um unter Einsatz ihres Lebens Walfänger zu stoppen.

Viele sagen, es sei ein Wunder, dass Watson noch lebt und auf freiem Fuß ist. 2012 zum Beispiel hatten Japan und Costa Rica über Interpol eine Rote Notiz gegen ihn ausgestellt, eine Art internationalen Haftbefehl. Ausgerechnet in Deutschland ist Watson festgenommen worden. Die Behörden ließen ihn gegen Kaution auf freien Fuß, allerdings nicht außer Landes – seinen kanadischen und US-amerikanischen Pass hatten sie ihm abgenommen.

WATSON SAGT, ein Unterstützer aus dem deutschen Justizministerium habe ihn gewarnt, Deutschland wolle ihn nach Japan ausliefern. Watson tauchte unter und legte eine spektakuläre Flucht hin: Irgendwo an der Küste ging er an Bord der Columbus, das Schiff des legendären französischen Skippers Jean Yves Terlain. Watson durchquerte den Ärmelkanal, den Nordatlantik, den Pazifik, wechselte erst auf das Sea Shepherd-Schiff Brigitte Bardot, dann auf die Steve Irwin, schipperte nach Neuseeland, ins südliche Polarmeer um gegen Walfänger zu kämpfen, und ging erst im November 2013 in Los Angeles von Bord: Er hatte fast 15 Monate kein Land betreten. »Das war ein langes und salziges Abenteuer«, schreibt Watson auf Facebook.

PAUL WATSON SAGT, der Planet Erde ist seine Heimat. Nicht das kanadische Toronto, wo er 1950 geboren wurde. Nicht die Länder, Kontinente und Meere, die er in seinem Kampf für eben diesen Planeten bereist hat. Seine Heimat ist überall, wo ihn sein Krieg gerade hinführt. Meist an einen der unwirtlichsten Orte der Erde, den südlichen arktischen Ozean, an Bord seines Schiffes Steve Irwin. Von dort aus führt Watson, so sagt er es selbst, einen Krieg zur Rettung der Wale. Der einzige Weg, ihn aufzuhalten, sei: ihn versenken.

WATSON WAR EINER DER ERSTEN AKTIVISTEN VON GREENPEACE.

Er nennt es eine »Karriere im Auftrag der Erde«: Watson ist Gründer und Galionsfigur der Sea Shepherd Conservation Society, die sich dem Schutz der Meere, besonders der Wale, Robben und Haie, verschrieben hat. Paul Watson, eigentlich Captain Paul Watson, ordnet dem alles unter, mehrere Ehen gingen zu Bruch, seine einzige, heute erwachsene Tochter sieht ihren Vater selten.

Früher hat Sea Shepherd Walfänger auch im Hafen einfach versenkt. Wenn man Watson fragt, wie viele, hält er kurz inne, denkt nach und sagt trocken: Zwei Spanier, zwei Isländer, drei Norweger, drei Piratenwalfänger ohne Flagge. Sie haben ihn deshalb im Laufe seines Lebens alles Mögliche genannt: den Rambo der Ökobewegung, den Pit Bull Terrier der Ökobewegung, besonders gern einen Ökoterroristen oder Ökopiraten.

Watson war einer der ersten Aktivisten von Greenpeace, schipperte schon 1971 in Atomtestgebiete, um den Abwurf der Bombe zu verzögern. Bereits die erste

Aktionen zum Schutz der Wale, 1975, machten ihn berühmt: Er stieg mitten im Ozean auf einen toten Wal, um zu beweisen, dass es ein junges, illegal erlegtes Tier war. Doch immer wieder verletzte er das strikte Greenpeace-Gebot der Nichtanwendung von Gewalt. Er galt als unberechenbar. Einmal warf er sich im Kampf gegen Robbenfänger ins arktische Eiswasser, um zu verhindern, dass sie ihre Beute an Bord eines Schiffes zogen. Watson erfror um ein Haar.

ER HABE NIE JEMANDEN VERLETZT, sagt Watson heute, nie kam jemand bei seinen Aktionen zu Schaden. Vielleicht war auch Glück dabei: 1977 verlässt er Greenpeace, gründet Sea Shepherd. Zwei Jahre später steht Watson am Steuerrad seines ersten eigenen Schiffes, um die Sierra aufzuhalten – einen illegalen portugiesischen Walfänger. Er rammt das Schiff, es schleppt sich mit Mühe zurück zur Küste. Später versenkt Watsons' Gruppe die Sierra mit einer Mine im Hafen von Porto.

Heute ist Watson berühmt, ein Fernsehstar, Hollywood spendet für ihn. Der US-Sender Animal Planet hat mit »Whale Wars« über mehrere Staffeln eine Doku-Serie über den Kampf von Sea Shepherd gegen japanische Walfänger gedreht. Bereits in den

1970ern setzte sich die französische Schauspielerin Brigitte Bardot für Watsons Kampf zum Schutz von Robben ein. William Shatner, der Darsteller von Captain James T. Kirk aus Star Trek, wollte mal echter Kapitän an Bord eines der heute vier Schiffe von Sea Shepherd werden. Martin Sheen, Pierce Brosnan, Sean Connery und andere Berühmtheiten sitzen im Beratergremium von Sea Shepherd. Das Spiel mit der Öffentlichkeit ist einer der Grundpfeiler von Watsons Taktik.

ER SELBST IST EIN STAR und er macht das ganz bewusst: Sich verfilmen lassen, sein Leben zu inszenieren, er ist eine Ein-Mann-Marke, eine Art Rock'n'Roll-Star der Ökobewegung. Er habe seine Rolle nicht gesucht. Das sei einfach passiert, sagt Watson. Davon lebt er, davon lebt Sea Shepherd, die Publicity bringt Spendengelder und all die Millionen für ihre Schiffe – die sind sogar mit einer Aufklärungsdrohne und einem Hubschrauber ausgestattet.

WATSON IST BIOZENTRIKER. FÜR IHN STEHT DER MENSCH NICHT ÜBER ANDEREN LEBEWESEN.

Weil die Öffentlichkeit so wichtig ist, kann man Watson problemlos anrufen. Selbst wenn er an Bord der Steve Irwin durch die raue See des arktischen Ozeans pflügt, um mit seiner Crew der japanischen Walfangflotte mal wieder den Weg abzuschneiden. Watson erzählt am Telefon seine Geschichte, wie er sie ein dutzend Male erzählt hat. Es ist eine Erweckungsgeschichte: 1975, sowjetische Walfänger kreuzen vor der kanadischen Küste. Es ist jener erste Einsatz, der Greenpeace und Watson international bekannt machte. Sie fahren in einem alten Kahn aufs Meer, lassen Schlauchboote zu Wasser und werfen sich in die Schlacht. Kreuzen vor den Walen, in der Hoffnung, die sowjetischen Harpuniere wagen es nicht, zu schießen, wenn sie versehentlich Menschen treffen könnten.
Doch sie schießen. Watson erzählt, wie ein großer, männlicher Pottwal schützend vor seiner Herde schwimmt, bis die Harpuniere ihn treffen und sein Todeskampf beginnt. Eine halbe Stunde elende Qualen für das Tier. Bevor es stirbt, bäumt es sich neben dem Schlauchboot der Umweltschützer ein letztes Mal aus dem Wasser und in diesem Moment, erzählt Watson, hätte der Wal ihn töten können. Er hätte Watson in der rauen See einfach unter seinem massigen Körper begraben und mit in die Tiefe reißen können. Stattdessen sei der Wal neben ihm ins Wasser geglitten und Watson sah in seinen Augen, dass das Tier die Situation durchschaut. »Ich sah Mitleid, für uns, die Menschheit. Dass wir Leben einfach nehmen, ohne Grund«, sagt er. »In dem Moment wusste ich, dass ich den Walen etwas schulde, mein Leben lang.«

Watson hat daraus eine Philosophie gemacht. Er ist Biozentriker, für ihn steht der Mensch nicht über anderen Lebewesen. Man muss sich Paul Watson wie ein Alien vorstellen, der mit der eiskalten Objektivität des Außerirdischen zu dem Schluss kommt, die Menschheit sei ziemlich dumm. Weil sie den Planeten so lange ausbeutet, bis der Homo Sapiens selbst nicht mehr überleben kann. In seinem Wertesystem gibt es zwar Verbrechen gegen die Menschheit, darüber steht aber das Delikt: Verbrechen gegen den Planeten, Verbrechen gegen die Zukunft. »Ich bin insgesamt kein Fan der menschlichen Spezies. Klar, ich mag einige Leute, aber als Individuen. Menschen sind egoistisch, gierig, eine Horde ungezügelter Primaten«, sagt Watson in dem Buch »Interview with a pirate«. Davon nimmt er sich selbst nicht aus: Klar sei er gewalttätig, aber so sei der Mensch eben. Watson bezeichnet es als Mord, wenn ein Wal erlegt wird. Aus seiner biozentrischen Weltsicht heraus kommt er zu radikalen Schlussfolgerungen: Würmer sind wichtiger als Menschen. Dahinter steht keine moralische Wertvorstellung. Würde es keine Würmer geben, würde die Nahrungskette zusammenbrechen und am Ende die Menschheit selbst keine Lebensgrundlage mehr haben, so sieht es Watson. Er vergleicht die Welt gern mit einem Raumschiff, dass durch die Galaxie fliegt. Um die Lebenserhaltungssysteme, also die Biosphäre, aufrecht zu erhalten, muss die Crew, also alle Spezies, zusammenarbeiten. Der Mensch ist dabei unwichtig, eigentlich nur Passagier. »Ich kenne meinen Feind. Ich bin es, jeder von uns ist es. Es ist die menschliche Spezies, diese hyperglorifizierten, nackten Primaten«, sagt Watson. Seine Schlussfolgerung: »Der einzige Akt des guten Willens uns selbst gegenüber ist es, die Biosphäre zu bewahren, die uns am Leben erhält.«

DAS IST DIE MISSION des Paul Watson. Im Jahr 2014 lebt er im US-Bundesstaat Vermont. In den USA liegt kein Haftbefehl gegen ihn vor, er kann frei leben – die deutschen Behörden haben ihm mittlerweile seine Pässe wieder geschickt. Die Boote der Sea Shepherd laufen auch ohne ihn aus: Japan gab bekannt, in der Saison 2013/2014 im Südpolarmeer wegen der Störaktionen der Umweltschützer nur 251 statt wie geplant 1000 Wale erlegt zu haben.

Doch es gab noch einen viel größeren Triumph für Watson: Der Internationale Gerichtshof in Den Haag hat im März 2014 entschieden, dass Japans Walfang »keinem wissenschaftlichen Zweck« diene und damit illegal ist. Forschung war stets die Begründung der Japaner für den Walfang, trotz eines internationalen Verbots seit 1986. Zwar will Japan das Den Haager Urteil umgehen, Norwegen und Japan halten sich ohnehin nicht an das Moratorium. Doch Watson zieht daraus Kraft für den weiteren Kampf: »Wir werden zurückkehren, wenn es sein muss, bewaffnet mit einer noch größeren moralischen Autorität, um noch stärker als jemals zuvor einzugreifen und wir werden sie erneut aufhalten.«

INGO ARZT

ist Journalist und lebt in Berlin. Als Kind hat er eine Postkarte an den japanischen Kaiser geschickt, mit der Bitte, keine Wale mehr zu fangen. Gebracht hat es leider nichts. Heute arbeitet Arzt für die Berliner Tageszeitung taz und schreibt über Klimawandel, Energiepolitik und immer wieder über Menschen wie Paul Watson. Wenn Watson gerade online ist, antwortet er auf Skype übrigens sofort.

DEMONSTRATION FÜR PAUL WATSONS FREILASSUNG AUS DEUTSCHER HAFT 2012 IN TORONTO

IMPRESSUM

Alle Rechte vorbehalten
© 2014 Grubbe Media GmbH, München
www.grubbemedia.de

Herausgeber: Florian Heine
Gestaltung/Bildredaktion: agenten.und.freunde, München, a-u-f.de
Lektorat/Schlusskorrektorat: Reinhard Pietsch/Gerhard Grubbe
Druck: LONGO, Bozen

ISBN: 978-3-942194-16-7

Die Deutsche Nationalbibliothek verzeichnet diese Publikation in der
Deutschen Nationalbibliografie; detaillierte bibliografische Daten sind
im Internet unter www.dnb.de abrufbar.

MIX
Papier aus verantwor-
tungsvollen Quellen
FSC® C023164

Bildnachweis: Corbis: 8 (Eric Baccega/Nature Picture Library); 9, 15 (George Steinmetz);
43, 90/91, 93 (Bobby Yip/Reuters); 49 (Floris Leeuwenberg/The Cover Story); 53 (Frederic
Soltan); 54/55 (Maxim Shemetov/Reuters); 63 (David Gray/Reuters); 98/99 (Friedrich Stark/
Demotix); 101 (Keren Chernizon/Demotix); 138/139 (Franco Pagetti/VII); 141 (Ahmad Masood/
Reuters); 143 (JJ Travel Photography/Robert Harding World Imagery); 155, 159 (Thomas Mukoya/
Reuters); 182/183, 186 (Damir Sagoli/Reuters); 191 (Nora Feller); 197 (Andrew Lichtenstein/
Sygma); **Fotolia.com:** 44 (monstersparrow); 201 (blas); **Getty Images:** 195 (The Washington
Post); **iStockphoto:** 38/39, 71 (Daniel Berehulak) 50 (turtix); 124, 125 (papadimitriou);
132, 133 (kobbydagan); 149 (danishkhan); 152/153 (sadikgulec); 161, 162 (rrodrickbeiler);
169 (Tarzan9280); **laif:** 45 (Eric Martin/Figarophoto); 59 (Ziyah Gafic); 67 (Adriana Zehbrauskas/
NYT/Redux); 69 (Teun Voeten/Reporters); 76/77 (Michael Wolf); 82/83, 85 (Subhash Sharma/
Polaris); 94 (Herman Wouters/Hollandse Hoogte); 164 (Allpix); 193 (Beth Wald/Aurora);
205 (Daniel Rosenthal); **mauritius images GmbH:** 70, 73 (Alamy); 89 (imageBROKER/Olaf
Krüger); **shutterstock:** 11 (Sergey Uryadnikov); 29 (Iryna Rasko); 31 (sittitap); 32/33 (pio3);
37 (Donatella Tandelli); 105 (Anton_Ivanov); 106/107 (Rat007); 131 (vlas2000); 165 (grutfrut);
177 (giulio napolitano); 199 (haak78); 202 (my-summit); 207 (Paul McKinnon); **Sonstige:**
16, 17, 19 (Austin Hargrave, Los Angeles, USA); 22/23, 25, 27 (Fiona Watson/Survival International, Berlin, Deutschland); 35 (Andreas Pichler, Miramonte-Film, Bozen, Italien); 41 (Sven Hansen,
Berlin, Deutschland); 57, 61 (ZDF, Andreas Stamm, Mainz, Deutschland); 109, 111 (ZDF, Benjamin
Daniel, Mainz Deutschland); 113, 115, 118, 121 (NASA, Washington D.C., USA); 127 (Dr. Peter
Weikenmeier); 135, 137 (Eddie Gerald, Tel Aviv, Israel); 145 (Kai Küstner, Brüssel); 173, 175 (Karin
El Minawi, Berlin)